# 力道山対木村政彦戦はなぜ喧嘩試合になったのか

# はじめに

今年は戦後70年の節目の年です。

そして、戦後最大のスーパーヒーローといわれる力道山も没後50年以上が経過しました。

いろんなジャンルにそれぞれスターは存在しますが、そのスターがジャンルの垣根を越えて、時代の象徴へと突き抜けた存在がヒーローだと思われます。

力道山のプロレスは、戦後混乱期が高度成長期へと向かう時代の中でひときわ異彩を放ち、人々の魂を揺り動かし、社会現象を巻き起こして、日本全国を席巻しました。まさにヒーローと呼ぶにふさわしい、他の追随を許さない、それもとびっきりのスーパーヒーローでした。

子どもの頃、白黒テレビの画面で空手チョップを繰り出す憧れのヒーローだった力道山は、私が11歳の時に、突然他界しました。その後、力道山に関したいろんな書物を読み漁《あさ》ると、伝説と謎に包まれた人物像が浮き彫りとなり、力道山という歴史上の人物にますます惹《ひ》かれていきました。

力道山のプロレスの魅力は、対戦する外国人レスラーの反則猛攻撃を耐えに耐える受けの凄《すご》さ、反撃にでたときの攻めの凄さにあり、空手チョップがその凄さを際立せたのです。

日本にプロレスを根づかせたのは、力道山にしか成し得なかった大事業でした。

力道山はファンを大切にしました。ファンに見せて恥ずかしい試合、自らが納得できない試合をしたときは、その場で試合を延長したほどです。これはおそらく、〝伝説の試合〟木村政彦戦の教訓があったからだと思われます。

その力道山対木村政彦戦について、2008年に増田俊也氏が『木村政彦はなぜ力道山を殺さなかったのか』を刊行し、木村という柔道家の側に立って闘いを検証し、話題を集めました。本書ではプロレスファンの側に立って、日本のプロレスの運命を決めたこの一戦を振り返ることから始め、力道山が日本のプロレスをどのように創り上げてきたかを、みていきたいと思います。

平成27年11月

著　者

力道山対木村政彦戦はなぜ喧嘩試合になったのか　目次

目次

# 力道山全史

（初出誌があるものは、各項目の末尾に示してあります）

# 1
## 伝説のセメントマッチ　力道山対木村戦
# プロレスの運命を決めた謎の一戦

### ☆謎に包まれた〝伝説の試合〟

昭和29年（1954）12月22日、東京・蔵前国技館において行なわれた力道山対木村政彦の「日本選手権大試合」は日本プロレス史上、歴史に残る謎に包まれた〝伝説の試合〟として、これまで多くが語り継がれ、書き継がれてきたのですが、力道山対木村戦とは一体どんな試合だったのか、まずは残されている映像から検証してみます。

昭和58年（1983）、力道山の没後20年目に起きた〝力道山ブーム〟のさ中、松竹からビデオ「甦《よみが》る力道山」全8巻が発売されたのですが、その中に「日本プロレス選手権　力道山に挑む木村」が収められていました。これは試合が行われた昭和29年の当時、松竹系の映画館で封切公開された力道山対木村戦の実況映画で、ドキュメントフィルムには調印式から力道山の公開練習、木村の記者会見、そして試合へと続く映像が記録されていました。力道山対木村戦のファイトタイムは15分49秒ですが、試合映像はそのうちの9分29秒間を収録しています。

全8巻の中には、「力道山　勝利の記録」でも力道山対木村戦の試合映像が見られます。このフィルムは、昭和29年から翌30年初めまで力道山が闘った主要なビッグマッチを、相撲時代の映像も含めてダイジェスト版にまとめた記録映画で、対木村戦の試合映像は部分的にカットして編集しているため、さらに収録時間が短くなっています。

力道山にとって、都合の悪い映像がカットされているのではないかと指摘されるのは、おそらくこのフィルムを指しているのでしょう。確かに試合映像は部分的にカットされています。そのカットされた部分が映画制作側の判断だったのか、力道山側の意向だったのかは定かではありませんが、前述のように「力道山　勝利の記録」は、元々すべての試合をカットして編集した作品でした。

従って、試合の収録時間が長い「力道山に挑む木村」の映像により、試合の模様をチェックしてみたいと思います。

試合開始のゴングとともに両者はリングを回り、中央でガッチリと組み合います。ロープに押し込んでのブレーク、プロレスの型通りのスタートです。木村が一本背負いを決めれば、ヘッドシザースに入る力道山。この後、力道山は木村をボディスラムに投げ、続いてカナディアンバックブリーカーに担いでエプロンサイドにまで運んでいきます。力道山が、木村をサバ折りに決めようとするところで「10分経過」の場内アナウンスが入ります。木村は力道山の左腕を取って腕固めを狙えば、力道山は空手チョップの構えを見せ、ロープ際で両者クリーンなブレーク。フロントヘッドロックに捕えられる木村、力道山優勢か――。

ここまでは、普通に見られるようなプロレスの試合展開ですが、問題はこれから先です。

一旦観客席を映した画面が試合に切り変わった直後、木村が放った蹴りに対して力道山の拳打ちが木村の顔面に炸裂、これで試合の様相はガラリと一変します。木村の蹴りを急所蹴りだと判断した力道山は、木村の顔面、頭部をめがけて張り手、張り手、張り手―。木村は力道山の左足にしがみつこうとしますが、ロープブレーク。ハロルド登喜レフェリーは、爪先を指して木村に注意を与えます。その後の2度目の注意は、力道山の蹴りについてでしょうか？　棒立ちの木村は、一瞬レフェリーに何かを訴えているかのようにも見えます。

力道山は、ロープ際にしゃがみ込む木村の顔面を蹴り上げ、リング中央に引きずり出し、なおも顔面、頭部といわず容赦なく蹴って、踏みつけ、張り手の猛攻撃を仕掛けます。木村は、力道山の足を取ろうとするものの防戦一方となり、コーナーに詰められます。登喜レフェリーが木村の顔を覗き込んでファイトを命ずるも、左右の張り手の連発を受けた木村は、ついにコーナーで俯せに倒れます。木村のダウンを確認した登喜レフェリーのカウントが開始され、テンカウントを数え終わると一本目終了の合図を送り、力道山の右手を上げます。

木村のセコンド勢がリングに駆け上がり、木村を助け起こしてコーナーへ。ここで無残に腫れ上がり、血に染まった木村の顔面がアップになります。再度、登喜レフェリーが力道山の手を上げます。

この後二人は、リングの中央に歩み寄り手を取り合って何やら言葉を交し合い、健闘を労い合うようなシーンが映し出されます。そして、チャンピオンベルトを授与された力道山は、観衆に両手を上げてリングを後にし、ここでフィルムは終了します。

前述したように、映像は試合開始から終了までのすべてを収録しておらず、これが実況映画に残る力道山対木村戦の記録映像です。

これから、この〝伝説の試合〟力道山対木村戦の謎に迫っていくのですが、その前にまず試合が行われた昭和29年を振り返ってみます。

## ☆本格的興行スタート　ブームに沸く昭和29年

大相撲の関脇を自ら廃業した力道山はプロレスに転向、2度にわたる米国修行を終え帰国。昭和29年2月19日、世界タッグ選手権者ベンとマイクのシャープ兄弟、ボビー・ブランズを招聘して、日本初の本格的なプロレス興行をスタートさせます。

人々は初めて目にしたプロレスに熱狂し、2月19日から3月9日までの19日間に関東、東海、近畿の太平洋側と九州の2地区で全15戦が闘われ、会場はどこも満員、超満員の観客動員数の記録を樹立し、街頭テレビに映し出されたプロレス中継には黒山の人だかりができ、たちまちにプロレスブームが巻き起こりました。

この「世界選手権争奪」国際試合には、柔道からプロレスに転身した木村政彦と山口利夫の二人も出場し、力道山、木村、山口のオールジャパン体制でシャープ兄弟を迎え撃ちました。

力道山は、続いて8月から9月にかけて「太平洋選手権争奪」国際試合を開催します。太平洋岸タッグ選手権者のハンス・シュナベル、ルー・ニューマンが来日して、約2カ月間にわたり北は北海道から南は九州まで日本全国を縦断して40戦以上が闘われ、シャープ兄弟戦で各地に爆発したプロレス人気を一挙に全国展開させ、日本列島はプロレスブームに包まれます。

しかし、この国際試合には木村、山口は出場してはいません。4月には山口が大阪で全日本プロ・レスリング協会を、5月には木村が熊本で国際プロ・レスリング団を設立し、力道山の日本プロ・レスリング協会と合わせて、三つの団体が誕生することになりました。

大阪を本拠地とする山口は、東京にも進出して興行を打ちましたが不入り。木村は地盤とする九州・熊本に本部を置き、支部の京都と岐阜を中心とする興行を行いますが、出場する外国人レスラーのランク、顔ぶれや試合数、巡業の規模、人気などあらゆる面において、力道山とは比較にならないほどに水をあけられていく状況にありました。

そして11月、木村が力道山に挑戦を声明して「日本選手権大試合」が大きな話題を呼び、この勝者に次は山口が挑戦の名乗りを上げます。こうして、日本のプロレス史が動き始めた昭和29年は、12月の力道山対木村戦で早くも大きなヤマ場を迎えることとなりました。

## ☆所在不明　謎の朝日新聞説

それまでの通説によると、力道山対木村戦の発端となったのは、昭和29年11月1日付朝日新聞に掲載された「力道山のプロレスはジェスチャーの多いショーだ。ショーでないプロレスで、実力による日本一を力道山と決したい」「力道山とタッグを組んだシャープ兄弟との試合では、力道山の引き立て役になって負けたが、真剣勝負なら力道山に負けない」という、木村の力道山への挑戦声明だったと伝えられてきました。ところが、この新聞記事はどこをどう探しても見つからず、長年その所在が不明だったのです。

プロレス専門誌のゴング編集長だった故竹内宏介氏が、生前に力道山対木村戦における、問題の木村発言は何に掲載されたのかという謎について、朝日新聞の調査に関した記事を書いています。

作家で〝プロレスの味方〟村松友視氏も、その朝日新聞社から出版された「力道山がいた」の中で

「11月1日付朝日新聞朝刊社会面に、木村の発言が載ったことは何人かのプロレス関係者によって証言されていることなのだが、朝日新聞のファイルで探してみても、その記事はいっさい見当たらない。地方版か、という見方もあるが、そのあたりの確たる消息もつかめていないのだ」と書いていたほどでした。

果たして、朝日新聞が報道したというのは事実なのか？　そんな記事は実在するのか？　本当に木村はそんなことを言ったのか？　歴史に残る力道山対木村の〝伝説の試合〟の発端とされている〝朝日新聞説〟については、大きな謎となっていました。

私も以前に、週刊プロレスNo.887平成10年12月8日号（ベースボール・マガジン社）で「〝伝説の試合〟力道山vs木村　日本選手権に6つの謎」と題した原稿を書いたのですが、その謎の中の一つがこの朝日新聞説の謎でした。

では、朝日新聞説の出所というのは、一体どこからだったのかを昭和29年の原点に返って、今一度調査することにしました。

当日の試合のパンフレットに、工藤雷介氏（柔道新聞主幹、後の日本プロ・レスリング・コミッション事務局長）は「『日本選手権試合』の経緯」と題した文章を寄せ、その中で「木村政彦が、突如十一月一日巡業先の岐阜において某紙を通じて『あくまで真剣勝負で力道山と実力日本一を争いたい』と声明―」と書いています。

月刊ファイト1955年正月創刊号には、毎日新聞の伊集院浩氏の手による「力道山か木村か！初のプロレス日本選手権を語る」と題した記事の中に、「この試合の挑戦は岐阜で木村が新聞記者に発表、力道側も『木村が挑戦するならいつでもやる』ということになった」と書いています。

スポーツ新聞を調べると、スポーツニッポンには11月5日付で「木村、力道山に挑戦　プロレス日本選手権賭して」と題して、木村が最近力道山に対して日本選手権を賭けて試合をしたいと申し入れしたと報道しています。「事情に通ずる人のいうところによると力道山、木村のタッグ・マッチでは木村が点をとられ、力道山が点をとるまわり合せになるが、これは実力のしからしむるところとはいえ、木村としては割切れぬものがあったらしく、それが声望や地位、収入にも直接影響があるので研さんのうえ力道山と雌雄を決定しようとするのであるという」と書いています。

その他、日刊スポーツ、報知新聞、デイリースポーツの各紙を調べてみましたが、該当するような記事は見つかりませんでした。

日本選手権試合の後援新聞社となる毎日新聞の東京版には、11月4日付で「木村、力道山に挑戦」の見出しが付いた【大阪発】の記事がありました。大阪発というところが気に掛かったので、大阪版も調べてみると、大阪版では1日早い3日付に同一の記事が掲載されていましたが、以後の報道によると、この原稿は本社岐阜支局から送られてきた記事だということでした。

これらの当時の文献史料や報道からすると、確かに木村が岐阜の地で力道山に挑戦を声明した事実は確認できるのですが、問題の朝日新聞説を裏付けるものは出てきません。

力道山の自伝「空手チョップ世界を行く」（ベースボール・マガジン社）をみると、「十一月一日付某大新聞に、木村君が巡業先の岐阜で発言した談話が掲載された」と書き記されていました。ここでも新聞名がハッキリと特定されてはいません。

某大新聞という書き方から三大紙の一つ、読売新聞も調べてみましたが、やはり記事は見当たりませんでした。

## ☆ようやくプロ&ボクで朝日新聞の名称発見

しかし、その後の調査でようやく朝日新聞の名称を見つけることができました。プロレス&ボクシング1958年2月号（ベースボール・マガジン社）に掲載された、「力道、木村戦の内幕」と題した対談に出席した工藤雷介氏が、「木村君が岐阜で試合をやった。そのとき地元の朝日新聞にリキに挑戦することをいったんで、それが問題になった」と話しているのです。

また、プロ&ボク1960年3月号に掲載された「力道山が語るプロレス十年の思い出」と題した座談会で、「抜け目のない朝日新聞がそこへ飛び込んだわけだ。それは岐阜の通信かなんかで、力道山を木村は二十何分で負かすといってるというのを、三面記事か何かで大きく出しちゃったんだな」と力道山は語っています。

この座談会に出席し、力道山と語り合ったのは工藤氏と、日刊スポーツの鈴木庄一氏でした。鈴木氏は、力道山の自伝出版にあたってその編集に関わった人物で、後にプロレス1975年1月号（ベースボール・マガジン社）から「日本プロレス史」の連載を開始し、その第6回の中で朝日新聞説を書いています。

鈴木氏は、プロレスを後援する毎日に対抗して朝日が木村を挑発した、朝日の記者が木村を誘導してセンセーショナルに記事をでっち上げたと事情通は憶測するとも書いていました。

他には、毎日の呉政男氏がプロレス1974年1月号から始めた歴史物連載の中で、朝日新聞説を書いています。

ということで、力道山をはじめ工藤雷介、鈴木庄一、呉政男の当時の関係者、記者の各氏が朝日新聞説を唱え、ようやくその出所は分かったのですが、後は肝心の朝日新聞の記事そのものの存在が確認できず、朝日新聞説はやはり大きな謎として残ったのです。

それが平成18年の調査によって、それまでどうしても見つからなかった朝日の記事を、ついに発見することができました。

## ☆朝日新聞大阪版の11月1日付朝刊にあった！

先に毎日の報道を調査したときに、大阪発の記事が気に掛かったことを書きましたが、これがヒントになりました。初めは岐阜の地方版に載った可能性に注目していたのですが…、岐阜の管轄は大阪だったのでしょうか、朝日新聞大阪版昭和29年11月1日付朝刊6面に「日本選手権かけ力道山に挑戦プロ・レスラー木村選手声明」という見出しの【岐阜発】の記事を、国立国会図書館でついに見つけ出したのです。

あった！　ありました‼　6面左下の囲み記事を、ようやく見つけました‼！　朝日新聞縮刷版の東京版から調査を始めたのが、確か昭和の50年代初めと記憶しているのですが、忘れかけては思い出し、繰り返し繰り返し調査を継続して、記事を発見するまでには、やがて30年近くの年月を費やしたことになります。

さっそく、記事の内容を見てみましょう。

「三日から岐阜市民センターで行われるプロレスリングの国際試合に出場のため三十一日朝熊本から来岐したプロ・レスラー木村政彦選手（三六）は同日午後二時半朝日新聞岐阜支局で力道山との間に全日本選手権を争いたいと声明した」とあります。そして、試合は来春1月早々東京、大阪、名古

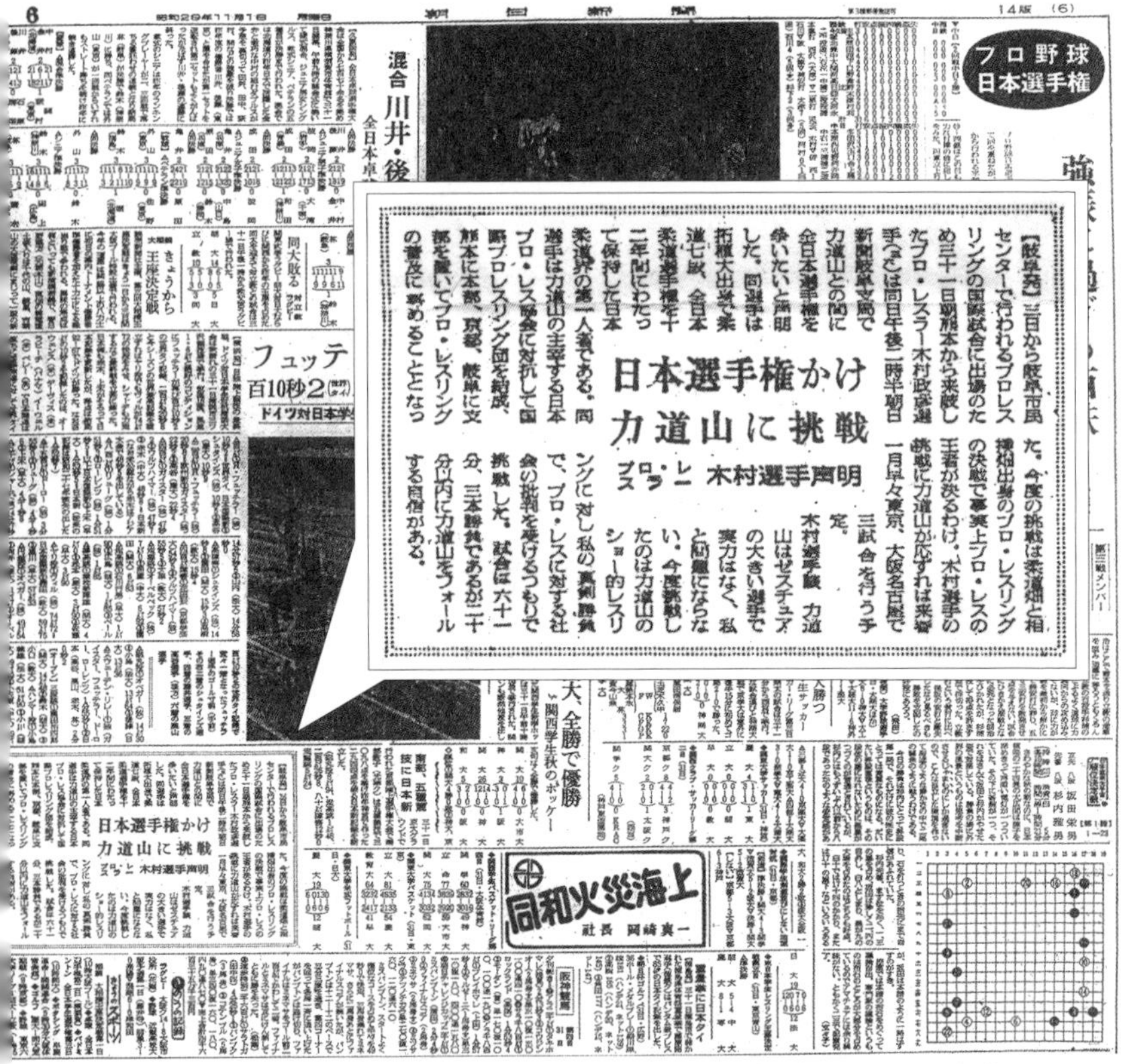

日本選手権かけ
力道山に挑戦
プロ・レスラー　木村選手声明

【岐阜発】三日から岐阜市民センターで行われるプロレスリングの国際試合に出場のため三十一日朝熊本から来岐したプロ・レスラー木村政彦選手(37)は同日午後二時半朝日新聞岐阜支局で力道山との間に全日本選手権を争いたいと声明した。同選手は拓殖大出身で柔道七段、全日本柔道選手権を十二年間にわたって保持した日本柔道界の第一人者である。同選手は力道山の主宰する日本プロ・レス協会に対抗して国際プロレスリング団を結成、熊本に本部、京都、岐阜に支部を置いてプロ・レスリングの普及に努めることとなった。今度の挑戦は柔道畑と相撲畑出身のプロ・レスリングの決戦で事実上プロ・レスの王者が決まるわけ。木村選手の挑戦に力道山が応ずれば来春一月早々東京、大阪名古屋で三試合を行う予定。

木村選手談　力道山はゼスチュアの大きい選手で実力はなく、私と問題にならない。今度挑戦したのは力道山のショー的レスリングに対し私の真剣勝負で、プロ・レスに対する社会の批判を受けるつもりで挑戦した。試合は六十一分、三本勝負であるが二十分以内に力道山をフォールする自信がある。

ついに発見!　これが朝日新聞大阪版昭和29年11月1日付朝刊スポーツ面に掲載された木村の力道山への挑戦声明

屋で3試合を行う予定であり、柔道畑と相撲畑出身の決戦で事実上プロレスの王者が決まると報道し、記事の最後には問題の木村発言が掲載されています。

「木村選手談　力道山はゼスチュアの大きい選手で実力はなく、私と問題にならない。今度挑戦したのは力道山のショー的レスリングに対し私の真剣勝負で、プロ・レスに対する社会の批判を受けるつもりで挑戦した。試合は六十一分三本勝負であるが二十分以内に力道山をフォールする自信がある」

これが、朝日新聞に載った木村発言の全文です。そしてもう1紙、地元紙岐阜タイムスの調査も行いました。

## ☆岐阜タイムスも同日付朝刊に写真付きで紹介

岐阜タイムス11月1日付朝刊2面には、「〝勝算われにあり〟プロレス日本選手権　木村、本社で語る」と題した木村の写真付きの記事が掲載され、日本チャンピオンを決めるため力道山に真剣勝負を申し込んで爆弾声明を発表したと報道されました。

「きびしい勝負の世界で日本一あるいは世界一を決めるのが当然であるが、これまで力道山と決戦する機会に恵まれず残念だったが、いよいよその宿願成るの秋が熟したと思い挑戦状を出した。場所は東京、大阪、名古屋の三カ所で、双方とりきめの真剣勝負ルールに則って行う予定だが、勝負はもちろん早くて十五分、遅くても二十分のうちに私のものだ。これで世間人が私の真価を新たに認めてくれると確信している。力道山は相撲の強者だけに得意の立業に挑んでくるだろうが、私は年期をかけた柔道の寝業で技の急所を押え栄冠を獲得してみせる。万一私の挑戦状に対しシリ込みして返事がなければ力道山が敗れ、私は戦わずして勝ち、日本一となるわけだ。いずれにしてもこの試合はファンが大きな期待をもちながら実現しなかったものだけに世紀の一戦だ」と木村は語っています。

朝日新聞も岐阜タイムスも、掲載面はスポーツ面でした。これで歴史に伝わる力道山対木村戦の発端とされていた朝日新聞説は、事実であったことが判明しました。

この発見を、平成18年12月25日発行週刊プロレス別冊冬季号「ザ・レトロマニア」誌上で発表したのですが、この直前に竹内さんは病に倒れ、意識が戻らないままに平成24年5月3日に逝去されました。そのため、この吉報を竹内さんに報告できなかったことが、今も心残りでなりません。

昭和29年11月1日　月曜日　岐阜タイムス

# 中日、西鉄に連勝

## 石川—杉下で逃げ切る

西沢2点ホーマー

1954年度 日本選手権シリーズ 第二戦

## 〝勝算われにあり〟

プロレス日本選手権　木村、本社で語る

日本プロレスリング界のヒーロー木村政彦氏(三七)は来る三日岐阜市民センターで開催される本社主催の日本対抗プロレス試合に出場のため去る三十一日来岐したが、本社で〝日本チャンピオンを決めるため力道山に真剣勝負を申し込んだ〟とつぎのような挑戦声明を発表した。

激しい勝負の世界で日本一あるいは世界一を決めるのが当然であるが、これまで力道山と決戦する機会に恵まれず残念だったが、いよいよその時期成るの秋が熟したと思い挑戦状を出した。場所は東京、大阪、名古屋の三ヵ所で、双方とりきめの真剣勝負ルールに則って行う予定だが、勝負はもちろん早くて十五分、遅くても二十分のうちに私のものだ。

これで世間人が私の真価を新たに認めてくれると確信している。力道山は相撲の横綱だけに相撲の立場に挑んでくるだろうが、私は年期をかけた柔道の秘術で技の急所を押え柔術を演出してみせる。万一私の挑戦状に対しシリ込みして返事がなければ力道山が敗れ、私は戦わずして勝ち、日本一となるわけだ。いずれにしてもこの試合はファンが大きな期待をもちながら実現しなかったものだけに世紀の一戦だ。(写真は本社で語る木村選手)

立教 明治に雪辱す

最後を飾る10秒2　フッテラー百米に世界タイ　日独陸上 横浜大会

日本シリーズの分配金 一人七万円

開店満七周年記念　平素の御愛顧に応えて全店挙げ　記念大特売会

昭和29年11月1日付岐阜タイムス朝刊スポーツ面　木村の写真入りで挑戦声明を報道

〝伝説の試合〟の謎解きの前に、大きく立ちはだかっていた朝日新聞の記事が発見されたのですが、それにしても木村が挑戦を声明したばかりで、力道山の意向もまだ不明な段階であるにもかかわらず、木村は朝日と岐阜タイムスの2紙で、既に3試合を行う予定と語り、朝日では試合開催の日時、場所、試合形式にまで言及しているところをみると、両者の間では事前に何らかの根回しや、話し合いの場が持たれたのではないかと推測されます。

木村の朝日新聞での挑戦声明の中に、私の真剣勝負でプロレスに対する社会の批判を受けるつもりで挑戦したという言い回しが出てくるのですが、これはどういう意味なのでしょうか? 巷間伝わるところのプロレス八百長論を指し、力道山に挑戦すると同時に、このプロレス八百長論に対する答えも出そうということなのでしょうか。

しかし、ここで一つの大きな誤算が生じたようです。それは、木村の挑戦声明の記事が報道されたのは、朝日新聞の大阪版だったということです。

力道山のプロレスを後援したのは三大紙の一つ毎日新聞でしたが、朝日新聞は古くから全日本柔道選手権大会を後援する新聞社で、朝日には木村の柔道時代からの知己の記者がいたのかも知れません。なんといっても当時全国紙発行部数トップの朝日新聞の宣伝力を使って、力道山と木村が対決する「日本選手権大試合」というビッグプロジェクトを、朝日新聞紙上で大々的にぶち上げるといったプランだったのでしょうが、関西圏以外には伝わらず、そのスケールは大幅に縮小されてしまったようです。

11月3日から岐阜で開催される、国際プロ・レスリング団の興行を主催する新聞社岐阜タイムスに挨拶に回った木村は、ここでも力道山への挑戦を声明しましたが、しかし、これは岐阜の地域のみに限定された地方紙の報道です。岐阜タイムスは現在の岐阜新聞なのですが、同紙と朝日新聞とは、平成12年に新聞発行業務に関した包括協定を結んだ間柄にある新聞社でした。何か古くからの繋がりがあったのでしょうか。

## ☆木村は力道山の引き立て役だったのか?

通説によると、力道山とタッグを組んだシャープ兄弟との試合では、力道山の引き立て役になって負けたという木村の発言があったとされていました。

「世界選手権争奪」国際試合では、力道山、木村組はシャープ兄弟と6回対戦し、そのうち3回がシャープ兄弟の保持する世界タッグ選手権に挑戦した試合でした。

2月21日東京・蔵前国技館での1回目のタイトル戦61分三本勝負では、一本目を木村が弟マイクに取られ、二本目は力道山がマイクから取り返し、三本目は兄ベンが負傷したため試合は中止となって1―1のスコアでシャープ兄弟がタイトルを防衛します。

2月27日大阪、3月6日蔵前のタイトル戦ともに、木村が一本を取られた後は時間切れとなり、1―0で力道山、木村組が負けました。

ノンタイトル戦での試合記録をみると、一本を取るのが力道山、取られるのが木村というケースから、2月19日蔵前では1―1の引き分け（三本目は時間切れ）、2月24日小倉では2―1（三本目は日本組の反則負け）でシャープ兄弟の勝ち。2月23日木村の郷里熊本では、一本目を木村が取り、二本目は木村が取られ、三本目には力道山が取られて2―1でシャープ兄弟が勝っています。

また、力道山は山口とも2回タッグを組んで、シャープ兄弟とノンタイトルで対戦しています。

2月26日山口の本拠地大阪では、一本目シャープ兄弟の反則負け、二本目は山口がベンに取られ、三本目を力道山がベンから取って力道山、山口組が2―1で勝ち、シャープ兄弟はこの国際試合中で唯一の敗戦を喫します。

3月4日宇都宮では、一本目を力道山が取り、二本目は山口が取られ、三本目は乱闘となって1―1の引き分けとなりました。

この他、2月28日の神戸では力道山、木村、山口が組んで、シャープ兄弟にはブランズが加わる6

人タッグマッチが初公開されます。一本目は木村がベンに取られ、二本目は木村がマイクから反則勝ち、三本目は力道山がブランズから取って2―1で日本組が勝ちました。

以上が「世界選手権争奪」国際試合での、シャープ兄弟と力道山、木村、山口が絡んだ試合の記録です（記録は国際試合を後援した毎日新聞調べ）。

こうした試合の結果から、木村の引き立て役発言へと繋がっていったのでしょうが、前述したようにスポニチの報道にはそれらしい記事がありました。試合記録を見ると、山口は本拠地大阪での試合を反則含みながらシャープ兄弟を破り貴重な初勝利で飾ったのに対して、木村は地元熊本で負け試合を強いられたのでした。

この「世界選手権争奪」国際試合を主催した、日本プロ・レスリング協会発行のパンフレットでの出場選手紹介のページを見ると、力道山、木村、山口の順序で紹介され、紹介スペース、写真の大きさも、この順序に従って小さくなっていきます。パンフレットからみても、既に力道山、木村、山口の序列はでき上がっていたのでしょうか。

しかし、朝日新聞と岐阜タイムスの報道を見る限り、木村の力道山への挑戦声明の中には、シャープ兄弟戦では力道山の引き立て役にされて負けたというようなことに関しては、木村のプライドからか何も触れられてはいませんでした。

2紙の木村の発言を比べてみると、やはり朝日の方が過激なため、鈴木氏が書くように朝日の記者が木村を挑発して誘導尋問を行い、センセーショナルな記事に書き立てたのではないかという見方は当たっているような気もしないではないですが、以降の朝日新聞のこの一戦に関する報道量の少なさからみても、朝日が毎日に対抗してという捉え方には疑問が残ります。

木村の発言には、多少の尾ヒレが付いたところがあったのでしょうが、木村自身は引き立て役だったとは一言も言ってはいないのです。

木村の力道山への挑戦声明によって、俄かに話題となった日本選手権でしたが、実はこの年の2月から3月にかけてシャープ兄弟と闘った「世界選手権争奪」国際試合に出場のため、一堂に会した力道山と木村、山口の三者間で日本選手権について話し合ったという、後の山口の証言があるのです。「日本選手権試合をシャープ兄弟が来日した当時から力道山君とも話し合ったが、木村君の挑戦によって意外に早く実現した」（スポニチ昭和30年1月19日付）とすると、既にその時点から日本選手権構想というプランは練られていたようです。

木村は、力道山への挑戦声明で3試合を行う開催日時や場所などを口にしたところから、両者の間では事前の根回しや、話し合いが持たれたのではないかと推測されると書きましたが、おそらく、あくまでもまだ構想段階だった話を、木村は力道山との間でなんら詰めることもせずに、いきなりそのままを発表したのではないでしょうか。だとすれば、力道山は木村のフライングに大きな不信の感情を抱いたに違いありません。やはりこの試合は、スタートから両者の間に溝が生じていたのです。

## ☆木村の過激な発言に対して黙殺する力道山

木村の力道山への挑戦声明はまた、力道山を逆なでするには十分すぎる内容でした。力道山のプロレスはショー的で、ゼスチュアが大きく、実力はなく、問題にならない。20分以内にフォールする自信があるという木村の過激な発言はこの後も続き、発言の度に真剣勝負を強調していきます。

試合はルールで許されたギリギリの範囲内で真剣勝負をしたい（産経11月27日付）。ルールはこれから具体的に検討し合うが、大体40分一本勝負になるだろう（報知11月27日付）。笑って見られない迫力のある試合をしたい（日刊11月28日付）。今度の試合はショーを離れて真剣勝負でぶつかりたい（スポニチ12月19日付）。あくまで本当のプロレスをファンに知ってもらいたい（毎日12月22日付）。45分一本勝負を主張してきた。真剣勝負は一本勝負で決められるもので三本なんて考えられない。八百長なしの決戦だから運が悪ければ腕の一本くらいは折れるかも知れない（スポニチ12月22日付）…。

これらが、当時の新聞報道から拾った木村のコメントなのですが、超過激な発言が次々と口をついて出てきます。片や力道山のコメントとなると、これがなぜかあまり出てこないのです。

11月1日付朝日新聞紙上における木村の力道山への挑戦声明を受けて、翌2日夜には力道山は早くも挑戦に応じる意向を示し、25日には日本選手権試合が正式に発表され、26日に試合日及び競技細則の協議が諮られることとなり、27日には調印式が執り行われました。

調印式の席上で力道山は、プロレスはとかくの批判があるが…、プロレスは八百長だ、ショーだといわれているが、プロレスのショーと真剣勝負は紙一重だという持論を展開しました。

力道山語るところのプロレスにはとかくの批判があるという発言と、そして、木村の語るところのプロレスに対する社会の批判を受けるという発言から、力道山と木村とのプロレスの日本一を賭けた闘いは、双方ともに世間のプロレス八百長論に対しての戦いともなり、試合は12月22日に東京・蔵前国技館で挙行されることになりました。

マスコミは注目の大一番を、相撲の力道山か、柔道の木村か？　真剣勝負か、八百長か？〝昭和の巌流島〟などと書き立て煽ります。そして迎えた22日の決戦当日、両者は試合前に酒井忠正プロ・レスリング・コミッショナー、登喜レフェリーの立会いの下にルールの最終確認を行ったのですが、木村は使用を認められたはずの力道山の空手チョップと、禁止されたはずの柔道の当て身についての使用の是非をまたぞろ言い出して揉め、試合開始が大幅に遅れました。

このため、実況中継を予定していたテレビ（NHK、日本テレビ）、ラジオ（NHK第二、ニッポン放送）の放送時間枠が終了してしまい、午後7時30分から9時40分まで中継を行った日テレを除いて、他局は試合を放送できなかったという事態が発生し、放送局側と興行側との間で契約違反、損害賠償の問題まで起きたそうです。

ファイトマネーは、賞金150万円を勝者に7割（105万円）、敗者に3割（45万円）が配分されることになり、パンフレットの中にも、このことは試合の契約書に明記されていると工藤雷介氏は書いているのですが、その工藤氏は後年、プロレス1979年8月号の座談会「各時代の証人による…日本プロレス30年の軌跡」に出席して、「マスコミはそう書いたが実際は違う。300万円で勝者7、敗者3の配分だった。これは私が立ち会ったから間違いない」と話しているのです。ファイトマネーは表向き150万円、実は300万円が7対3に配分されたのでしょうか?

木村は昭和26年の4月、ハワイでプロレスラーに転向したとされています。力道山のプロレス転向は、同年10月28日の対ボビー・ブランズ戦ですから、木村の方が6カ月早くデビューしたことになります（木村がブラジルでエリオ・グレーシーと闘って勝ったのも、この年の10月23日のことです）。ですから、力道山対木村戦までの木村のプロレスラーとしてのキャリアは3年9カ月、力道山は3年と3カ月になります。

試合の映像を見て気付いたのは、力道山と木村の体格差です。パンフレットによると、力道山の身長・体重そして年齢は五尺九寸、三十貫（178・8センチ、112・5キロ）で30歳、木村の身長・体重・

「日本選手権大試合」の力道山（右）と木村政彦（左）
体格差がよく分かる

年齢は五尺五寸、二十四貫八百（166・7センチ、93キロ）で37歳、その差は身長で約12センチ、体重では約20キロ力道山の方が大きく、年齢は力道山が7歳年下ということになっています（木村の年齢は新聞では36歳、パンフレットでは37歳と書かれています）。組み合ったり持ち上げたりすると、木村の体が意外と小さく見えるのですが、力道山はヘビー級、木村はジュニアヘビー級の体重だったのです。

## ★反則めぐり控室で論戦始まる

試合は途中から凄惨なセメントマッチに発展し、15分49秒木村はリングに倒れ、ドクターストップとなって力道山が勝利しました。試合に至るまでは、木村の過激な発言による挑発に乗ることもなかった力道山でしたが、あえて沈黙を押し通してコメントを差し控えたのか？　すべては試合が終わってからとばかりに、試合後力道山は控室で意外なことを話し出したのです。三本勝負だったはずの試合は一本目で終了してしまいましたが、二本目は？　控室の論戦で始まりました。

〝良心に恥じぬ試合だ〟　力道山談

リングにのぼってから二度も木村は引分で行こうといった。自分から挑戦しておきながらこんなことをいうのはとんでもないことだと思った。開始直後首をしめたとき完全に利き、フォールできたのだが、このときも木村は〝やめてくれ〟といったので離れた。その直後彼がぼくの急所をけってきたので、しゃくにさわり、遠慮していた空手打を用いてあのようにたたきのめす結果になってしまった。木村はぼくに反則があったといっているがツマ先でけったのではなく足の裏でけり、ゲンコツで打ったのでもない。決して反則はおかしてない。自分としては良心に恥じない試合をした。

〝傷はクツでふまれたものだ〟　木村政彦談

力道はクツのカカト、ツマ先、コブシ、ヒザなどを使って打って反則は四、五回あった。ぼくとしては一回の反則も犯してない。顔面にうけた二針の傷もクツでふまれたものだ。力道山はぼくが引分けようといったという話だが、そのようなことを彼がいったとしたら彼の心理状態を疑いたい。この試合で力道山もたいしたわざもなかった。そもそもこの試合をやる前にプロ・レスとしてのルールの範囲内でフェアプレーでやるようお互いに証文を一札入れ日新プロの中川氏に託してあるわけだ。それだから私としては引分にしてくれなどスポーツマンシップに反するようなことは絶対いわない。

〝反則は両者一回ずつ〟　ハロルド・登喜レフェリー談

木村君が最初引分に行こうといったのも、首じめされた時やめてくれといったのも私は聞かなかった。また力道山が空手打で攻撃した時に反則があったという木村君のいい分はあたらない。木村君はロープの外へ出たわけでなく、もたれていただけだから私が力道の攻撃を中止させることはルールのうえからできない。両君に反則があったのは、力道山がゲンコツでなぐった時と木村君がツマ先で力道の急所をけった時だけだ。きょうの試合はフェアーだったと思っていたが、試合後お互いに悪口をいいあったということならスポーツマンらしくない。

（毎日新聞12月23日付）

## ☆スクープ！ 内外タイムス　木村の確約書公表

さらに驚いたことには、12月26日付夕刊紙内外タイムスに「試合前木村が八百長申入れ　これがその証拠だ！」「真相語る力道山」「〝2度目に勝たせる〟奇怪な契約書　疑惑解くため秘密書公表」「リング上　あゝ出なければ僕が倒される！」といった見出しが躍る、衝撃的な記事がスクープされたのです。

記事によると、11月26日の夜、新橋の「華頂」において関係者が集まってルールが協議されたのですが、木村は同席者がたまたま席を外した時に、力道山に2枚の書類を示し「これと同じものを取り交わそう、この線でやってくれ」と申し入れ、力道山はこれを言下に断り、目の前で書類の1枚を破ったのですが、木村は「とにかく預かっておいてくれ」と再考を求めて帰ったというのです。

木村が力道山に渡した2枚の確約書には、「22日の試合ははじめ二十分位で木村の勝ち、次は十九分位で力道の勝ち、三本目は時間切れで引分け、五分五分の勝負無しとして選手権は預りとすること」と書かれ、別の1枚には、「昭和30年にもう一度選士権試合をして、この時は力道に勝ちを譲ること」として木村の署名と拇印があり、この2枚の確約書の写真も掲載されていますが、1枚は破損していました。

木村が出場した頃の柔道の選手権大会は、選士権といった時代で、木村は確約書にこのような書き方をしたものと思われます。

試合前に木村が八百長申入れ
これがその証拠だ！
真相語る力道山
"二度目に勝たせる"
奇怪な契約書
疑惑解くため秘密書公表
リング上
あゝ出なければ僕が倒される！
契約前日に木村が力道に提示した誓約書
力道山㊧と木村㊨
大正天皇例祭
古屋、率直に殺人を認める
けさ新

昭和29年12月26日付内外タイムス　木村が八百長を申し入れたと「確約書」の写真付きで報じた記事

11月27日の調印式の前日に、新橋の料亭「花蝶」（内外タイムスでは「華頂」となっています）において、関係者が揃い協議の場が持たれています。この会談に出席したのは、日本プロ・レスリング協会理事長新田新作、同常務理事永田貞雄、森口忠造（毎日新聞事業部長）、中川明徳（日新プロダクション支配人）、工藤雷介の各氏他、立の海（国際プロ・レスリング団）、そして木村と力道山。

力道山は新東宝映画「力道山の鉄腕巨人」を撮影中のため、遅れて到着しました。話し合いは夜を徹して行われ、力道山と木村は二人だけで長時間にわたり会談を行い、工藤氏、中川氏、立の海の三人は別室で試合の契約書を作成したといいます。朝方となり、木村が工藤氏を部屋に呼び、何かの文書を見せようとしたらしいのですが、力道山はこれに難色を示したということで、それでまた工藤氏は席を外したといった場面があったことを、後に工藤氏が証言しています。

## ☆新聞各紙で異なる調印式の時刻

内外タイムスがスクープした「真相を語る力道山」によると、木村が力道山に2通の確約書を渡したのは、11月26日のことでした。そして翌日27日に、神奈川県鎌倉市の松竹大船撮影所で調印式が執り行われたのですが、不明な個所が出てきました。それは新聞各紙が報道した調印式が行われた時刻です。毎日、スポニチが午後1時、日刊は午後5時、産経、報知は午後7時となっているのです。なぜ、こんなに食い違っているのでしょうか？　一体どれが正確なのでしょうか？

前日、深夜の力道山と木村の会談が長引いて遅れに遅れ、朝方にまでなってしまったということでしたが、このことが影響して予定されていた調印式の時間が変更されたのでしょうか？

それにしても、3通りも違った時刻報道は何を意味し、何を物語っているのでしょう？　まず、試合を後援する毎日の記事では午後1時となっています。毎日系のスポニチも同様の時刻と報道しているところをみると、おそらく午後1時が当初に予定された調印式の時刻だったのではないでしょうか。それが前日からの会談で調整が図られず、調印式は午後5時に変更とされたものの、それでもまとまらず、ようやく両者の見解が統一点に達して午後7時に調印が執り行われるまでに漕着けたのではと推測してみたのですが…。

とにかく、両者の会談は相当難航した様子です。力道山と木村の二人だけの間で、一体何が話し合われたのか？　試合の勝敗に関してか？　ファイトマネーの賞金は150万円か300万円か？　互

日本選手権大試合のパンフレット

いの取り分は？　引き分けの場合は？　そして、何かが取り決められたのでしょうか？

〝伝説の試合〟の謎を解くカギは、発見された朝日新聞での木村の力道山への挑戦声明の記事と、11月26日の花蝶会談にあるようですが、この調印式の時刻の複数報道も不可解であり見逃せません。

さらにもう一つ、注目したい史料があります。それは「日本選手権大試合」のパンフレットです。

パンフレットには、26日の協議で作成され、両者が調印式で契約書に調印した次の4項目の協定が掲載されています。

一、国際プロ・レスリング・ルールで行うこと
二、試合は正々堂々規約に基いて行うこと
三、試合時間は61分三本勝負
四、反則は紳士的見地より行動すること

そして、国際プロ・レスリング・ルールによる禁止事項として次の9項目が掲載されています。

1. 急所を握ったり蹴ったりすること

2. 口の中に手を入れること、目を突くこと
3. 咬むこと
4. 頭髪やパンツを握ること
5. 上段のロープ越しに相手を外に投げ出してはならない
6. アゴより下　首を絞めてはいけない　頸椎、腰椎の絞め、胴締め等はよい
7. 如何なる投技を使ってもよく、また手のどんな関節の逆を取ってもよいが指の逆は三本以上取る場合のみ許される（パンフレットには7が抜けています）
8. 拳で殴る、肘で突くこと　但し平手や手刀（手の側面）の殴打は自由
9. 蹴り─爪先膝を用いることは禁じられるが靴の底を平面に利かせての踏み蹴りは自由

先に記した毎日新聞の登喜レフェリーの試合後談によると、反則は力道山の拳打ちと木村の爪先での急所蹴りだと指摘しているのですが、とすると力道山は禁止事項の8に、木村は1と9に違反したことになります。

力道山が試合途中、木村の蹴りを急所蹴りだと判断して以降、凄まじいばかりの喧嘩ファイトを仕掛けるのですが、その攻撃方法は張り手と蹴り、そして踏みつけるといった戦法でした。試合で見せた張り手は、力道山がいつも試合で使う空手チョップとは違っていましたが、禁止事項8には平手、手刀での殴打は自由とあります。また9には靴の底を平面に利かせての踏み蹴りは自由とあり、こうしてみると力道山が試合で用いた戦法そのものなのです。

各紙の日本選手権大試合報道紙面（12月23日付）

日刊スポーツ
日本一力道山に
プロレス選手権 猛然木村を張倒す
「引分けにしように」
うっぷん一度に爆発
白井のリターン・マッチ
明春東京で開催か
カーン博士へ便り

日刊スポーツ

スポーツニッポン
力道、初の王座に
空手張り手ける踏む
15分49秒 木村倒れて起たず
木村まさに倒れんとす

スポーツニッポン

王座 力道山へ
空手打ちを十数発
木村完全にのびる
同大、自ら勝利逸す
空回りした関学の精神状態
親馬の血をひいた子馬

デイリースポーツ（2面）

スポーツ 文化芸能
報知新聞
力道山にプロレス日本一の栄冠
木村、鮮血を吐く
凄烈の空手チョップ連発
発展への試金石

報知新聞

## ☆ルールを研究して臨んだ力道山　両者の信頼関係は構築されず？

試合は4項目の協定の一にあるように、通常の国際プロ・レスリング・ルールで行うことと謳われ、いつも通りのプロレスのルールのはずなのですが、これではまるで、この試合のために設けられたルールで闘ったかのような錯覚を起こすほどです。力道山には、ルールを研究して試合に臨んだという節が窺えるのです。

力道山の試合後談の中にこれを裏付けるかのような、「木村はぼくに反則があったといっているがツマ先でけったのではなく足の裏でけり、ゲンコツで打ったのでもない。決して反則はおかしてない」（毎日新聞）と語った部分

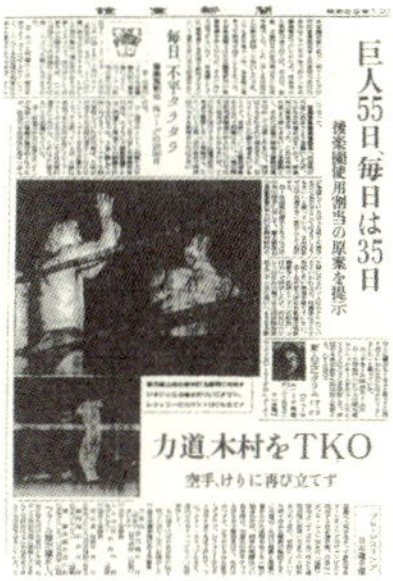
巨人55日、毎日は35日
後楽園使用割当の原案を提示
力道、木村をTKO
空手、けりに再び立てず

読売新聞

日本プロレス選手権
力道山、木村を破る
空手打、15分余で打倒

朝日新聞

中日スポーツ
力道山にプロレス日本選手権
猛烈な空手の連打
木村、十五分で意識不明
乗出した舟、赤字覚悟
ホエールズと改称

中日スポーツ

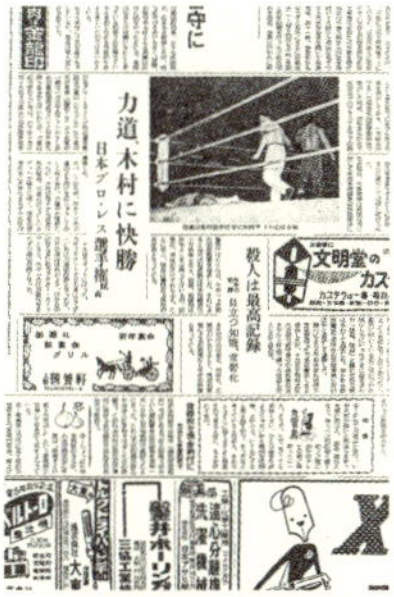
力道、木村に快勝
日本プロレス選手権

日本経済新聞

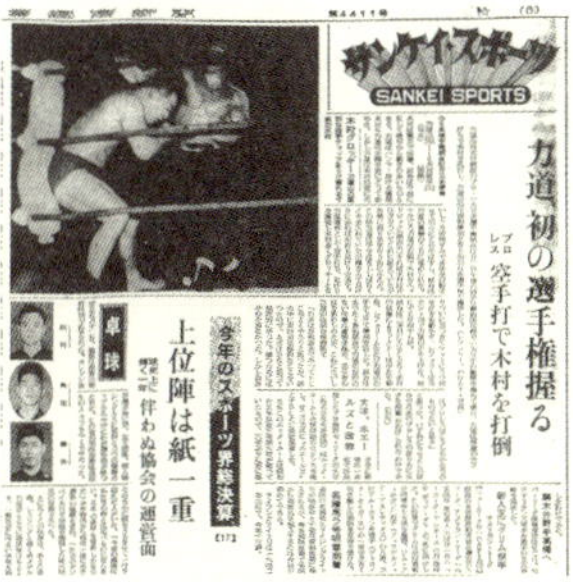

力道、初の選手権握る
プロレス 空手打で木村を打倒
今年のスポーツ界総決算
上位陣は紙一重

産業経済新聞

毎日新聞は128～129ページ参照

があります。「どんなことをしても勝たなければならないという気持が強かった」（日刊スポーツ）とも発言しています。

また、報知新聞の記事には「まず右足の裏で木村の胴をめがけて飛びながらけった。力道十八番のフライング・キックである」と書かれています。試合映像にはありませんが、力道山は木村に飛び蹴りを見舞ったようです。力道山の飛び蹴りはけっして上手とはいえず、低空飛行で木村の胴あたりに当たったようです。「15分ごろ、力道の上体は真っ赤になって汗みどろ。力道の蹴りから木村も力道の急所をねらって蹴り返せば—」（スポニチ）「（力道山が）機をみて足けりに出れば木村も足けりを返す」（産経）とあり、両者が蹴りを出し、ここから試合はもつ

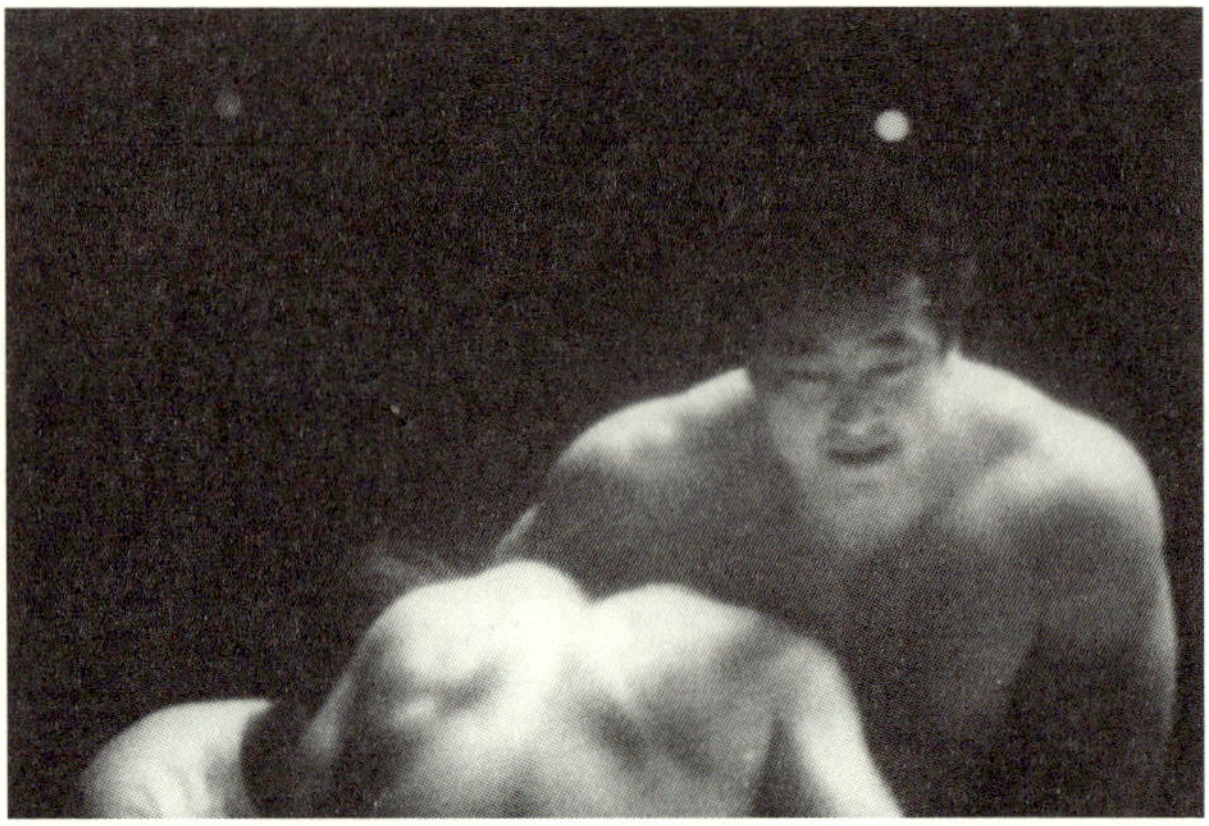

首固めで木村を攻める力道山。取材記者たちが「頼む、緩めてくれ」という木村の声を聞いたとされる場面

れてきたのでしょうか。

以下は、翌日の新聞報道各紙の見出しです。「空手 張り手 ける 踏む」(スポニチ)「猛然木村を張倒す」(日刊)「凄烈の空手チョップ連発」(報知)「空手打ちを十数発」(デイリー)「猛烈な空手の連打」(中日スポ)「力道、木村をけり倒す」「足の裏ならけってもよい」(毎日)「空手打、15分余で打倒」(朝日)「空手、けりに再び立てず」(読売)「空手打で木村を打倒」(産経)と各見出しからも、力道山の試合振りが伝わってきます。

力道山は、試合で木村の出方を探りながら、少しでも妙な動きを察知したら、ルールに則った合法的な攻撃方法を用いて一気に叩き潰してしまうという腹でいたのではないでしょうか。

おそらく両者の間には、試合に至るまでの経緯や言動からして、闘う者同士お互いの信頼関係が構築されないままにリングに上がったのではないでしょうか? 体重が100キロを超すような大男同士が、対戦相手に体を預け、大技を繰り広げて試合を見せるプロレスなのですから、こうなると、とても話し合いや取り決めなどといっている場合ではありません。

月刊ファイト1955年2月号の記事によると、試合開始の遅れから新聞の締切時間を気にし出した記者に、力道山は締切の時間を尋ねたそうです。記者は9時半と答えると、力道山は記者に締切5分前に片付けてしまうと約束したという話が伝わっています。新聞記者の証言にはもう一つ、登喜レフェリーは木村が「引き分けに行こう」と言ったのも、首じめ（ヘッドロック）された時「やめてくれ」と言ったのも聞いていないとコメントしているのですが、「頼む、緩めてくれ」という木村の私語は、リングサイドで取材する複数の記者の耳にまで届いていたというのです。

毎日新聞の記事によると、試合は9時15分に開始したと報道されていますが（試合開始を朝日、読売は9時10分、報知は9時7分と報道しています）、とすると試合が終了したのは9時半過ぎ（あるいは9時半前）ということになります。やはり、力道山は短期決戦を目指す作戦だったのでしょうか。

## ☆プロレスのルールにはないテンカウント

力道山が仕掛けた猛攻撃に、木村はついにコーナーで俯《うつぶ》せに倒れます。木村のダウンを確認したレフェリーはカウントを数え出します。登喜レフェリーはボクサー出身ですが、プロレスにはテンカウントのルールはありません。スポニチの記事には、「レフェリー登喜は慌ててボクシング式にカウントを数え、10秒を数えて力道の手を上げる」と書いています。プロレスなら、ここはまずレフェリーは力道山にフォールに行くように指示を出すところなのでしょうが、力道山もフォールに行かないのは、もし木村に余力が残っていて寝技に引きずり込まれたらという警戒が働いたのでしょうか。

登喜レフェリーはカウントを数え終えるのですが、これはプロレスでは非合法のテンカウントとなります。

実況映画の中では、15分49秒カウンテッドアウトで力道山の勝利という志村正順氏（元NHKアナウンサー）の実況音声が流れるのですが、新聞での試合記録の報道は、毎日は戦意喪失（ドクターストップ）、朝日は空手打　打倒　ドクターストップ、読売は手刀倒、スポニチは空手打打倒（ドクターストップ）、日刊は打倒張倒し　以後棄権、報知は打倒勝（ドクターストップ）と各紙各様の書き方をしています。登喜レフェリーからの、正式な裁定の発表はなかったのでしょうか。

木村は試合の前から真剣勝負を強調し、一本勝負にこだわり、笑って見られないような試合になるだろうと語っていたのですが、その通りの試合となってしまいました。ショーと真剣勝負は紙一重と語ったのは力道山でしたが、これが力道山のプロレス八百長論に対する答えだったのでしょうか。

ハロルド登喜は、力道山の日本プロ・レスリング協会所属のレフェリーです。「力道山に挑む木村」の実況映画を見ると、決戦を前にした力道山が道場で練習を行うシーンが出てきます。見れば力道山の相手を務めるのは、ハロルド登喜でした。力道山はレフェリーに起用される登喜と一緒に、対木村戦のルールを研究して戦略を練ったのでしょうか。とすると、木村は二人を相手にしたハンディキャップマッチを闘ったような見方もされます。

一方では、木村の柔道の恩師であった牛島辰熊《うしじまたつくま》師範が、試合を6日後に控えた12月16日、力道山道場に姿を現し、力道山に対木村戦に向けた寝業の特訓指導を申し出たというのです。木村側のスパイではないのかともみられたのですが、力道山はこれを迎え入れ、丁重にもてなしたそうです。ところが、試合中に力道山が痛めていた左足を木村に攻められ、力道山側の情報は牛島師範によって木村側に筒抜けだったのではないかといった話を、ゴング（日本スポーツ出版社）1968年8月号の記事で読みました。互いの陣営の謀略渦巻く中での試合は、とても尋常に終わるはずはなかったのでしょうか。

リング上で助け起こされた木村に付き添ったのは、その牛島師範でした。この時、力道山の差し出した手に牛島師範は背を向けたという話も同じ記事で読みました。

この後、映画映像には奇妙で不思議なシーンが映し出されます。試合の後のリング上で、力道山と木村が握手をして、何やら言葉を交し合っていたのです。一体両者は、どんな言葉をかけあったのでしょうか？　それは試合までの経緯、リング上での出来事や、そしてこの後の控室での両者の問題発言にはどうしても繋がってはいかない、奇妙で不思議な謎のシーンに見えてなりません。

木村は今し方、リング上で起こった出来事が理解し難いままに、それでも真白な頭の中には今後の再戦の二文字がチラついて、こんなシーンが現出されたのでしょうか？

そんな推測を膨らませてみたりしたのですが…。

試合の当夜、力道山宅は負けた木村側の襲撃に備えて猟銃で武装したという話を、後に芳の里が証言しています。その翌23日、木村の国際プロ・レスリング団はコミッショナーに、勝敗は殴り合いで決まった、相手方に反則があったとして提訴状を提出します。木村は「あのレフリーはいかんね、僕が片手を挙げてレフリーにストップを要求したが彼はボーとして何も判らないんだ。コミッショナーに出した提訴は抗議文じゃないが要はレフリーのミスをどこまで認めることになるかということだ」（日刊スポーツ12月24日付要約）と語り、登喜レフェリーのレフェリングに疑惑の目を向けています。

内外タイムスのスクープ記事が出たのは、コミッショナーに提訴状が提出された翌日のことでした。木村は試合に対して数々の発言を行ってきましたが、なぜ登喜レフェリーを承認したのでしょうか？12月21日付産経新聞では、レフェリーはおそらくストレンガー・オルソン氏に決定するだろうと書かれていました。オルソンとは、「太平洋選手権争奪」国際試合に出場した、ドクター・オルソンと思われます。22日付日刊スポーツによると、レフェリーは未定であったが両選手ともハロルド登喜を承認したと報道されています。レフェリーは試合の前日にようやく決定したようですが、木村は中立のレフェリーを主張しなかったのでしょうか?

木村は試合後、私としては引分にしてくれなどスポーツマンシップに反するようなことは絶対言わない（毎日）、試合中力道山に引分けにするのかどうかといったら力道山はきょうは本当にやるというソブリだったので私も真剣にやった…力道山は「試合前私が引分けにするよう申し入れた」といったそうだが、そんなことは絶対にない（報知）と語っていますが、試合の前にはあれほど真剣勝負を強調していたはずの木村は、プロレス八百長論に対しても、観客に対しても、一体どんな試合を見せたかったのか、見せるつもりでいたのでしょうか?

この後、29日付内外タイムスの紙面には「木村に残された敗因のナゾ」「欲しかった金・金・金〝選手権〟より〝経済的な挽回策〟」の見出しが付いた記事が掲載されます。そこには「シャープ兄弟との試合後、力道と別れた彼は国際プロ・レスを組織、地方巡業に出たが思わしくなく、旅館代にも困るほどの悲惨な結果だった。その経済的なばん回策として、今回の力道との対戦になったというのが真相のようだ」といった内容の記事が書かれていました。

## ☆本当のプロレスとは　本当の真剣勝負とは

しかし、凄惨なセメントマッチと化した試合への批判は力道山に集中して、プロレス八百長論は、プロレスの在り方を問う声に変わります。

力道山は試合後に、これが本当のプロ・レスであるということには疑問を持っている（スポニチ）、この試合が本当の意味でのプロレスからはずれてしまったことは申し訳ない（報知）、自分はプロレスはこうしたかたちのものでないと思う（産経）と語っています。

後に力道山は自伝の中で木村との試合を回顧して、私は反省した。私としてもけっしてあと味のよいものではない。興奮してついあんな結果になってしまったが、どんな場合でも感情的になって試合をすることは邪道で、その点木村君にはすまなかった…と反省の弁を綴り、ルール内でできる限りの荒わざを取りかわすことが本当の真剣勝負だということを悟ったと記しています。

翌昭和30年1月28日、力道山は大阪で山口利夫を2―0のストレートで破り、日本選手権を初防衛した後の2月10日、力道山と木村は手打ち式を行います。この模様は「力道山　勝利の記録」の中で映像として残されています。

力道山は、自らプロとしては問題のある試合を見せてしまったと語っています。プロのレスラーがリング上でプロフェッショナルレスリングを見せずに喧嘩を見せてしまったということは、プロとして失格と言わざるを得ないでしょう。

## ☆プロレスファンは力道山のプロレスを支持、選択

最近、この試合について大変興味深い検証がなされました。一つは増田俊也著「木村政彦はなぜ力道山を殺さなかったのか」（平成23年9月30日発行、新潮社）です。同書は「木村の前に木村なく、木村の後に木村なし」と謳われ、戦前戦後を通して無敗を誇った〝柔道の鬼〟木村政彦の実像に迫った評伝です。新聞記者出身で柔道家・作家の筆者は、これまでの検証はすべてといっていいほどプロレス側からの検証であり、とても納得のいくものではなく、柔道側からの視点であえて書くと引き分けの約束だった力道山との試合は騙し討ちにあったもので、ただのプロレスの八百長破りでしかない。だ

から勝ち負けで論ずるのは間違っていると断定して、力道山に負けた男という見方に反論し、木村政彦の名誉回復を果たすべく、初めて力道山対木村戦を柔道の側から捉えて書いたという検証本でした。それにしても、なんとも物騒な本のタイトルではありませんか。

もう一つは、プロレス専門誌Gスピリッツ Vol.24（平成24年8月5日発行、辰巳出版）が特集した「力道山vs木村政彦―プロレスラーが史上最大のセメントマッチを解説する―」です。プロレスについて分からないことがある時は、プロレスラー自身に聞いてみるのが一番として、24名もの現役・元プロレスラーに力道山対木村戦の試合映像を見てもらい、各々独自の見解を語ってもらうという企画です。自ら本誌始まって以来の問題作と宣言し、題材が題材なだけに取材を断るレスラーが複数いたことが記されていました。

レスラー側からの視点は、さすがにプロレスの技術の巧拙となり、木村はプロレスが下手で、基本の動作も力道山の方が巧く、試合を組み立ててリードしているのも力道山であるという見方が大勢を占め、これでは試合にならない、ガチンコもやむなし、顔面蹴りも問題ない、レフェリーの指示にも従っているといった意見さえ出てきました。格闘技の技術では木村が優れているという声はあったものの、やはりスター性、プロ意識、レスラーとしての力量、喧嘩度胸でも力道山が格上で、試合に懸ける覚悟、意気込みの差が試合結果に表れたというような検証がなされました。

ではファン側は、力道山対木村戦をどう見たのでしょうか？

ファンの声を代弁させていただくと、試合の前にあれだけのコメントを発した木村の試合ぶりからは、残念ながら伝わってくるものは何もありませんでした。

力道山は自らも語ったように、プロのレスラーがリング上でプロフェッショナルレスリングを見せずに喧嘩を見せてしまい、登喜レフェリーは試合を軌道修正することができませんでした。力道山も木村も、登喜レフェリーも含めてプロとして失格の試合をしてしまい、ファンあってのプロレスのはずが、ファン不在の試合が演じられたのです。

柔道の側は試合までを検証し、またプロレスラーの側は試合のみを検証していますが、この試合は日本のプロレスの将来を左右する、プロレスの運命を賭けた重大な一戦であって、当然試合後においてのプロレスの歴史全体を俯瞰した検証が必要となってくるはずです。

歴史的にみると、力道山はあの試合で木村を倒して勝利したからこそ、日本のプロレスは力道山によって大衆の間に根ざし、馬場、猪木の時代へと受け継がれ繁栄を築き上げてきたことは、今日にまで連綿と続くプロレスの歴史が証明している事実です。

しかし、それより何よりファン不在の試合であったにもかかわらず、その無視されたファンの側の数多くの眼が、プロレスラーとしての魅力、プロレスラーとしての素質、才能、センスをしっかりと見抜いて注がれ、捉えられたのが力道山のプロレスだったのです。

柔道の側は、木村が力道山に負けた男という見方に反論していますが、実はそうではなく、木村はプロレスに負けたのです。プロレスラーになりきれた力道山と、プロレスラーになりきれない木村、ファンの目には今はプロレスラーをやっている元柔道家と、今後をプロレスに賭けるしかない崖っぷちで後のない元力士からは、自然と伝わるものも違ったでしょう。レスラー側の見解を聞くまでもなく、ファンは敏感にそのことを察知します。

おそらくそのままいけば、木村のプロレスと力道山のプロレスとでは差が開いていくばかりで、既に経営的に追い込まれていた木村には、淘汰が待っていたでしょう。

しかし、その木村に挑戦されたとなると、力道山はリングに上がらざるを得なく、日本全体が注目する試合で木村に勝つしかない。日本のプロレスがスタートしてわずかに10カ月、観客にプロレスを観戦する目がまだまだ育っていない中で、力道山はこの一戦で勝ち負けにこだわり、リングサイドのみならずテレビで試合を見ている国民の前で勝負をつけたのです。その後の経過を見れば、力道山のプロレスが進化するとともに、ファンもまたリング上の勝敗の向こう側にある、見るべきところまで見る目を養い、力道山のプロレスを支持していきました。

ファンが支持し、ファンが選んだ力道山―それはプロレスファンの間違いのない判断であり、間違いのない選択でした。

これがどこまでいっても謎に包まれた〝伝説の試合〟力道山対木村政彦戦の、ファン側の私のジャッジメントです。

# 2 「日本選手権大試合」のチャンピオンベルト 〝鑑定団〟に本物出現、その真相は？

## ☆日本選手権のベルトがもう1本あった！

〝伝説の試合〟日本選手権にまつわる謎の中には、チャンピオンベルトに関する謎もあります。実は、日本選手権のチャンピオンベルトは2本存在するのです。

昭和52年（1977）11月23日、中京スポーツ（東スポ）に掲載された広告で知り、福井市で開かれた「全日本プロレス　熱闘死闘プロレス展」を見に出掛けました。新聞の案内では、プロレス展は11月18日から25日までの1週間の開催期間で、チャンピオンベルトやトロフィーの展示、写真パネル、ビデオコーナーもあるということでしたが、なんといってもお目当ては力道山遺品コーナーでした。

会場に着いて中に入ると、どうしたことか係員の人達は展示品を片付けているところでした。確かプロレス展はまだ会期中だったはずですが、係員に尋ねてみると予定が変更になったというではありませんか。「エーッそんな、石川県の金沢からせっかく楽しみにして、見に来たのですよ～」と残念そうに訴えた私の顔は、きっと悲愴感いっぱいだったのでしょうね。すると、係員はしばらく考え込んでいましたが「じゃあイイですよ。時間はそんなにありませんが、どうぞ自由に見てください」という許可を与えてくれたのです。

ＰＷＦ、ＵＮのチャンピオンベルトや、日本テレビの大トロフィー、ジャイアント馬場の16文リングシューズが見えます。〝伝説の試合〟を今に伝える、日本選手権のチャンピオンベルトが目の前にあるではありませんか。力道山がキング・コングを倒して獲得した、アジア選手権のチャンピオンベルトもあります。震える手で、ガラスのケースからチャンピオンベルトをそぉーと取り出して腰に当ててみました。もうこのあたりは興奮状態です。写真を撮りまくりました。そしてなんと、展示されてあった力道山のガウンに袖を通すことができたのです。紫地で月夜に竹林で虎が咆哮する絵柄の、両袖にはそれぞれ「力」と「道」の文字を染め抜いた、力道山がリング上で着用していたガウンではありませんか。百田家には、もうこれ1枚しか残ってはいないという超貴重品のガウンです。

方向音痴の私が初めて行った県外の場所でしたが、迷うことなく会場に着いたこと、それに日にちも時間帯もズレていたとしたら、とてもこんな体験はできなかっただろうと思うと、これはきっとあの世の力道山の〝お導き〟があったに違いないと今でもそう信じている自分であります。

後日、撮影した日の丸が付いた日本選手権のチャンピオンベルトの写真を眺めて〝伝説の試合〟に想いを巡らせていたところ、オヤッ?と思ったのです。力道山が木村を倒してリング上で腰に巻いたベルトとはちょっと違うような気がして、力道山が日本選手権のチャンピオンベルトを付けた写真と見比べたところ、違う、やっぱり違うのです。

でも、展示されていたベルトには確かに「日本選手権者」の文字が刻印されています。これは一体どういうことなのでしょうか?

ベルトは中央に日の丸、その左右には菊の紋が配置され、上部には「JAPANESE-INTERNATIONAL HEAVYWEIGHT WRESTLING CHAMPION」、下部には「國際重量級レスリング 日本選手権者」の文字が刻印され、これらを取り囲むように2匹の龍が対峙し、14個の色とりどりの宝石が散りばめられたデザインです。ベルトの部分は布製で紫、白、オレンジと3色に分かれた横縞模様となっています。

一方、対木村戦で力道山に授与されたベルトは、中央の日の丸の上には「JAPANESE-INTERNATIONAL HEAVYWEIGHT WRESTLING CHAMPION」、下部には「國際重量級レスリング 日本選手権者」の文字の刻印があり、上部には王冠が配置され、これらを取り囲むように2匹の龍が対峙するデザインで、厚みのあるバックル部分とベルト部分の間は、縦に長い金属と鎖で繋がれています。二つのベルトは、デザイン的によく似ています。

その後、この展示されていたベルトとおぼしきベルトを付けた力道山の写真を発見しました。昭和29年の8月から9月に開催された、「太平洋選手権争奪」国際試合でのパンフレットに掲載されている力道山の写真を見ると、腰に巻かれてある日の丸のチャンピオンベルトは、このベルトのように見えるのです。

しかし、ちょっと待ってください。日本選手権試合が行われたのは昭和29年の12月、ということはやはり写真のベルトは日本選手権のチャンピオンベルトではないということになります。じゃあ、写真のベルトは一体何のベルトなのでしょうか?

パンフレットに掲載された力道山の写真を見ると、トレードマークのロングタイツ姿ではなく、シ

「太平洋選手権争奪」国際試合のパンフレット 力道山紹介のページ

「日本選手権者」の刻印が入ったチャンピオンベルト

“幻の日本選手権”チャンピオンベルト

ベルト姿の力道山（対木村戦　昭和29年12月22日　東京・蔵前国技館）

ョートタイツに裸足で、力道山の顔付きは年齢的にも若く見えます。この写真は、昭和29年12月に出版された「力道山・遠藤幸吉」（鶴書房）、昭和30年11月に出版された「力道山アルバム」（久保書店）の中でも使用されていました。「力道山アルバム」での写真は、ポートレート原色版として着色されています。

　こうしたことから、力道山がハワイでのプロレス修行に際して、ジャパンから来たジャパニーズチャンピオンの力道山ということで、売り出し策のためにデモンストレーション用にこしらえられたベルトではないだろうかという推測に辿り着いたのです。

後年、前述した写真は1952年（昭和27）2月初めに、力道山がハワイのワイキキのスタジオで撮影した写真であることが判明します。また、ベルトのバックル部分の裏面には「1952・1・20」「彫金　吉住景雲　刻」「装工　今井美一　作」「SILVER」の文字の刻印がありました。

力道山のデビュー戦とされるのが1951年10月28日、修行のためハワイに旅立つにあたって、目黒の雅叙園で盛大な壮行の宴が開かれたのが翌52年の2月1日、そしてハワイに出発したのが2月3日。ベルトの裏面に刻印されてある年月日が1952年1月20日ですから、これらの日付は繋がっていきます。

力道山の自宅にあった、大型テレビの上に飾られていたのはこのベルトで、プロレス1956年2月号の表紙の写真に写っていることからも確認できます。

## ☆消えた!? 本物の日本選手権ベルト

プロレスの歴史書や力道山関係の出版物、チャンピオンベルト関連の特集などで日本選手権のチャンピオンベルトとして紹介されるベルトは、すべてこのベルトなのですが、本当の日本選手権のチャンピオンベルトではありません。では本物の日本選手権のチャンピオンベルトは、一体どこにあるのでしょうか？

昭和30年1月28日、大阪で行われた山口利夫との日本選手権の初防衛戦で、リング上の力道山の腰に巻かれていたチャンピオンベルトのバックル部分の左右には、力道山の彫像が入った小さなメタルが取り付けられていました。前年の12月22日、力道山と木村の間で争われた日本選手権試合には、力道山と木村のそれぞれの彫像が彫られた2組のメタルが用意されたそうです。ベルトには、試合に勝利して初代選手権者となった力道山のメタルが取り付けられたのです。当時発売された、日本選手権のチャンピオンベルト姿での力道山のブロマイドを見ると、このメタル付きのベルトが力道山の腰に輝いていました。

昭和31年10月に封切公開された、力道山の東映専属第1回作品「怒れ！力道山」の映画でのタイトルバックには、日本選手権のチャンピオンベルトが映し出されるシーンがあります。

昭和33年8月27日、ロサンゼルスで〝鉄人〟ルー・テーズを破ってインターナショナル選手権を獲得した力道山は、同年10月2日のドン・レオ・ジョナサンとの初防衛戦のリング上で、日本選手権を返上します。

昭和38年8月19日から24日まで、東京・銀座の「三菱ショールーム」において「力道山栄光の十三年展」が催され、いろいろな展示品の中には、日本選手権のチャンピオンベルトも飾られたそうです。

そしてこの年、昭和38年12月15日、力道山は突然この世を去るのですが…、その後、リキ・スポーツパレスの社長室に飾られてあったはずの日本選手権のチャンピオンベルトは、行方不明となるのです。果たしてベルトはどこに消えたのか？　百田家の家宝として、誰の目にも触れることなく、永遠の眠りにつき封印されてしまったのでしょうか？

## ☆〝鑑定団〟で出現した幻の日本選手権ベルト

この謎をずっと引きずったまま、時は流れて時代は昭和から平成にと変わります。平成7年11月7日に放送されたテレビ東京系の「開運　なんでも鑑定団」に、仰天の鑑定品が登場したのです。長野の青年Oさんが、無造作に風呂敷に包んで鑑定依頼に持ち込んできた中身は、なんと力道山のチャンピオンベルトだと言うではありませんか。

長野に出向いた出張鑑定での出来事であったため、鑑定する側もモノがモノだけに、慎重を期してスタジオに持ち込んでの鑑定ということになりましたが、テレビの画面を通して見たチャンピオンベルトは、日の丸と王冠に2匹の龍が対峙するデザインの、日本選手権者の刻印がある、行方不明となったあの幻の日本選手権のチャンピオンベルトではありませんか！

ベルトのバックル部分の左右には、力道山の彫像があるメタルは付いていますが、残念なことには、伸縮性の生地でできた横縞模様のベルト部分は喪失し、金属部分だけが残った完全な形のものではありませんでした。

ズッシリとした重量感のあるチャンピオンベルトは、表面的にはキズはなさそうに見えましたが、しかしよく見ると、バックル部分の上下2箇所には大きなへこみがあるようです。

これまで、モノクロの写真や映像でしか見かけたことのないチャンピオンベルトでしたが（中にはカラーのものもありましたが、人工着色され実際の色とは違っていると思われます）、初めて見た原色のベルトは、宝石の類は見当たりませんが、色鮮やかな日の丸に、中央上部の王冠部分は赤や白、黄色、青、濃紺、エメラルドグリーンといった彩りの七宝仕立てとなっています。

それにしても、一体全体なぜ、どうした経緯があって行方不明となった力道山の日本選手権のチャンピオンベルトが、長野の青年の手元にあるのでしょうか？

さっそく、入手経路を問われた長野のOさんは、ベルトはまず力道山の事務所で働いていた親戚のおじさんが事務所を解散した時に手に入れ、もう一人のおじさんの手を経て、青年の手元に入ったのは10年ちょっと前だと言います。おじさんが持っていたベルトを、高校入学のお祝いに「くれよ」と頼むと「やるよ」と答えたというやり取りを再現する話をします。

## ☆法律的所有権は出品した長野のOさんに…

これ以上の詳しい話は分からないので、うかつなことは言えないのですが、力道山の事務所が解散した時とはいつの事なのでしょうか？

力道山が死んだ昭和38年から、平成7年のこの時点で30年以上が経過し、また日本プロレスの社長が敬子未亡人から豊登に代わったのが昭和40年、その後芳の里が社長になったのは翌41年、その日本プロレスが崩壊したのが昭和48年―ここまででも20年以上が経過している計算になります。

一説によると、リキ・スポーツパレスの社長室から日本選手権のチャンピオンベルトが忽然と消えたというのは、リキ・スポーツパレスが売却された後というのですが…。リキ・スポーツパレスの売却が発表されたのは昭和41年の2月、日本プロレスが渋谷から青山に移転したのが翌42年の1月、とすると28～29年が経過したことになります。

民法162条の「所有権の取得時効」（自分が所有者だと思いながら、20年の間平穏かつ公然に物を占有してきた場合には、占有者がその物の所有権を取得する）、同187条の占有の承継（占有を受け継いだ者は、その占有を争う者に対して自分の占有だけを主張することもできるし、自分の占有に前の占有者の占有を加えて主張することもできる）が適用されるとしたら、どんな理由があったかは分かりませんが（問題は条文にある、平穏かつ公然という文言の解釈ですが）、20年の取得時効が完成して、法律上ベルトの所有権は長野のOさんにあるということになるのでしょうか。

鑑定を依頼した側のOさんは、これが本当に力道山のチャンピオンベルトなのかどうかは半信半疑の様子でした。ましてや、力道山と木村との世に言う〝伝説の試合〟についての知識も持ち得てはいないようです。

鑑定士側は、対木村戦での力道山のチャンピオンベルト姿の写真を見ながら鑑定していましたが（ベルトにはまだ力道山のメタルが取り付けられてはいない状態です）、鑑定の結果、正真正銘力道山の日本選手権のチャンピオンベルトだということで、当時で制作費が15万円といわれたベルトに付けられた鑑定額は、驚きの1200万円という超高値でした。

何しろ、力道山対木村の〝伝説の試合〟を今に伝える証しとなる〝お宝〟のチャンピオンベルトなのです。鑑定士側は、日本におけるプロレスの第1号のチャンピオンベルトであり、モニュメントとしてはナンバーワン、スポーツ界の博物館か殿堂でもできたら入口か出口に飾られるものだという評価に対して、力道山の大ファンでもある北原照久氏からは、3000万円出しても手に入れたいという声まで上がりました。

力道山という名前が、いかにビッグネームであるかということが改めて思い知らされるとともに、長年の間その行方が知れなかった幻の日本選手権のチャンピオンベルトが、意外な所から意外な形で発見され、その存在が確認されたという〝大事件〟でもありました。

## ☆本物のベルト外部流出の真相

力道山時代からの日本プロレスリング興業株式会社で、営業部長、専務取締役を歴任し、力道山の名参謀としてその手腕を振るった今は亡き岩田浩氏に、〝伝説の試合〟力道山対木村の日本選手権についての生前話を聞く機会がありました。

「力道山対木村の試合は、国技館で見たよ。凄い試合になっちゃってね、柔道の内股が滑って、木村の蹴りが力道山の急所に入ったんだな。これで力道山はカーッときちゃって…、張り手と蹴りで木村は完全に伸びてしまい試合は終わってしまったんだが、力道山は二本目をやらせろって聞かなかったんだよ」

「日本選手権のチャンピオンベルトは会社に飾ってあったし、自宅にももう1本、日の丸の付いたベルトが飾ってあったと記憶している。当時から日の丸の付いたベルトが2本あったことは気が付いていた。自宅に飾ってあったベルトは、力道山がプロレスラーになるとき、ハワイに持って行ったものなんだよ。あのベルトを締めてハワイのリングに上がったかどうかは知らないけど、おそらくあれを基にして力道山対木村の日本選手権のベルトはこしらえられたんじゃないのかな」

「日本選手権のチャンピオンベルトは、力道山が死んだ後、力道山の運転手をしていた人が会社を辞める際に、敬子さんが記念に上げちゃったんだよ」

さすがに、岩田さんは〝日本プロレスの歴史の証人〟でありました。岩田さんの話の真相から、日本選手権のチャンピオンベルトの謎が一気に解明しました。

力道山の死後、正式な日本選手権のチャンピオンベルトは外部に流出します。しかし、百田家には日の丸の付いたベルトがもう1本あったことから、以後対外的にはこのベルトが日本選手権のチャンピオンベルトとして代用されるのです。どちらのベルトにも「日本選手権者」の刻印があるため、気付く人もいなく、あまり問題視されることもなかったのでしょうか。この件は、一部の関係者しか知らなかった事実なのかもしれませんが、テレビ番組であれだけの騒ぎとなり、大きな話題にまでなってしまいました。

それにしても、取り組もうとするプロレスそのものが、まだ海のものとも山のものともつかない、先行き不透明な、これから自身がプロレスラーとしての修行を始めようとする段階でありながら、既に日本選手権という発想を持つ力道山のセンスには、さすがに驚かされるばかりではありませんか。

力道山対木村政彦の、謎に包まれた〝伝説の試合〟を今に伝える日本選手権のチャンピオンベルトもまた、伝説と謎に包まれたチャンピオンベルトでした。

# 3 ハワイ、サンフランシスコ海外修行
# 早くも2つのタッグタイトルを獲得

### ☆ハワイ入りを伝える現地の日系紙

力道山がプロレス修行のためにハワイのホノルル空港に降り立ったのは、昭和27年（1952）2月3日のことでした。力道山は自伝の中で、この日のことを「不安と希望とを抱いて一人ハワイに向けて出発した。ホノルルの空港にはブランズ、カラシックと数人の新聞記者とカメラマンが迎えてくれた。（略）カメラマンがフラッシュをたき、新聞記者が質問の矢をぶつけてきた。すでにブランズから私のことを聞かされて、ずいぶん面くらわす質問もあったが、彼らが相撲に非常に好奇の目を向けているのは事実のようで、そのことが私の緊張した心をいくぶんやわらげてくれた」と記しています。

力道山が単身ハワイ入りする貴重な映像が残されています。それもなんと、色鮮やかなカラー映像なのです。

ホノルル空港に到着したパン・アメリカン航空機のタラップから降りて来る力道山は、紋付羽織袴

姿に下駄履きというでたちで、アップに捉えられた力道山の表情からは、これからの人生をプロレスに賭けるという意気込みが伝わってくるような、そんな面構えが真にもって印象的でありましたが…、映像は力道山を受け入れ、売り出しを図るハワイのプロモーターのアル・カラシック側の手配で撮影されたものなのか、それとも力道山自身が依頼したものだったのでしょうか？

出迎えの映像には、力道山のハワイにおけるトレーニングコーチ役となる沖識名の顔が見えます。前年日本で力道山にプロレスの手ほどきを行い、デビュー戦の相手も務めたボビー・ブランズやカラシック、そして新聞記者、カメラマンら自伝の中に出てくる人々の姿は映ってはいませんでしたが、ハワイの日系新聞「THE HAWAII HOCHI」（邦字版）1952年2月5日付には、スポーツ面で新聞社に挨拶に訪れた力道山を写真付きで報道していました。

「レスラーになった　力道山　もと関脇　来る　近く公会館の試合に出場」という見出しが付いた記事によると、力道山は昨日（4日）沖識名、タニマチの三隅愛吉、柴田和吉の三氏の案内で来社し「公会館のカラシック氏は次のサンデー直ぐに出場して欲しい風だが、僕は先ずミッチリ練習してコンデイションを作り日本人選手として恥ずかしからぬ試合が出来るまでは出ない積りです。兎に角次のサンデーは早過ぎるので試合はやりません。ハワイには二ヶ月位居て、それから米大陸に渡り一ヶ月位の予定で各地のトーナメントに出場する積りです」と語っています。

ホノルルのシビック・オーデトリアムでは、毎週日曜日に定期戦が行われ、力道山は十分なトレーニングを積んでから試合に出る積りでいたようですが、カラシックの要請から次々週の17日には、早くも第1戦が組まれることになり、対戦相手はチーフ・リトル・ウルフと決定しました。

試合はウルフの反則攻撃に対して、張って、殴って、投げ飛ばし、リングにはい上がろうとするのを何度も蹴り飛ばし、8分40秒でフォール勝ちしたと力道山は自伝に書いています。

この記念すべきハワイでの第1戦の試合映像は、残念ながら残されてはいませんが、2月18日付「THE HAWAII HOCHI」（邦字版）には「物凄い力を発揮　力道山快勝す　ウルフ完全に閉口」の見出しで、相撲の元関脇力道山の初登場ということで多くの日系ファンで会場は満員となり、さすがに本場所で鍛えあげた力士だけあって底力の知れぬ威力でウルフを子供扱いにし、殴られても堪えず、殴る手の方が痛い位で2、3回投げとばしてバディプレスで押えてしまったと報じられていました。記事には力道山の顔写真が添えられていますが、ここは試合写真がほしかったところです。

## ☆初のタイトル　パシフィック・コーストタッグ王座

自伝によると、力道山はその後第3戦で対戦したカール・デビスとタッグチームを組んでボビー・ブランズ、ラッキー・シモノビッチ組が保持するパシフィック・コーストのタイトルに挑戦して2―1で勝利し、これが一番最初に獲得したタイトルだったと振り返っています。

ところが、ハワイにおける力道山の試合記録を丹念に調べてみても、このような戦績は見当たらないのです。パシフィック・コーストタッグ選手権なるタイトルは、力道山がハワイでの修行の後、6月にアメリカ西海岸のサンフランシスコに渡るのですが、そもそもこの地区で争われているタイトルなのです。

力道山はサンフランシスコに入り、プロモーターのジョー・マルコビッチの下で6月12日初戦のアイク・アーキンス戦を皮切りに、プリモ・カルネラとのタッグチームでシャープ兄弟の持つ世界タッグ選手権に挑戦して引き分け、アメリカ本土に渡って既に三十数試合を闘ってきたが、レオ・ノメリーニ戦でついに初の敗戦をつけられたと自伝に書いています。

この時期のサンフランシスコでの試合記録を追っていくと、9月30日力道山はデニス・クラレイとのタッグチームで、ジノ・ガルバルディ、エンリキ・トーレス組の持つパシフィック・コーストタッグ選手権に挑戦してタイトルを獲得、11月18日にはフレッド・アトキンス、レイ・エッケルト組に敗れタイトルを失ったという記録が残っていました。

昭和29年8月に出版された、初の力道山関係の書籍である三橋一夫著「プロ・レスラー　力道山物語」（室町書房）には、サンフランシスコにおいて太平洋沿岸タッグチーム・レスリング選手権を獲得したという記述が出てきます。「PACIFIC COAST CHAMPS」「RIKIDOZAN AND DENNIS CLARY」の見出しで、両者がポーズを作る写真を表紙にしたプログラムも掲載され、写真の力道山はショートタイツ姿でした。

力道山が自伝で書いているように、最初に獲得したタイトルは確かにパシフィック・コーストタッグ選手権でしたが、それはクラレイとのタッグでサンフランシスコにおいての戦績ということになります。

その後力道山は、プロモーターのジュリアス・ストロンボーの待つロサンゼルスに入り、昭和28年の正月をここで迎え、太平洋岸の各都市を転戦しますが、タム・ライスに思わぬ反則負け、フレッド・アトキンスには負傷棄権、そして前述のノメリーニ戦での敗戦と合わせ、ハワイの第1戦以来シングルでの3敗以外は二百数戦を闘って全勝を続けたと自伝に書いています。

力道山の元にハワイのカラシックから連絡が届き、2月に力道山は7カ月ぶりにホノルルに戻ります。力道山の丸1年になる海外修行はひとまず終了し、3月には帰国の途に着くのですが、自伝では

Y 5, 1952　【火】　THE HAWAII HOCHI　一九五二年二月五日　（四）

# スポーツ

## レスラーになつた 力道山《もと關脇》來る

### 近く公會館の試合に出場

日本で初めて西洋レスラーになつた元關脇の力道山(本名、百田光浩)がハワイ及び米大陸の本舞臺に出場すべく一昨三日(日)午後二時着のパン・アメリカン機で來布した

した力道山は紺絣、袴のお角力さんらしい姿、見上げるやうな大男、それに血色のいゝ好男子!身長や體重などを先づ尋ねて見ると次のやうだ

△年齢=二十七歳
△身長=五呎十一吋
△体重=二百七十封度
△出身地=長崎縣大村市

### 充分練習した後に 試合に出る積りだ

かさドした力道山は語る「公會館のカラシック氏は次のサンデー夜直ぐ出場して欲しい風だが、僕は先づミッチリ練習してコンディションを作り日本人選手として恥かしからぬ試合が出來るまでは出ない積りです次に角次のサンデーは早過ぎるので試合はやりませんハワイには二ヶ月位居て、それから米大陸に渡り一ヶ年位の豫定で各地のトーナメントに出場する積りです相撲の方は病氣になつたので一昨年十月引退し、回復後は東京の新田建設會社の渉外部長資材部長などを勤めてゐましたが、昨年米國レスラー團が來日したのを見てメキ・レスラーになる決心をし、バビー・ブランスに指導を受け十月から試合に出ました、アンドレ・アドレー、オビラ・アセリン、ケーレー・バーガー

### 仲曾根組敗る

オアフ庭球大會

## 物凄い力を發揮 力道山快勝す

### ウルフ完全に閉口

昨夜《さくや》公會館《こうくわいくわん》のレスリングは日本《にっぽん》相撲《ずもう》の元關脇《もとせきわけ》、力道山《りきどうざん》の初登場《はつとうぢやう》といふので日系《にっけい》ファン多く滿場《まんぢやう》の盛況《せいきやう》を呈《てい》した、流石《さすが》に本場所《ほんばしよ》で鍛《きた》へ上げた力士だけに底力の知れぬ底力あり、對手《あひて》のインディアン、チーフ・リットル・ウルフをまるで子供扱《こどもあつか》ひにし、殴つて來ても磐石《ばんじやく》の様《やう》に少しもコタえぬ、殴《なぐ》る方《はう》の手《て》が痛い位、取り組んで不利《ふり》と見《み》れば兩手《りやうて》でパッと押しのける強力《がうりき》!、ウルフは手の出しやうなく弱り切つてゐる所を力道山《りきどうざん》は柔道《じうだう》の腰投《こしな》げで二三回投《なげ》げてバデー・プレスで抑《おさ》えてしまつた、僅《わづ》かに八分四十秒

⇧力道山のハワイ第１戦を報じるTHE HAWAII HOUCHI（邦字版）1952年2月18日付

## Rikidozan Arrives; Is Handsome

Rikidozan, former sumo star, could become a success in the grunt and groan game on his good looks alone, although he is the best in Japan today.

Rikidozan, whose real name is Mitsuhiro Nomota, is a really handsome chap and there is the possibility that he may become the favorite among the feminine fans.

He arrived in Honolulu via Pan American and intends to stay here for two or three months. He will appear on Promoter Al Karasick's mat program but the date of his debut is indefinite. He stated that he would like to train a little more and get into prime condition before making his initial appearance.

⇦⇧力道山のハワイ入りを伝えるTHE HAWAII HOUCHI 1952年2月5日付邦字版と英字版

## Kashey, Rice Crowned Tag Team Champs

In one of the best matches of its kind presented at the Civic Auditorium, the team of Abe Kashey and Tom Rice annexed the tag team championship of the territory by defeating Bobby Bruns and Riki Dozan.

A turnaway crowd witnessed the Kashey-Rice combine take two out of three falls to win the title and the Harry "Primo" Birsner trophy.

The first fall was scored by Kashey when he pinned Bruns with a series of knee drops and a press in 13 minutes and six seconds.

Bruns evened up the match when he pressed Rice in seven minutes and 35 seconds with a flying body scissors and a backdrop.

The deciding fall was registered by Rice over Dozan. Dozan twice got out of Boston Crab holds but fell victim to a backdrop and a press in seven minutes and 30 seconds.

Mr. X, hooded grappler, lost by a referee's decision to Mario DeSousa in the semifinal. It was not mandatory for Mr. X to unmask as he had not lost by a fall.

The midgets again put up a rip-roaring show to keep the crowd in an uproar. Pee Wee James lost to Pancho The Bull in 13 minutes and 14 seconds while Saile Halassie downed Tito Gonzales in 10 minutes and 36 seconds.

The Halassie-Gonzales bout was fast and furious. Gonzales smuggled a coke bottle into the ring and konked Halassie on the noggin to start the match with a bang.

Auleaga Malava won over Lou Britton via a disqualification in 13 minutes and 14 seconds of the curtain raiser.

⇧力道山組 王座転落 THE HAWAII HOUCHI（英字版）1953年3月2日付

## Riki Dozan Teams Up With Bruns

Riki Dozan of Japan and Bobby Bruns, Hawaiian champion, will team up for the Primo tag team wrestling elimination tournament and take on Abe Kashey and Tom Rice, two leading contenders for the trophy, this Sunday at the Civic Auditorium.

Also on the card will be a masked "Mr. X" according to Promoter Al Karasick. He hails from Independence, Mo., and has been matched with Dennis Clary.

Riki Dozan made an auspicious return debut Sunday night when he triumphed over Tom Rice, 2 out of 3 falls, before 4,000 fans.

Dozan secured the first fall in 19 min. with a sleeper hold but Rice came back to even the count in 7 min. 52 sec., using a Boston crab to gain the submisison fall. Three minutes and 40 seconds later Dozan secured the deciding fall with his favoirte sleeper hold.

In the other half of the double main event, Abe Kashey and Mario DeSousa battled to a draw with each securing a fall. The Portuguese champion gained the first fall in 31 min. 14 sec. with a backdrop and a press while Kashey scored his fall in 6 min. 55 sec. later with the atomic drop.

Dennis Clary took 10 min. 20 sec. to dispose of Joe Campbell.

In the opener, Leo Kalima's attempt to pin two wrestlers in 30 minutes failed to materialize as he pinned Al Marino in 12 min. 20 sec. but his second oponent, Aluega Malava went the distance.

⇧力道山、ブランズ組、ハワイ・タッグ王座に挑戦 THE HAWAII HOUCHI（英字版）1953年2月10日付

⇩力道山組 布哇覇権争奪 THE HAWAII HOUCHI（邦字版）1953年2月27日付

一九五三年二月廿七日　（二）

## タッグ・チームの 布哇霸權爭奪

### 小人力士の一騎打も呼物

レスリング

明後《みやうご》三月一日（日）夜公會館のレスリングでは前回際勝敗引分けとなつた力道山バビー・ブランス組とトム・スコピン・ライス、エーブ・キャンコン・ケーセー組の決戦を布哇タッグチーム戦（連盟戦）の選手權試合として行ひ優勝チームにはプリモ杯が授與される、また當夜は前週觀衆下備員六千の觀客を興奮させた逸觀に出場した小人レスラー四名の中パンチョー・ザ・ブルとピー・ウイー・ジェームスが一騎打ちをするのでファンの注目を惹いてゐる。此の外覆面力士、ミスターXと葡國人選手マリオ・デ・スーザの顔合はせ、サイレー・ハイラキーとヴィト・ゴンザレスの對抗、アウレアガ・マイアヴァ對ルー・ブリトンの試合もあり逸澤山の取り組みである。

### 今夜自動車競走

今廿七日（金）夜七時からスタヂアムで自動車競爭が行はれる。米大陸のレースに出場してゐたサンデイー・サンダイスが歸布し再び勇姿を見せるのでエルウッド・メイナードとの競り合ひが期待されてゐる。

### 坂部六段 柔道教授 佛青道場で

ヒロで永らく柔道の指導に當つてゐた坂部保幸六段は三月下旬歸國するまで來る三月二日（月）から毎日フオート街の佛青道場で左の時間割で柔道を教授することになつた。

△午前十時から十二時まで＝警官の部
△午後四時から六時まで＝幼年、少年の部
△夜七時から十時まで＝青年の部

指導を受けたい希望者は佛青事務所又はハレ・ナニア

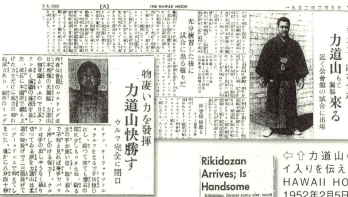

このハワイでの3週間は私にとって息抜きであったとだけしか書き記してはいません。

### ☆ハワイ・タッグ王座も獲得

実は力道山はこの期間に、ハワイ・タッグ選手権の王座に就いたという記録もあるのです。この事実をなんとか確認することができないものかと、手を尽くして入手に成功したのが「THE HAWAII HOCHI」の1953年2月10日付、27日付、3月2日付の3部でした。

2月10日付（英字版）には、「Riki Dozan Teams Up With Bruns」の見出しで日本の力道山がハワイのチャンピオンのブランズとタッグチームを組み、エブ・カーシー、タム・ライス組の持つハワイ・タッグ選手権に挑戦することとなったと報じています。また記事には、8日に行われた力道山対タム・ライス戦は一本目19分、力道山がスリーパーホールドでまず一本先取。二本目は7分52秒でライスがボストンクラブを決めて1―1となり、三本目は1分40秒再び力道山が得意のスリーパーホールドでフォールを奪い、4000人のファンの前で力道山が衝撃的な再デビューを果たしたとありました。

「タッグチームの布哇《ハワイ》覇権争奪―」の大見出しが付いた2月27日付（邦字版）では、3月1日の日曜日には前回引き分けとなった力道山、ブランズ組とライス、カーシー組の決戦を布哇タッグ選手権試合として行うと伝えています。

そして3月2日付（英字版）では、「Kashey, Rice Crowned Tag Team Champs」の見出しでライス、カーシー組がチャンピオンになり、ハーリー・プリモ・ブリスナートロフィー（ハワイのプリモビール提供のチャンピオントロフィーで、タッグのチャンピオンには当時はチャンピオンベルトではなく、チャンピオントロフィーが授与されました）を獲得したことを報じています。

選手権試合の一本目は、カーシーがニードロップで13分6秒ブランズをフォール、二本目はブランズがフライングボディシザースとバックドロップで7分35秒ライスを押え、決勝の三本目は力道山がライスに2度ボストンクラブを仕掛けたが、7分30秒ライスのバックドロップが力道山に決まり、ライス、カーシー組が力道山、ブランズ組を破ったと書かれています。

これら3部の新聞報道からすると、ハワイに戻った力道山は2月8日の日曜日にリングに登場し、対ライス戦を勝利で飾ります。そして、この日にブランズとのチームで、ハワイ・タッグ選手権への挑戦が発表されます。

タイトル戦は、翌週15日に行われ力道山、ブランズ組がライス、カーシー組に勝ってハワイ・タッグ選手権を奪取し、22日には再戦が行われましたが引き分けとなり（タイトル戦かは不明）、3月1日の防衛戦では、力道山組が負けてタイトルを奪回されたというような経過が推測されます。

## ☆力道山の得意技　スリーパーホールド?

また、10日付の記事にはスリーパーホールドが力道山の得意技と書かれています。前記の「プロ・レスラー　力道山物語」の中にも、スリーパーホールドの記述が出てくるのですが、この技は裸絞めではなく、空手打ち、張り手と訳されてありました。力道山が裸絞めの技を使ったというのは、日本では見たことも聞いたこともなく、力道山必殺の空手チョップは対戦相手をマットに眠らせるということから、アメリカではスリーパーホールドと呼ばれたのでしょうか。

同書のあとがきには、力道山の大ファンだという著者が、いくら待っても出版されない力道山関連書籍に、業を煮やして自らが執筆に至った経緯が綴られ、こうした筆者の気持ちに理解を示した力道山は、惜しみなく材料をすべて提供してくれたという件《くだり》がありました。

著者が力道山から取材したハワイ、サンフランシスコにおける修行時代の話は、この時点ではまだ1、2年ほど前のことで、自伝が出版された昭和37年4月時点では10年位前のこととなります。年月の経過とともに力道山の記憶も薄れ曖昧になったのか、ハワイ、サンフランシスコでの海外修行時代の戦績が混同してしまったようです。

力道山は、初めての海外修行で高い勝率と、二つのタッグタイトルを獲得したという実績も残していたのです。ハワイ・タッグ選手権に関しては、その後昭和30年4月17日、力道山はハワイで相撲からプロレスに転向した元横綱東富士とのタッグチームで、ボビー・ブランズ、ラッキー・シモノビッチ組から同タイトルを再び奪取しています（ここで自伝にあったパシフィック・コーストのタッグチャンピオンとされたボビー・ブランズ、ラッキー・シモノビッチ組の名前が出てきます）。

また、日本国内でもハワイ・タッグ選手権試合は開催されています。昭和30年7月28日東京と8月1日大阪での力道山、東富士組対ジェス・オルテガ、バッド・カーチス組戦（中米タッグ選手権とのダブルタイトル戦で、2戦とも1―1の引き分け防衛）、11月9日名古屋での力道山、東富士組対タイガー・ジョキンダー、サイド・サイフ・シャー組戦（2―1で力道山組防衛）、11月20日大阪での力道山、東富士組対キング・コング、ダラ・シン組戦（1―1の引き分け防衛）、昭和34年1月10日宇都宮でのタニー・ミルス、スタンレー・コワルスキー組対力道山、豊登組戦（2―0で力道山組タイトル獲得）、1月21日大阪での力道山、豊登組対タニー・ミルス、ラッキー・シモノビッチ組戦（2―0で力道山組防衛）、昭和36年2月1日大阪での力道山、豊登組対ラッキー・シモノビッチ、ロード・ブレアース組戦（アジア・タッグ選手権とのダブルタイトル戦で、2―1でシモノビッチ組が勝つも反則含みでタイトル移動なし）と調べてみると計7戦が行われていました。

しかし、日本におけるタイトル戦には、ハワイ・タッグ選手権の象徴であるハーリー・プリモ・ブリスナートロフィーがリング上で披露された形跡はなく、どうやらハワイ・タッグ選手権史の正式記録には残されていない、非公式記録のようです。

力道山のハワイ、サンフランシスコでの海外修行時代における調査では、以上のような事実が判明したのですが、海を渡った外国でのことでもあり、調べていくと意外な発見がまだまだ出てくる可能性があるのかもしれません。

# 4 プロレスブームと力道山景気論
# 驚異的な観客動員数と視聴率

## ☆力道山の「髷」が語りかける真実とは？

力道山が大相撲からプロレスに転向したのは昭和26年（1951）の10月。来日中のプロレスラー、ハロルド坂田と出会い、一行のトレーニングに加わって、ボビー・ブランズとの初試合に出場します。そして、2度にわたるアメリカでの修行を終えて、シャープ兄弟を日本に招き、本格的なプロレス興行をスタートさせたのが昭和29年2月のことでした。

20世紀の中頃、力道山によって日本に輸入されたプロレスの歴史が始まり、その後馬場、猪木の時代へと続き、現在の超多団体時代に至るまで半世紀、約50年の歴史が刻まれました。

戦前からあったプロ野球やプロボクシングに比べると、日本のプロレスの歴史は浅いのですが、力道山の以前にも日本人プロレスラーがいます。しかし、日本にプロレスを紹介し、普及・発展させたのは力道山の功績に他なりません。

力道山は昭和25年9月、自ら髷を切って相撲界を飛び出します。その後、後援者である新田新作氏の新田建設に資材部長の肩書で入社するのですが、そんな力道山に相撲界復帰の話が待ち上がります。

しかし、力士会の反対にあって復帰はかないませんでした。そして、ハロルド坂田との運命的な出会いから、プロレスラー力道山が誕生するのですが、力道山がプロレス転向を決断したのは一体いつ頃だったのでしょうか。

力道山がプロレスのトレーニングを受け、ブランズとの10分一本勝負の初試合を引き分けたのが昭和26年10月28日。ところが、年も押し詰まった12月27日付の新聞には、力道山の相撲界復帰の話題が報道されているのです。

それによると、力道山は翌27年の春場所を前に復帰したい意向であり、相撲協会では復帰問題を協議しているが、力士会は反対しているというのです。ところが、昭和27年1月7日付の新聞には、力道山本人には復帰の意思はないとして、会議の議題にも上らなかったと報じていました。それから1カ月後の2月3日には、力道山はプロレス修行のため、単身ハワイに向けて旅立ったのでした。

ブランズら一行が来日して、日本でプロレスが初公開された昭和26年9月30日、会場のメモリアルホール（旧両国国技館）の観客席にいたという力道山の写真を見ると、相撲を廃業する時に切ったはずの髷が、頭に載っていました。その1カ月後、10月28日のブランズとの試合の時には、力道山の頭から髷は消えていたのです。

力道山が初試合を前にして、芝の水交社でトレーニングをしている写真が10月25日付朝日新聞に掲載されていますが、力道山の頭には髷はありませんでした。

力道山の頭から無くなった髷を、プロレス転向の決意の表れと取るならば、この時点で既に相撲界復帰の思いは立ち消え、プロレスラー転身への決断が下されたものと見るべきなのでしょうか？

## ☆プロレスの正式転向前に行われていたブランズとのデビュー戦

ブランズとのデビュー戦を伝える新聞記事には、相撲から転向修行中の元関脇力道山と書かれていますが、前述のようにその後の相撲界復帰に関する報道とのズレは、どのように解釈すればよいのでしょう。

確かに未知なるプロレスに自分の新たな人生を賭けるには、相当の悩みと決断が必要だったことは想像に難くありません。

力道山が髷を切って相撲をやめた昭和25年9月からブランズ戦の翌26年10月までの約1年の間、力道山の頭に髷が復活した時期は、いつ頃からかは定かではありませんが、おそらく髪の毛が伸びるまでにはかなりの日数がかかるところから、髷を切った後、またすぐに髪を伸ばし始めたのではないでしょうか。

10年間も慣れ親しんだ髷ですから、相撲に対しての未練は相当あったんでしょうね。廃業の理由については、肺臓ジストマの病気、相撲協会や親方との対立などといわれましたが、力道山は口をつぐんで話そうとはしませんでした。

相撲界への復帰に関する情報が報道されたのは、昭和26年の年末から翌27年の年明けにかけてでしたが、自伝をみるとブランズからハワイに来るよう連絡を受け、渡航の手続きに入ったのは昭和27年の年が明けた頃と力道山は書いています。

さらに自伝には、昭和26年の9月場所中に力道山は大阪まで出向き、復帰の話し合いを持ったとあります。調べてみると大阪での秋場所は、9月16日が初日で30日が千秋楽でした。

そして、力道山がメモリアルホールで初公開のプロレスを観戦したのが9月の30日。ひょっとすると力道山の相撲復帰の話と、プロレス転向の件は同時進行していたのかもしれません。

果たして、力道山がプロレス転向を決断したのは、新聞で復帰が取り沙汰されたブランズ戦の後なのか、それともブランズ戦の前なのか、一体どちらだったのでしょうか？

力道山のプロレス転向における従来の説は、自ら髷を切って飛び出した相撲界に復帰の工作が図られるもののそれがかなわず、そして運命的なハロルド坂田との出会いが待っていたとされていますが、未知なるプロレスか、相撲へ復帰か、数カ月の間、力道山の心は相当激しく揺れ動いたことでしょう。この方が話としては説得力があるのですが、やはり従来の説の方が力道山伝説には似つかわしいと思います。

力道山のデビュー戦に関しては、昭和26年10月28日の対ブランズ戦の他に、同年10月25日メモリアルホールでの対アンドレ・アドレーとの10分一本勝負で時間切れ引き分けとなった説、さらに同年11月18日に後楽園球場に初登場と書かれたものもあるのですが、正しくは昭和26年10月28日の対ブランズとの試合がデビュー戦です。当日のプログラムを見ると、試合はスペシャルアトラクションとして組まれていました。プログラムには誤植があり、力道山は「力動山」と紹介されています。

大相撲の〝関脇力道山〟から、〝プロレスラー力道山〟となって再び登場してきた力道山が、空手チョップで外国人レスラーをなぎ倒し、一躍国民の脚光を浴びたのは、太平洋戦争での敗戦のダメージやショックが残る戦後の時代背景の中でした。

昭和29年の終わり頃から32年の中頃まで、日本には戦後初の大型好況「神武景気」が訪れます。「もはや戦後ではない」という有名なキャッチフレーズを生み出し、日本に明るい未来を感じさせる高度成長の幕開けでした。

## ☆力道山のプロレスがテレビ普及の原動力

昭和29、30年といえば、時あたかも日本列島は力道山の〝プロレスブーム〟の真っ只中にありました。この神武景気の牽引役を果たしたのは、実はプロレスの力道山だったと考えるのです。

力道山の登場が昭和29年2月、テレビの出現が前年の28年で、2月にNHK、8月には日本テレビが放送を開始しました。街角に設置された街頭テレビの前には、力道山のプロレス中継が始まると黒山の人だかりができました。皆さんも、こうした光景の映像や写真を見た記憶があるでしょう。

戦後の暗い世相の中、ブラウン管での力道山の空手チョップの活躍に人々は熱狂したのです。残されている当時の映像を見ると、リング上で躍動する力道山の一挙手一投足に合わせ、街頭テレビの前に群がる大群衆が揺れ動く様は、まるで力道山の全身から発せられるエネルギーが、漲るパワーが、見る側の人々に乗り移ったかのようで、圧倒されてしまうほどです。群衆の生き生きとした表情が、感動的に伝わってくる写真もあります。

日本におけるテレビの普及率は、諸外国に比較してとても高い数値を示したそうですが、それは力道山のプロレスが要因だったと言われています。

力道山からエネルギーを、パワーをもらった人々は一生懸命働いて、家庭にテレビを購入し、そして力道山のプロレスを見てさらに労働に勤しんだ―つまり力道山のプロレスは、戦後の日本国民に心理的、経済的効果を与えたのです。

プロ野球で読売巨人軍が優勝すると、大きな経済効果が生まれるといわれますが、プロレスの力道山の場合は、なんと景気自体を引き寄せたのです。神武景気の牽引役を果たしたのは、プロレスの力道山であったという、これがどんな経済書にも出てこない私独自の「力道山景気論」であります。

力道山はアメリカに渡ってプロレスの修行を行ってきたのですが、それだけではありませんでした。力道山はアメリカの人達の暮らしぶりをつぶさに見て来て、昭和30年代の日本で既にマンション経営に乗り出し、ゴルフ場を建設して、ボウリング場、サウナ風呂、スポーツジムを手掛け、スーパーマーケットまでこしらえようと計画していたそうです。

さすがに力道山は、目の付け所が違っていました。力道山は事業家を目指し、夢は赤坂にリキ王国を造り、一大レジャー産業の拠点にすることだったといいます。

昭和29年2月、日本でプロレスをスタートさせ、昭和38年12月に突然この世を去った力道山でしたが、日本の戦後を支え、引っ張り、駆け抜けていったような10年間でした。もし、あのまま力道山が生き続けていたとしたら、一体どこまでビッグになっていたことでしょうか。そして高度成長期の日本の景気にまた、どのような影響を及ぼしたことでしょうか。

## ☆昭和32年のテーズ戦の視聴率は87％！

力道山のプロレスのテレビ中継は、昭和29年から31年頃まで、NHK、日本テレビ、KRテレビ（現TBS）の3局が、入れ替わり立ち代わり放送していた時代がありました。当時まだ3局しかなかったテレビ局が同時に中継した試合もあり、どのチャンネルを回してもプロレス中継だったという珍現象を生んだこともあります。

昭和32年10月7日、東京・後楽園球場で行われた世界選手権試合ルー・テーズ対力道山戦のテレビ視聴率は87％を記録し、翌日の新聞ではこの一戦を1面で報道した一般紙もあったほどで、力道山のプロレスは国民的関心事でさえあったのです。

力道山時代のプロレスを後援した新聞社は、三大紙の一つ毎日新聞と、毎日系のスポーツ紙スポーツニッポンでした。毎日新聞のスポーツ面には、プロレスが大きく取り上げられ、朝刊スポーツ紙、夕刊スポーツ紙はプロレス報道を競い合ったものでした。

コミッション制度も設けられ、コミッショナーには自民党の副総裁が就任し、政界、財界の大物のバックアップもありました。

三菱電機が番組スポンサーとなり、金曜夜8時からの日本テレビが中継する力道山のプロレスは高視聴率を保ち、この時間帯になると銭湯の男湯は、いつもガラガラになったそうです。

日本マット界を統一した力道山は、アジアのシングル、タッグ、そしてテーズから奪ったインターナショナル選手権のタイトルをキープし、ワールド大リーグ戦を企画しました。

昭和36年7月には、渋谷に総工費15億円を投じてトレーニング場を備えたプロレス会場、スポーツの殿堂リキ・スポーツパレスが完成します。

観客動員数の記録をみると、東京、大阪の大会場を満杯にして、奈良で3万人、沖縄では2万人、呉、別府でも1万人を超す大観衆を集め、とにかく力道山のプロレスは凄まじい人気を誇ったのでした。

こうして力道山時代のことを、思いつくままに書き綴ってきましたが、現在のプロレス界と比較してみると、時代が移り変わってきたように、ずいぶんと様変わりしてしまった観があります。

プロレスが時代や世相を映し出す鏡だとすると、力道山は戦後という時代背景の中を、新たに出現したテレビとともに、新しいスポーツ〝プロレス〟に取り組み、時代を切り開いていったのです。振り返れば時代が、世相が、鮮明に浮かび上がってくる中、そこには20世紀を代表する〝戦後最大のスーパーヒーロー〟プロレスの力道山がいました。

〈スポーツ20世紀　VOL⑦　プロレス　ベースボール・マガジン社　平成13年〉

※これまで、昭和26年9月30日にメモリアルホールで日本初公開のプロレスを観戦する、髷姿の力道山だと紹介されていた写真は、実は力士時代（昭和24年12月15日）にボクシングを観戦した時の写真だったという間違いが、最近判明したそうです。

# 5 海外版実況映画「力道山鉄腕の勝利」アメリカや東南アジアでの貴重な映像

## ☆宣伝用チラシにいくつも不可解な点が

昭和29年（1954）から30年代初め、数多くのプロレス実況映画が制作されましたが、その中には海外での力道山の試合を撮影した記録映画もありました。

手元に、日活系で公開された「力道山鉄腕の勝利」の宣伝用チラシがあります。実際には見たことのない映画なのですが、チラシの説明文からすると昭和30年3月27日、力道山がプロレスに転向する東富士を伴ってハワイに渡り、アメリカ本土にまで足を延ばして7月2日に帰国、その間の海外での試合を収録した記録映画ということでした。

ところが、チラシに目を通すと何カ所か不可解な点が出てきました。チラシには第一戦から第十戦まで、力道山が試合を行った場所、対戦相手などが紹介されているのですが、第四戦をみると「昨年暮、日本を訪れた東南アジアの選手権保持者キング・コングとの激戦—」と書かれています。

# 力道山鉄腕の勝利

日活株式会社★製作・配給

構成
編集　伊勢寅彦
録音　井上俊彦
解説　高橋　博
同　志村正順

力道山　輝かしき歴戦の数々

※昭和三十年三月、われらがプロレスの王者力道山は、東南アジア、アメリカの各地の強豪と対戦すべく、勇躍　羽田空港を後にして武者修業の旅についた。

此処に、世界の強豪をつぎつぎに粉砕した、力道山の宝刀、空手チョップの輝かしい戦歴（十戦九勝一引分け）の跡を、つぶさに追って見ることにしよう。

※第一戦
先づハワイに飛んだ力道山は、待ち受けたハワイの雄、ドンバイトメンと対戦、リングを沸かせるフアンの熱狂の中で、一方的政勢に出た力道山の、ウデガタメ、ヘッドロック、クビナゲ、最后に鉄腕の空手打ちによって文句なくグロッキーのバイトメンを破って緒戦を飾った。

※第二戦
同じく、ハワイで行われた第二回戦は、当地で修業中の、まだチョンマゲ姿の元横綱東富士と組んで、これも、ハワイで強豪を誇る、デブラ・キッド、ロビット・トピックと、タッグマッチで対戦、一時は、デブラの下腹部ヒザウチに力道苦戦するも、東の救援を全然受けようともせず、遂に、東富士の力戦と相俟って、二人を倒し、勝利の手を高々と掲げた。

※第三戦
次いでハワイを発った力道山は、一路、東南アジアで名を馳せるタイガージョキンダーとシンガポールで対戦、カラテチョップの炸裂は、マレーの虎のタイガージョキンダーを完膚なきまでに打ち破った。

※第四戦
昨年暮、日本を訪れた東南アジアの選手権保持者キングコングとの激戦、巨体を誇るキングコングも、力道山の機を得た体当り、空手打ちの猛攻に遂に屈した一戦となった。

※第五戦
シンガポールで二人を降した力道山は、プロレスのメッカ、世界随一の大都会ニューヨークに飛び、エンレキトレースと組んで、ジン・スタンリー、ジン・ディビィユークと、タッグマッチを行い、集ったニューヨークフアンを、熱狂させながら、力道山の真価を遺憾なきまで発揮して勝利を飾った。

※第六戦
同地で次に対戦したのは、世界タッグチームの選手権者マイク・シャープである。この戦いでは、始めから空手チョップの雨を降らした力道山は、グロッキになったマイクシャープを簡単に、カカエナゲからホールして勝利をおさめた。

※第七戦
勝利に勝利を重ねて、次に訪れたところは、シカゴである。其処で、あごひげのある巨漢、バロン・ゲットニーと対戦、熱戦を期待した一戦も、力道山の一方的攻勢に終り勝利をものにした。

※第八戦
同地での第二回戦は、力道山は、ラッキー・ブラウンと組んで、ボブ・オートン、フレッド・アツキースと対戦、これもただフアンにとっては力道山の空手チョップの威力を感嘆する試合に終った。

※第九戦
次いでオークランドに足を伸ばした力道山は、トビケリの名手と謳われたリオと組んで、ロッピリース、ジンビリンスキーとのタッグマッチの試合にのぞんだ。此処でも、プロレスフアンにとっては、力道山の名を強く脳裏に刻む試合となった。

※第十戦
愈々待望の世紀の一戦は、サンフランシスコに戻った力道山を迎えて、強豪中の強豪、技の王者、ラッキー・シモノビッチとの間に花々しく展開された。両者の技と技、力と力の熱戦に次ぐ熱戦に酔うプロレスフアン、案足のシモノビッチの強烈な体当り攻撃、力道のクビナゲ、カカエナゲ、ヘッドロックの応酬、と、遠征最後の熱戦にふさわしく、遂に引分けの一戦に終るすさまじさに、終始フアンは手に汗を握ぎる好試合であった。

※かくて、東南アジア、アメリカ各地の遠征を輝やかしき勝利に飾って、堂々"日本に力道山あり"と、世界のプロレス界に名を残した力道山は、懐かしき故郷日本に帰って来たのである。

☆プロレスのメッカ　アメリカに巻き起る力道山の空手打ち旋風！
☆東南アジア　アメリカへの武者修業！
われらがリキの勝利の進撃！

☆鉄腕空手打ちの嵐！　アメリカ東南亜各地の転戦に勝利の大記録！
☆アメリカ　東南アジアの強豪を相手に、怒濤の男〝われらがリキの粉砕記録！

力道山鉄腕の勝利

日活映画「力道山鉄腕の勝利」宣伝用チラシ

昭和30年の映画ですから、昨年暮となると29年となりますが、コングがアジア選手権大会に参加のため来日したのが昭和30年の11月、となるとこれはおかしいですね。でもこの映画は、一体いつ頃公開されたものでしょうか？　まず「力道山鉄腕の勝利」が封切られた正確な日にちから調べてみることにしました。

当時の新聞の映画広告を丹念に調査していくと…、ありました。東京では、昭和31年7月5日から18日までの14日間上映されていました。

昭和30年の3月から7月に撮影された映画ですから、てっきりこの年に公開されたものだとばかり思い込んでいたのですが、なんと上映されたのは1年も後のことだったのです。となると、昨年暮にコングが来日したと書かれてあるのは間違いではありません。

### ☆ハワイ、アメリカ遠征と東南アジア遠征を一つに編集

第三戦には、「次いでハワイを発った力道山は、一路、東南アジアで名を馳せるタイガージョキンダーとシンガ

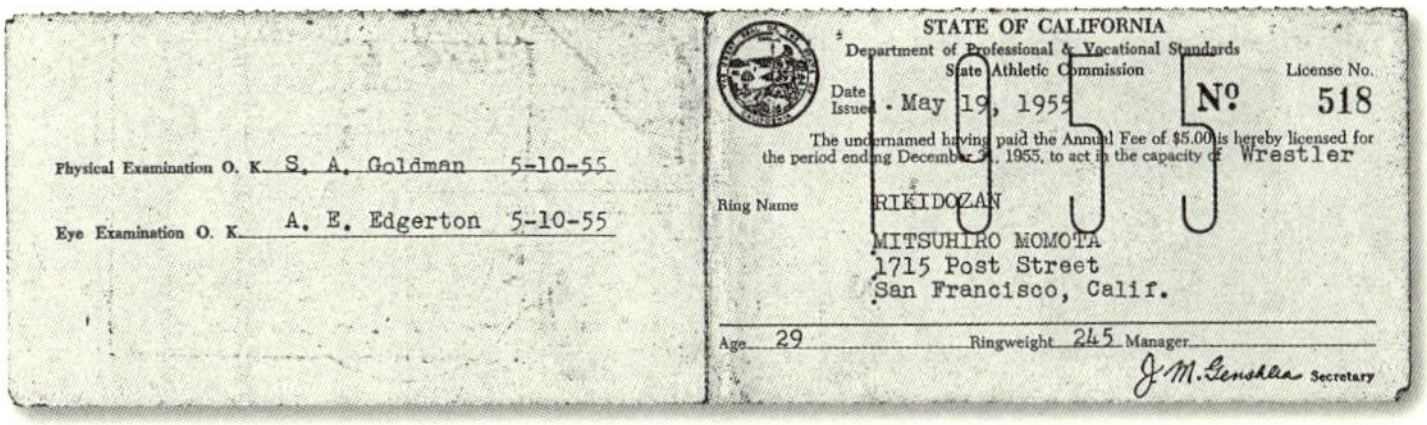
Physical Examination O. K. S. A. Goldman 5-10-55
Eye Examination O. K. A. E. Edgerton 5-10-55

STATE OF CALIFORNIA
Department of Professional & Vocational Standards
State Athletic Commission
License No.
Date Issued . May 19, 1955　№ 518
The undernamed having paid the Annual Fee of $5.00 is hereby licensed for the period ending December 31, 1955, to act in the capacity of Wrestler
1955
Ring Name RIKIDOZAN
MITSUHIRO MOMOTA
1715 Post Street
San Francisco, Calif.
Age 29 Ringweight 245 Manager
J. M. Genshlea Secretary

1955年5月19日　カリフォルニア州アスレチックコミッション発行のレスラーライセンス
リングネームはRIKIDOZAN

ポールで対戦―」と書かれています。

自伝によると、力道山はこの時ハワイから直接アメリカ本土に入ったと書かれているのですが、途中シンガポールに立ち寄ってジョキンダーと、そして第四戦に出てくるコングと闘ったのでしょうか？

力道山の試合記録を調べていくと、ハワイに渡った昭和30年4月3日から5月8日までがホノルルでの試合で、5月12日からはアメリカ西海岸カリフォルニア州サンフランシスコ及びその周辺都市ストックトン、オークランド、フレスノ、サクラメントの試合と続きます。

もし、シンガポールで試合を行ったとすれば5月9日から11日までの3日間となりますが、試合、移動などと考え合わせると日程的に無理が生じてきます。

力道山は、昭和30年の9月日本でのアジア選手権大会開催を目的に、東南アジアの各地を視察します。ここで力道山は、シンガポールでK・コング（9月17、18日）、マライ半島のクアラルンプールでT・ジョキンダー（9月24日）、インドのニューデリーでD・シン（9月30日）と対戦したと自伝に書いているのですが、ひょっとして映画の中の対ジョキンダー戦、対コング戦というのは、この遠征時での試合の映像が収録されているのではないでしょうか。

「力道山鉄腕の勝利」には、昭和30年3月から7月のハワイ、アメリカ本土遠征と、9月から10月の東南アジア遠征の2度の海外遠征が編集されて一

日本プロレスリング協会使用のエアメール封筒

本の映画にまとめられているのではないかと推理すると、話の辻褄は合ってきます。

そして第五戦は、プロレスのメッカ、世界随一の大都市ニューヨークでの力道山、エンレケ・トレース（エンリキ・トーレス）組対ジン・スタンリー、ジン・ディビィユーク組とのタッグマッチ、第六戦も同地での対マイク・シャープ戦。

続く第七戦では、シカゴでの対バロン・ゲットニー（バロン・ガトニ）戦。第八戦も同地での力道山、ラッキー・ブラウン（ロッキー・ブラウン）組対ボブ・オートン、フレッド・アッキース（フレッド・アトキンス）組とのタッグマッチです。

自伝でもこの頃、力道山はニューヨーク、テキサス、シカゴ、ロサンゼルス、サンフランシスコと転戦したことになっています。しかし、力道山が試合を行ったのはサンフランシスコ周辺で、ニューヨークやシカゴでは試合をしていないはずなのですが…。

## ☆突出した被写体、戦後最大のスーパーヒーローの証明

ちなみに、チラシにある他の試合は、第一戦がホノルルでの対ドンバイトメン（ドン・ビーテルマン）戦。第二戦も同地で、力道山はまだ髷の付いた東富士とタッグを組み、デブラ・キッド（ゼブラ・キッド）、ロビット・トピック（ロベルト・ピコ？）とのタッグマッチ。残念ながら東富士のデビュー戦、4月

17日の力道山、東富士組がボビー・ブランズ、ラッキー・シモノビッチ組からハワイ・タッグ選手権を獲得した試合は収録されてはいないようです。

第九戦はオークランドで、力道山は飛び蹴りの名手リオ（リオ・ガルバルディー？）と組んでロッビリース（ロード・ブレアース？）、ジン・ビリンスキー（ジン・キニスキー？）とのタッグマッチ。最後の第十戦がサンフランシスコでの対ラッキー・シモノビッチ戦となっていますが、チラシでは判読しにくいレスラー名がありました。

とにかく、宣伝用チラシを見ただけでも、これだけ不可解な点が出てきた謎多き「力道山鉄腕の勝利」なのですが、なんとかこの目で見て、謎を解明したい思いに駆られた映画でした。

昭和31年の7月に日活系で公開された「力道山鉄腕の勝利」は、力道山が前年の昭和30年3月から7月と、9月から10月の2度行った海外遠征の試合映像を編集して、一本にまとめた記録映画だとしたら、公開されるまでに9カ月もの期間が経過していることになります。

プロレス実況映画は、相撲映画を手掛けていた伊勢寅彦の伊勢プロダクションが制作しています。力道山のプロレスがスタートした昭和29、30年の実況映画は松竹で公開上映され、31年からは日活に移るのですが、30年に行われた試合の映像が、9カ月後の翌31年に公開されたとなると、本来ならば松竹で公開上映されてもおかしくないところを日活で公開されています。海外で撮影されたフィルムの編集に手間取り時間がかかったのか、映画会社との契約上の問題があったのか、この辺りの事情は定かではありませんが、「力道山鉄腕の勝利」は力道山のハワイ、アメリカ本土に東南アジアまでの海外での試合映像が収録されている、極めて貴重な映画だということです。

〈週刊プロレス№９１５　平成11年5月25日号〉

# 6 昭和37年作り替えられたベルトとトロフィー すべてを新調した力道山の思いは？

## ☆新インターベルトは11月9日の沖縄から

先日、馴染みの寿司屋の御主人から力道山のサイン色紙が飾ってある旅館があるらしいという、耳寄りの情報を聞きました。

さっそくその旅館を訪ねましたが、貴重な力道山のサイン色紙はもうかなり前に片付けられてしまい、それも一体どこにしまい込んでしまったものやら分からずじまいのまま、残念ながら諦めて帰ることになりました。

以前に地元の新聞社に勤めていた方のお宅で、力道山と東富士、スカイ・ハイ・リー、ジョニー・バレンドの4選手の寄せ書きサインを発見したことがありましたが、これなどは大変珍しいものでしょう。

この他に変わったところでは、力道山が「闘魂」「努力」と書いた色紙を見たことがあります。

テレビ東京系の「開運　なんでも鑑定団」では、力道山のサイン入りハンカチが出品されたと聞きましたが、これまで力道山の〝お宝〟としては、幻の日本選手権のチャンピオンベルトが登場して話題を呼んだり、結婚式の引き出物の宝石箱が出品されたこともありました。

宝石箱には、インターナショナル選手権のチャンピオンベルトのレリーフが施してありました（ウエディングケーキにも、チャンピオンベルトが型取られていたそうです）。このレリーフのデザインは、力道山が結婚式の前年、昭和37年3月28日ロサンゼルスでフレッド・ブラッシーを破って獲得したAWA世界選手権（後にWWAに改称）のベルト（実はルー・テーズから借りたものだそうです）を基に、新たに作り替えたベルトのデザインでした。

では、「RIKIDOZAN」のネームも入った新インターナショナル選手権のチャンピオンベルトは、一体いつ、何度目の防衛戦から使用されたのでしょうか？

これまでにプロ&ボクを始め、スポニチ、日刊スポーツのスポーツ各紙にはベルトが新しく替わったという情報や、力道山の新ベルト姿の写真は見当たりませんでしたが、ようやく東京スポーツで確認することができました。

昭和37年（1962）11月11日付東スポの1面には「逆落としに大鹿轟沈」の大見出しで、9日の沖縄シリーズ最終戦のインターナショナル選手権力道山対ムース・ショーラック戦を報道しています。紙面では2―0でストレート勝ちを飾った力道山の腰に、新しいチャンピオンベルトが輝く写真が掲載され、縦見出しの中には12度目の防衛と書かれていました。

この一戦を報じたマスコミの中にも、防衛回数を12とするスポーツ紙が何紙かあったのですが、13度目が正しく、インターナショナル選手権の新ベルトは、昭和37年11月9日沖縄・那覇における対ム

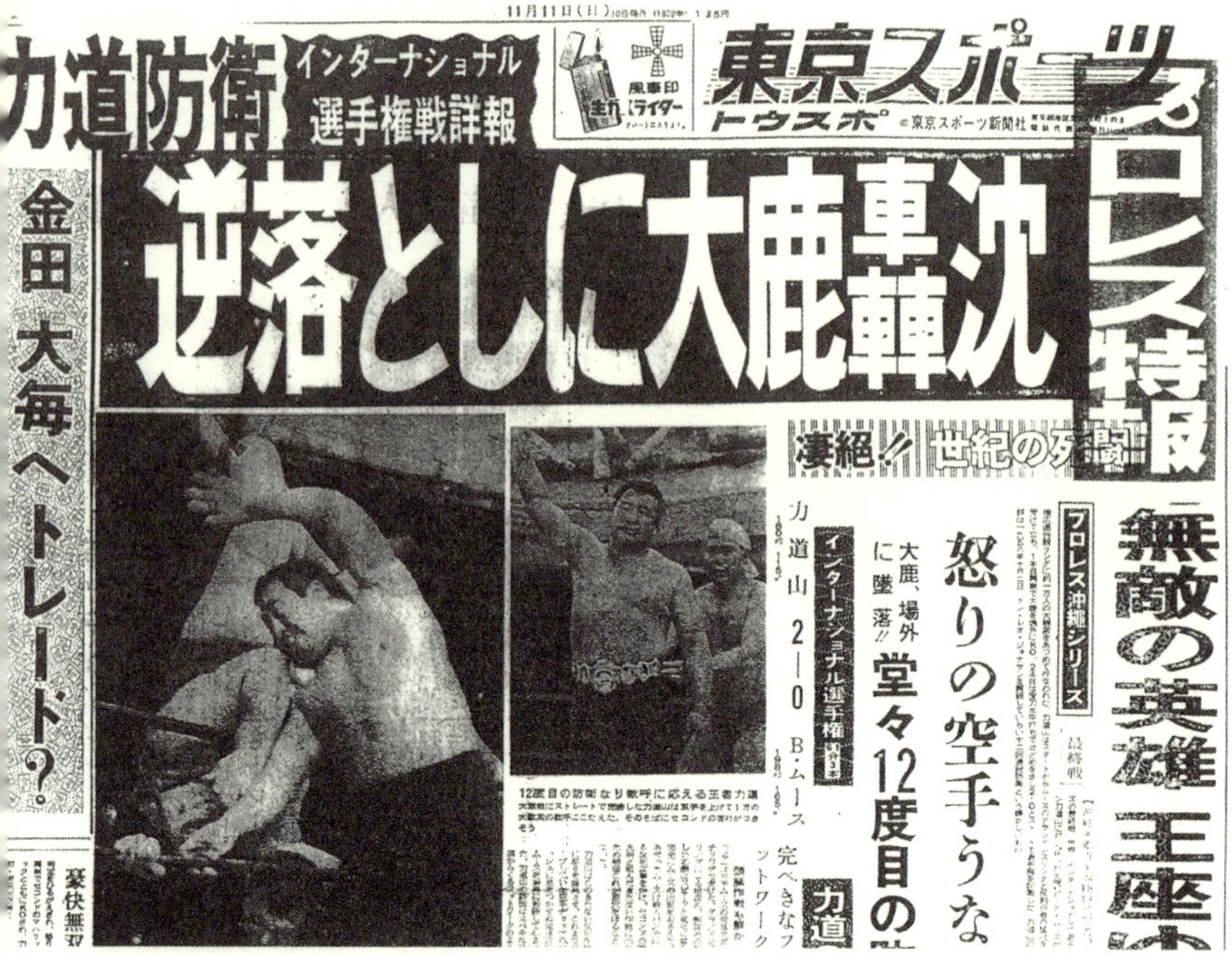
11月11日（日）

東京スポーツ
トウスポ
©東京スポーツ新聞社

力道防衛
インターナショナル選手権戦詳報

逆落としに大鹿車輪沈

プロレス特報

金田 大毎へトレード？

凄絶!! 世紀の死闘

無敵の英雄 王座

プロレス沖縄シリーズ

怒りの空手うな

大鹿、場外に墜落!! 堂々12度目の

インターナショナル選手権
力道山 2―0 B・ムース

12度目の防衛なり歓呼に応える王者力道

東スポで判明!（昭和37年11月11日付）インター選手権の新チャンピオンベルト

ース・ショーラック戦での13度目の防衛戦から使用されたものだと判明しました。

　また、プロ&ボク1962年12月号のグラビアページには、気掛かりな写真がありました。力道山が沖縄に出発する際の羽田空港での光景を撮った写真なのですが、細長いケースを大事そうに抱える岩田浩営業部長の姿が写っています。あの中には何が入っているのでしょう？　おそらくケースの中には、インターナショナル選手権の新しいチャンピオンベルトが入っていたのではないでしょうか（岩田さん、覚えていたらどうか教えてください）。

　インターナショナル選手権の防衛戦記録を調べてみると、昭和37年中に行われた防衛戦はこの1回だけでした。なぜでしょうか？

　この年は、3月にブラッシーから奪ったWWA世界選手権のリターンマッチを第4

回ワールド大リーグ戦中の4月23日東京体育館で行い、力道山は初防衛に成功したものの、その後7月25日にはロサンゼルスで奪い返されてしまうという、東京―ロス間を結んで行われたWWA世界選手権を巡る3連戦がありました。

力道山はこの世界戦略に集中していた感があり、またその後、9月14日のアジア・タッグ選手権での試合中に「右胸鎖関節亜脱臼」という大怪我も重なったためと推測していたのですが、あるいは防衛戦は、インターナショナル選手権の新ベルトが完成してからという事情があったのかもしれません。

完成したインターの新ベルトと、怪我も癒え完全復活がなった力道山の防衛戦の相手は、力道山を負傷させた張本人であるショーラックという、まさに満を持したタイトル防衛戦となり、試合に勝利した力道山は、インターナショナル選手権史に新ベルトによる新たな歴史をスタートさせました。

## ☆ワールド大リーグ新トロフィーは第4回でテーズと争奪

力道山が第1回から第5回まで連続優勝を達成したワールド大リーグ戦の優勝大トロフィーは、昭和37年の第4回大会から新しく替わっています。

第1回から第3回まで使用された旧型は、地球に王冠を戴く台座付きのトロフィーでした。第4回からは、地球に王冠の基調は同じなのですが、高さ約1メートル、重さ18キロのスマートな流線型の純銀大トロフィーに替わりました。この当時としてはかなり近代的なデザインで、これなら力道山もお気に入りだったのではないでしょうか。ちなみに制作費用が125万円、宣伝部長の押山保明氏も「大相撲の賜盃よりも大きく、重く、高価だ」と大層自慢気だったとか。

第4回大会の参加メンバーが、これまた凄いのです。ルー・テーズ、ディック・ハットン、フレッ

インター選手権の旧チャンピオンベルト

ド・ブラッシーの世界チャンピオン級がズラリと勢揃い。それに元世界タッグチャンピオンのマイク・シャープ、第1回大会の決勝にまで勝ち進んだ赤覆面のミスター・アトミック、キラー・オースチン…、と続くのですから、もう堪りませんね。

ワールド大リーグ戦史上、私が最も好きな大会はこの第4回なのですが、ブラッシーの噛みつきシーンによるテレビショック死事件が起き、社会問題にまでなったのもこの時でした。

4月21日に開幕した大会に、テーズは遅れて参戦して来ます。26日に来日して、翌27日からリングに登場したのですが、力道山のテーズに対する配慮もあってか、まだテーズの来ない大会序盤戦の23日にWWA世界選手権試合力道山対ブラッシーのリターンマッチが行われています。

テーズは来日記者会見で、世界タイトル統一に関して「ブラッシーから力道山に渡ったベルトは、もともと私のもの。それを取りに来た」と笑いながら語ったそうですが、テーズはロサンゼルスでのタイトル戦の際に力道山に貸していたベルトを返却してもらい、帰国の途に着いたのでしょうか。

面白いのは、力道山がチャンピオンベルトやトロフィーを新しくする時には、ルー・テーズが絡んでいるということです。

あるいは、ワールド大リーグ戦にテーズの参加が決定すると、力道山はテーズに見せても恥ずかしくないような豪華なトロフィーを新たに作ることにしたのかもしれません。

そして力道山は、自分のプロモーターとしての興行手腕と、日本のプロレスの発展した姿もまた、テーズに見せたかったのではないでしょうか。

5月25日の優勝決定戦で、力道山はテーズから2フォールを奪い4回連続優勝を果たします。リング上のセレモニーで、新しい優勝大トロフィーを手渡された力道山に、テーズは右手で握手を求めて力道山の優勝を祝福し、左手でトロフィーを敬うような紳士のポーズを示しました。

この一戦は、第4回ワールド大リーグ戦の優勝決定戦の他にもう一つ、昭和33年8月ロサンゼルスでテーズが力道山によって奪われたインターナショナル選手権の、行われなかったリターンマッチの意味合いを含まれるとも解釈できます。

とにかく、力道山の目標とする偉大なる憧れのルー・テーズへの思い入れが、ベルトやトロフィーにまで及び影響を与え、こうした形となって表れていると見るべきでしょう。

## ☆「プロレス全史」で発見したアジア・タッグの新トロフィー

もう一つ、力道山が保持していたアジア・タッグ選手権のチャンピオントロフィーは（当時のタッグチャンピオンに与えられたのは、チャンピオンベルトではなくチャンピオントロフィーでした）、昭和37年に丸いカップ型から細長い型のトロフィーに替わっています。

それは11月5日、沖縄の那覇で行われた力道山、豊登のアジア・タッグチャンピオンチームに、アート・マハリック、チーフ・ビッグ・ハートがチャレンジした防衛戦からでした。

ということは、昭和37年11月の沖縄遠征で、インターナショナル選手権のチャンピオンベルトと、

右の写真はワールド大リーグ戦の優勝大トロフィーの旧型。左の写真はワールド大リーグ戦の優勝大トロフィーの新型（右側）とアジア・タッグ選手権の新型トロフィー（左側）、新インター選手権ベルト（中央）

アジア・タッグ選手権のチャンピオントロフィーが新しくなって、沖縄のファンの前で初めてお披露目されたということになります。

アジア・タッグ選手権のチャンピオントロフィーは、いつの防衛戦から替わったのかを、プロ&ボク、スポニチ、日刊スポーツなどで調べていたのですが、ずっと判らずじまいでした。

11月5日のアジア・タッグ選手権試合の前後の防衛戦で、トロフィーが替わっているのは確認できていたのですが、この11月5日の防衛戦を報道するプロ&ボク、スポニチ、日刊、東京中日、そして沖縄タイムスのどのマスコミの試合写真にも、トロフィーは写っていなかったのです（報知、デイリーは写真なし）。

それでは何で判ったかというと、これが意外なところからでした。

この沖縄遠征では、防衛戦の試合当日11月5日、那覇市内のデパートの屋上で力道山一行のサイン会が催されました。サイン会での写真は、これまでにも何枚か見たことがありましたが、「日本プロレス全史」（1995年刊ベースボール・マガジン社）の中に掲載されている写真には（昭和30年のページに使われていました）、サインをする力道山の後方に細長い型のチャンピオントロフィーが写っているのに気付いたのです。

これまでに見かけたサイン会の何枚かの写真は、力道山を中心にしたものばかりで、その後方のトロフィーまで写っている写真はありませんでした。サイン会では、新しいアジア・タッグ選手権のチャンピオントロフィーを飾って、この日行われるタイトルマッチの前宣伝を煽ったのでしょう。まさかこんな形で、アジア・タッグの新チャンピオントロフィーを確認するとは思いもよらないことでした。

史料として手に入れた東スポにも、11月5日のアジア・タッグ戦を伝える報道写真にトロフィーは写ってはいなかったのですが、記事の中に「リング中央に持ち出されたアジアタッグチャンピオンの新しいトロフィーがキラリ銀色の光を放つ」と書かれた文章がありました。

これでアジア・タッグ選手権のチャンピオントロフィーが、昭和37年11月5日沖縄の那覇でのタイトル戦から新しくなったことが判明しました。

アジア・タッグ選手権史を振り返ってみても、昭和37年という年は変動の激しい年で、力道山、豊登組のチャンピオンチームは、この年2度もタイトルを失います。

リッキー・ワルドー、ルーター・レンジ組にタイトルを奪われた試合では（2月3日）、会場の日大講堂で暴動が起きました。マイク・シャープ、キラー・オースチン組に負けた試合では（6月4日）、リターンマッチでもタイトル奪回に失敗しています（6月18日）。

また、前述のように力道山が試合中に鎖骨を折る大怪我を負うアクシデントに見舞われ（9月14日）、次は豊登が左足首の捻挫からタイトル戦に出場できず、吉村道明が代打起用される（10月5日）とい

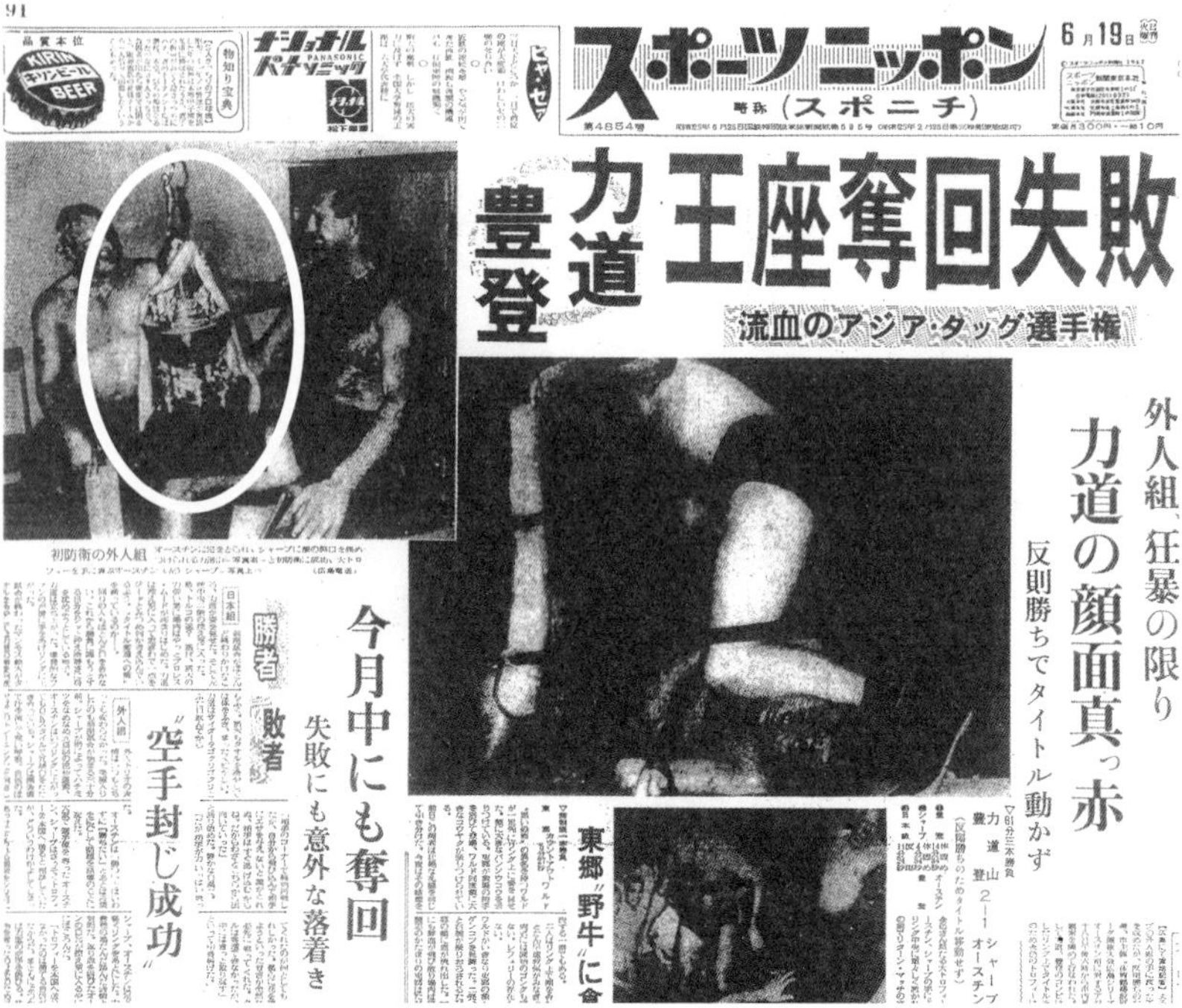
スポーツニッポン
6月19日
略称（スポニチ）
豊登 力道 王座奪回失敗
流血のアジア・タッグ選手権
外人組、狂暴の限り
力道の顔面真っ赤
反則勝ちでタイトル動かず
今月中にも奪回
失敗にも意外な落着き
勝者
敗者
"空手封じ成功"
東郷"野牛"に
初防衛の外人組

アジア・タッグ選手権の旧型チャンピオントロフィー（昭和37年6月19日付スポーツニッポン）

う事態も起きました。

　力道山は、この年いろんなことが起こり過ぎたアジア・タッグのタイトルのチャンピオントロフィーを新しく作り替えることによって、心機一転を図ったのかもしれませんし、あるいは他の二つのタイトルのトロフィーとベルトが新調されたこの機会に、アジア・タッグのトロフィーもと考えたのかもしれません。

　こうして調査してくると、力道山がキープしていたタイトル、即ちインターナショナル選手権のチャンピオンベルト、アジア・タッグ選手権のチャンピオントロフィー、そしてワールド大リーグ戦の優勝大トロフィーと、すべてが昭和37年に新しくなっていることに気付きました。

　この他に、力道山が保持していたタイトルにアジアのシングル選手権もありましたが、このタイトル防衛戦は昭和37年1月19

日の対ロニー・エチソン戦が最後でした。

インターナショナル選手権にWWA世界選手権という、二つの世界のタイトルを征し、世界戦略を推進する力道山の視界からは、アジアは遠のいていったのか、タイトル防衛戦は開催されず、アジア選手権のチャンピオンベルトだけはそのまま替わってはいないのです。

力道山は昭和37年という年を、自らのプロレス人生の中での一つの区切りの年としたのかもしれません。水面下においては、結婚問題も静かに進行していたそうですし…。

そして、更なる飛躍を誓って迎えた昭和38年は、力道山にとって運命の年となってしまいます。

力道山は昭和38年の暮れ、12月15日にこの世を去らなければならなかったのです。

〈週刊プロレス№７９６　平成9年6月10日号〉

## 7 チャンピオンベルト秘話
# 持参せず、作る、借りる、突っ返す

### ☆力道山ファンのささやかな「メモリアル力道山」

平成8年（1996）7月9日の全日本プロレス金沢大会は、永源遥デビュー30周年記念試合、世界タッグ選手権試合も行われ、大いに盛り上がりを見せましたが、この日はもう一つの催し物が企画されました。永源さん、全日プロ、百田選手の許可をいただき「メモリアル力道山展」が、会場の一角で開かれたのです。

6・30横浜アリーナの「メモリアル力道山」は、16団体が結集して華々しく開催されましたが、7・9金沢での「メモリアル力道山展」は、力道山のファンが催した、ささやかな「メモリアル力道山」でした。

力道山時代の貴重な史料の数々を展示したのですが、中でも昭和34年の第1回ワールド大リーグ戦のパンフレットやポスター、ザ・デストロイヤー戦のパンフレットなどは、なかなか見られないもののかもしれません。当時のプロ&ボク、月刊ファイト、力道山のブロマイド、珍しいものでは映画のポスターやチラシ、メンコ、インターナショナル選手権試合やリキ・スポーツパレスでの入場券なども公開しました。

開場前に準備していたところへ、百田さんとジャイアント馬場選手の夫人・元子さんが様子を見にこられたのですが、展示されたものの中に昭和33年1月号のプロ&ボクがあり、この表紙の写真には力道山が二人の息子さんと一緒に写っていました。これを見た百田さんは苦笑い、なにしろ当人が9歳当時の可愛らしい写真だったものですから、元子さんも思わず笑ってしまったほどでした。それからしばらく、力道山の思い出話に花が咲きました。

元子さんが「せっかくだから、もっと良い場所はないかしら?」ということで、展示スペースは入り口の横で、階段の下の明るいスペースに移動することとなり、試合開始までの短い時間ではありましたが、古い史料の前には年配のファンも、若いファンも、レスラーの方達も、そして外国人レスラーのパトリオット選手までが、じっと見入っていたのには驚いてしまいました。

最近また、力道山時代のスポニチなどのスポーツ紙の調査に精を出しています。力道山が獲得したタイトルには、シングルでは日本、アジア、太平洋岸、インターナショナル、WWA世界選手権、それにワールド大リーグ戦の覇権。タッグでは太平洋岸、ハワイ、NWA世界、アジア、日本と数多くあるのですが、そんな中でチャンピオンベルトにまつわる面白い秘話を幾つか紹介することにします。

## ☆NWA世界王者テーズが初来日し力道山と防衛戦

まずは、タイトルマッチにチャンピオンベルトがなかったという話です。

昭和32年10月、力道山はＮＷＡ世界選手権者の〝鉄人〟ルー・テーズを日本に招いて、そのタイトルに挑戦しました。７日東京・後楽園球場、13日大阪・扇町プールと2回行われた世界選手権試合で、リングに登場してきたチャンピオンのテーズの腰には、さん然と光り輝くチャンピオンベルトがあるはずでしたが…、ベルトはありませんでした。

「鉄人ルー・テーズ自伝」（ベースボール・マガジン社）をみると、ＮＷＡ会長のサム・マソニックは、世界チャンピオンの初めてとなる海外遠征には難色を示したそうです。テーズは、アメリカ国外のあらゆる国のトップを倒してこそ本当の世界チャンピオンであると、マソニック会長を1週間掛かりで説得しました。それでも会長は、現地のレフェリーがグルになって王座を奪おうとするのではないかと心配して、会長代行者アル・カラシックをコミッショナー代理として日本に派遣し、来日中のダニー・プレチェスにレフェリーのライセンスを与え、タイトルマッチに臨ませたのでした。

もし、テーズが日本で力道山に負けたり、謀略で王座が移動でもしたらといったことも考慮に入れての、マソニック会長の配慮だったのでしょう。

テーズ自身も力道山に対しては、ハワイでの初対戦で何を仕掛けてくるか予想のつかぬ危険な奴、というイメージを持ったと自伝で書いています。力道山は、試合開始と同時に頭突きとチョップを乱打してきたため、ストリートファイトを仕掛けてきたと判断したテーズは、力道山の顎に一発左ストレートを見舞い、唇から流血した力道山はいきり立ち一時試合が中断されたと記してあります。

マソニック会長は、ＮＷＡという組織の歴代世界チャンピオンでは、初の海外遠征によるタイトルマッチ開催をなんとか承諾はしたものの、チャンピオンベルトの国外持ち出しまでは了解しなかったのでしょうか。

## ☆マソニック会長　謀略を恐れ？ベルト持参させず

ＮＷＡ世界選手権のチャンピオンベルトには、豪華な貴金属が装飾されてあるため、税関を通る際の税金の問題があったとも言われています。

なぜ、テーズがチャンピオンベルトを持参しなかったのかという訳はこのあたりにありそうですが、東京で開催されたタイトルマッチ第1戦のリングに登場したテーズの腰には、チャンピオンベルトが付けられておらず、続く大阪での第2戦でもベルトは披露されなかったことから、関係者の間ではテーズがベルトを持参してはいないという見方は確実視されました。

この事実に対して、「〝チャンピオン・ベルトがなかった〟プロレス世界選手権戦」「ファンを愚ろう　日本プロレス界　軽視はなはだしい」と書き立てた内外タイムスの報道もあったのですが、テーズは日本に来る前のオーストラリア、シンガポールでも、チャンピオンベルトの目録だけをコミッショナー代理に渡してタイトルマッチを闘ったということでした。

また、プロ＆ボクでもこの問題を取り上げて、プロレスのチャンピオンベルトは持ち回りではなく、タイトルを取られてもベルトまでは渡す必要はないとするこの当時の事情を説明し、何も見せるために体に付けなくともいい、至極割り切ったテーズの考えであると解説していましたが…。

世界選手権試合のパンフレットの表紙は、テーズは世界選手権の、力道山は日本選手権のチャンピオンベルトを付けたポーズ写真で飾られ、パンフレットの中には世界選手権のチャンピオンベルトの写真が大きく掲載されたページもありましたが、残念ながらファンはテーズのベルトをその目で拝むことはできず、パンフレットの写真を見るだけで諦めるしかなかったのです。

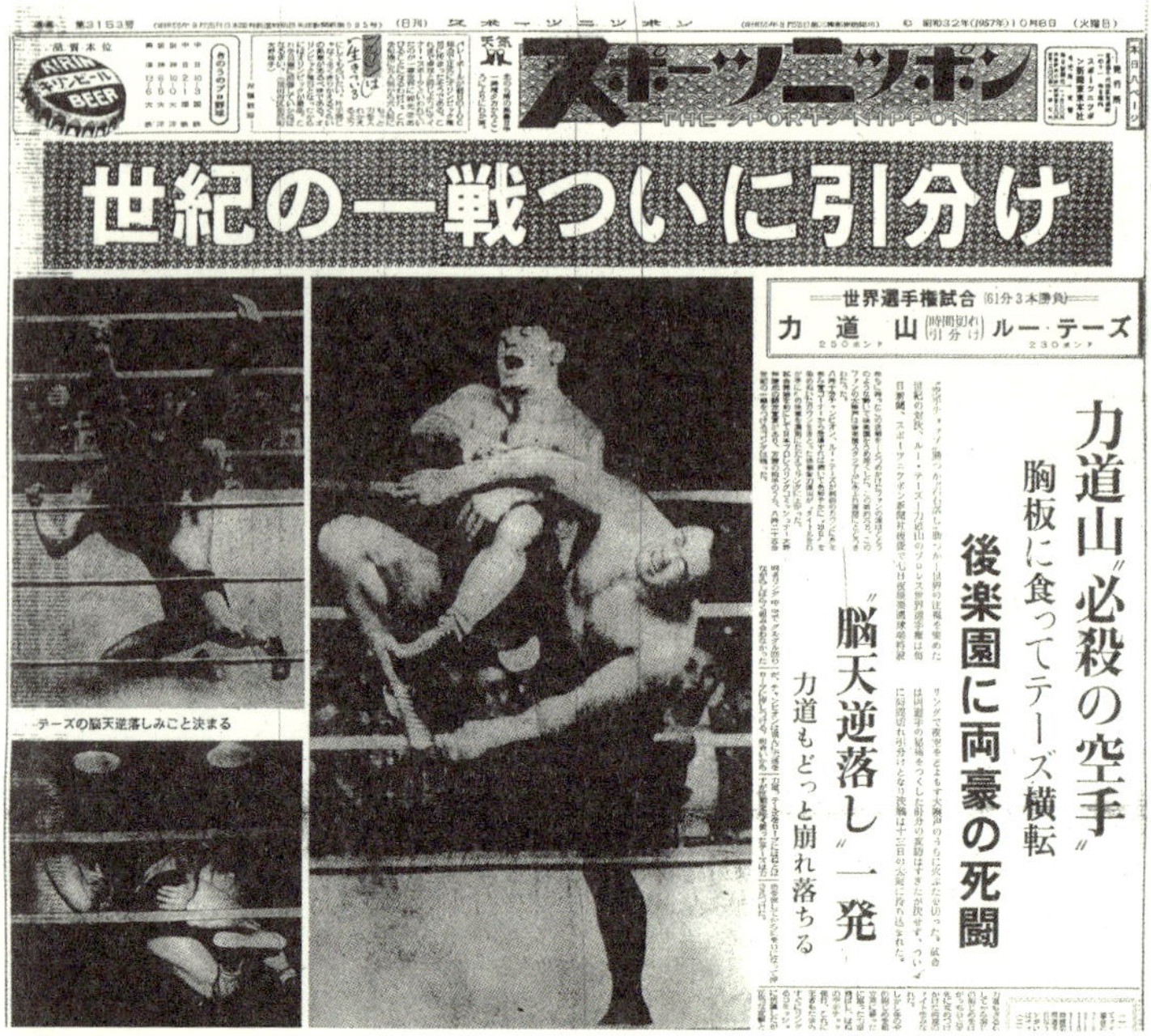

スポーツニッポン
THE SPORTS NIPPON
昭和32年(1957年)10月8日(火曜日)

# 世紀の一戦ついに引分け

世界選手権試合(61分3本勝負)
力道山 (時間切れ引分け) ルー・テーズ
250ポンド 230ポンド

## 力道山"必殺の空手"
胸板に食ってテーズ横転
## 後楽園に両豪の死闘
## "脳天逆落し"一発
力道もどっと崩れ落ちる

テーズの脳天逆落しみごと決まる

昭和32年10月8日付スポーツニッポン

試合は、東京での第1戦が両者61分をノーフォールのまま闘い抜いて時間切れ引き分け。大阪の第2戦では、一本目はテーズのバックドロップ、二本目は力道山の空手チョップで1―1から、三本目は両者リングアウトの引き分けとなり、マソニック会長が心配した謀略も無く?無事テーズはタイトル防衛に成功したのですが、ただレフェリー問題で揉めました。

第1戦の試合開始30分前に、NWA側から発表されたレフェリーのダニー・プレチェスのレフェリングに対して、力道山はテーズとレフェリーが試合中に会話をしていたとクレームを付け、第2戦では今度はテーズの側から試合前にレフェリーを代えるよう抗議があり、試合後には両者リングアウトとなった三本目は、自分が先にリング

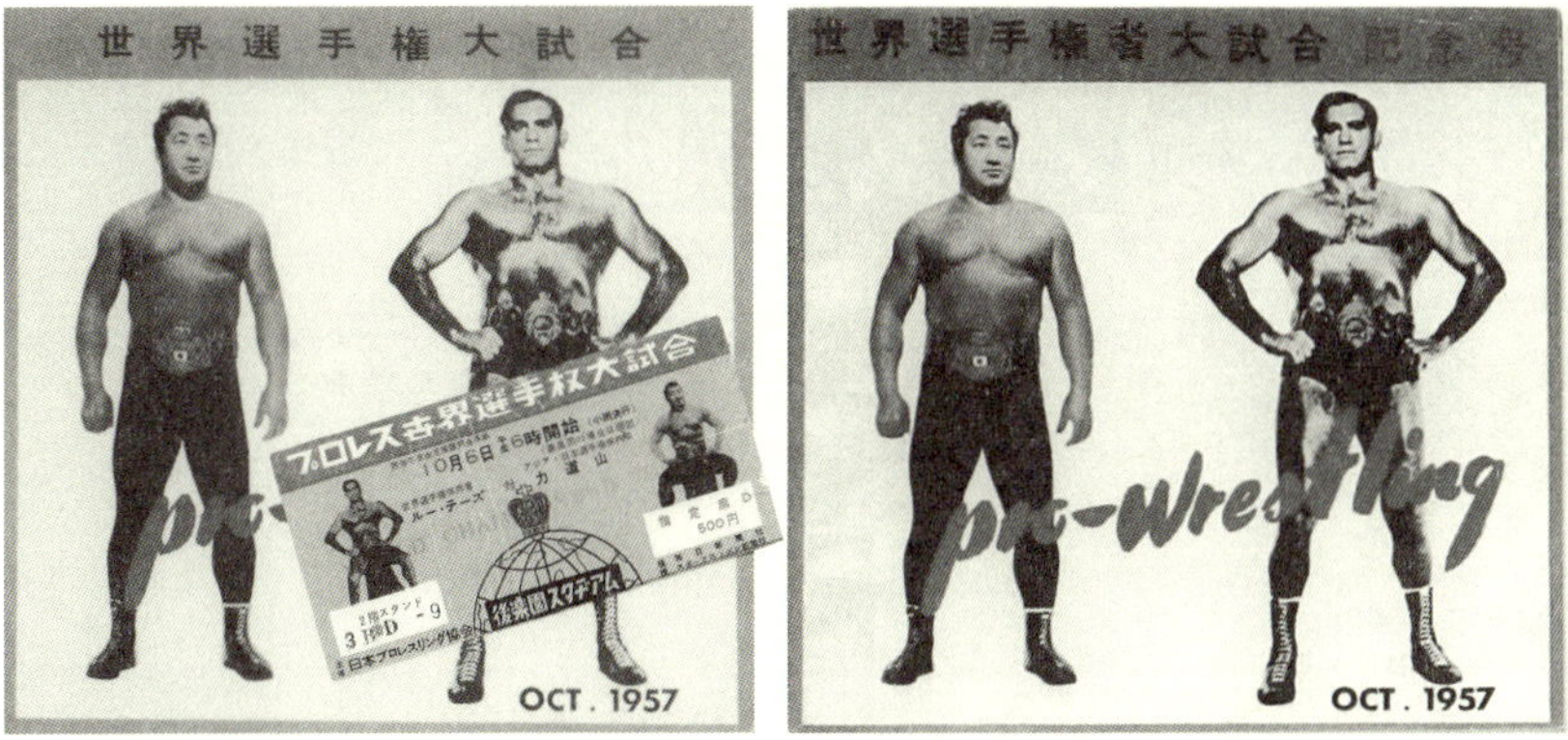


世界選手権大試合 L・テーズ対力道山 パンフレット、入場券（左）と世界選手権者大試合 記念号 パンフレット（右）

インしていたとプレチェスにクレームを付けています。

また、一説によると東京での第1戦は、試合時間61分をフルに闘った末に時間切れ引き分けとなったと判定されていますが、実は58分ちょっとでゴングが鳴らされ、試合が打ち切られたと書くゴング1970年7月号の記事がありました。新聞報道では、試合終了間際は空手チョップの乱打で力道山が優勢で、テーズは全くのグロッキー状態だったとあり、試合時間がまだ2〜3分残っていてテーズがゴングに助けられたとなると、テーズ側の謀略説が匂ってきます。

### ☆世界選手権大試合と世界選手権者大試合

この後、テーズと力道山は各地でノンタイトル戦を闘います。日程は、15日福岡（1—1の引き分け）、16日広島（2—1でテーズの勝ち）、17日神戸（2—1でテーズの勝ち）、19日名古屋（1—1の引き分け）、21日仙台（1—1の引き分け）と続くのですが、前述のテーズと力道山のチャンピオンベルト姿が表紙のパンフレットは、2種類確認されています。パンフレットの表題は、一つは「世界選手権大試合」、もう一つは「世界選手権者大試合　記念号」となっています。

昭和32年10月25日付沖縄タイムス掲載の広告

おそらく、前者は東京と大阪のタイトル戦用で、後者は各地でのノンタイトル戦用だと推察されるのですが、日程はその後24日、25日と沖縄での試合が組まれました。

24日の1日目は、テーズはタイトル戦でレフェリーに起用されたプレチエスとタッグを組み、力道山、豊登組と対戦しましたが（1－1の引き分け）、25日の2日目はテーズと力道山はシングルマッチを闘い、1－1の引き分けとなりました。

地元紙沖縄タイムス25日付によると、2日目のテーズ対力道山の試合は世界選手権を賭けると主催者側から発表されたと書かれ、翌26日付の記事にも、引き分けで選手権はそのままテーズの手に残ったと報道されています。

25日付の新聞広告を見ると、「大入御礼（世界選手権タイトルマッチ）いよいよ本日限り」といった宣伝文句も確かにありましたが、プロ&ボクの取材ではタイトル戦とは報道されてはいませんでした。

一説には、那覇での一戦はリング上では世界選手権試合とはアナウンスされなかったのですが、試合は61分三本勝負で争われたというのです。この話もゴング1970年9月号の記事で読んだのですが、通常の試合での60分に1分を付け足した61分は、当時のタイトルマッチでの試合時間なのです。

そこで、沖縄タイムスに掲載された試合記録を確認したのですが、残念ながら記録には試合形式、時間の記載はなく、勝敗のみが分かる報道でした。

それならばと東京、大阪以外の各地の試合記録も調査してみました。

まず15日の福岡の試合は、毎日新聞、西日本スポーツでは61分三本勝負、プロ&ボクは60分三本勝負となっています。16日の広島の試合は、地元紙中国新聞でみると61分三本勝負。17日の神戸での試合は、毎日新聞ではノンタイトル60分三本勝負と記載していましたが、日刊スポーツでは61分三本勝負。ただし、記事の中でノンタイトルと書かれています。19日の名古屋の試合は、毎日新聞がノンタイトル60分三本勝負。中部日本新聞の試合記録も60分三本勝負でした。そして、21日の仙台の試合では、スポーツニッポンは60分三本勝負と記載していました。

こうして調べてみると、マスコミによって記載された記録に違いがあることが分かったのですが、各地のノンタイトル戦の試合記録の中には、61分三本勝負となっているものもありました。果たして沖縄の試合は、タイトル戦だったのか、ノンタイトル戦だったのか？　試合会場では、どちらのパンフレットが用意されたのでしょうか？

主催者側が画策して宣伝されたタイトル戦だったとなると、これはマソニック会長が危惧した未知の国では何が起こるか不安だという心配が的中したことになります。

テーズが初来日して力道山と闘ったシングルマッチの対戦成績は、8戦して力道山の2敗0勝6引き分けという結果に終わりました。

## ☆デスト「ベルトは航空便で送った！」

チャンピオンベルトがなかった世界選手権試合は、もう一試合ありました。それは、力道山の名勝負の中でもベストマッチの呼び声が高い昭和38年5月24日、東京体育館での〝白覆面の魔王〟ザ・デストロイヤーの持つＷＷＡ世界選手権に、力道山が挑戦した試合でした。

当初タイトル戦は61分三本勝負で行われる予定でしたが、デストロイヤーの強硬な申し入れにより日本初のテキサス・デスマッチ時間無制限一本勝負に急遽変更され、レフェリーも沖識名からフレッド・アトキンスに交代となりました。何から何までが異常な試合となったのですが、デストロイヤーはチャンピオンベルトを持参せずに来日したのです。

5月17日の来日記者会見で、デストロイヤーは1週間前にベルトは航空便で日本へ送ったと話したのですが、待てど暮らせどベルトは到着しません。日本プロ・レスリング・コミッショナーの工藤雷介事務局長は、ＷＷＡ本部に国際電話で確認を取ったところ、確かにベルトは送ったという返事でしたが、試合当日になってもベルトは届かなかったのです。

試合直前の控室で、工藤事務局長はデストロイヤーに最終説明を迫ったところ、デストロイヤーは「文句があるなら航空会社に言え、オレの責任ではない！」と答え、大騒動になりました。

リング上のタイトルマッチのセレモニーで、工藤事務局長は「デストロイヤーは本日、チャンピオンベルトを締めておりません。これはＷＷＡがベルトを日本コミッショナー宛に空輸することになっていたものですが、送ったという返事はありましたが、今のところまだ到着しておりません。チャンピオンベルトについてはコミッショナーが責任を持って処置します」という異例の事情説明を1万2千人の大観衆の前で行い、観客の理解を求めて試合は開始されました。

デストロイヤーの凶器頭突きで力道山は流血、力道山の空手チョップの反撃でデストロイヤーの白覆面も赤く染まります。そして、ついにデストロイヤーの4の字固めが決まって力道山大ピンチ！　両手をマットに叩きつけて4の字固めを締め上げるデストロイヤー、呻きながら耐える力道山。苦し

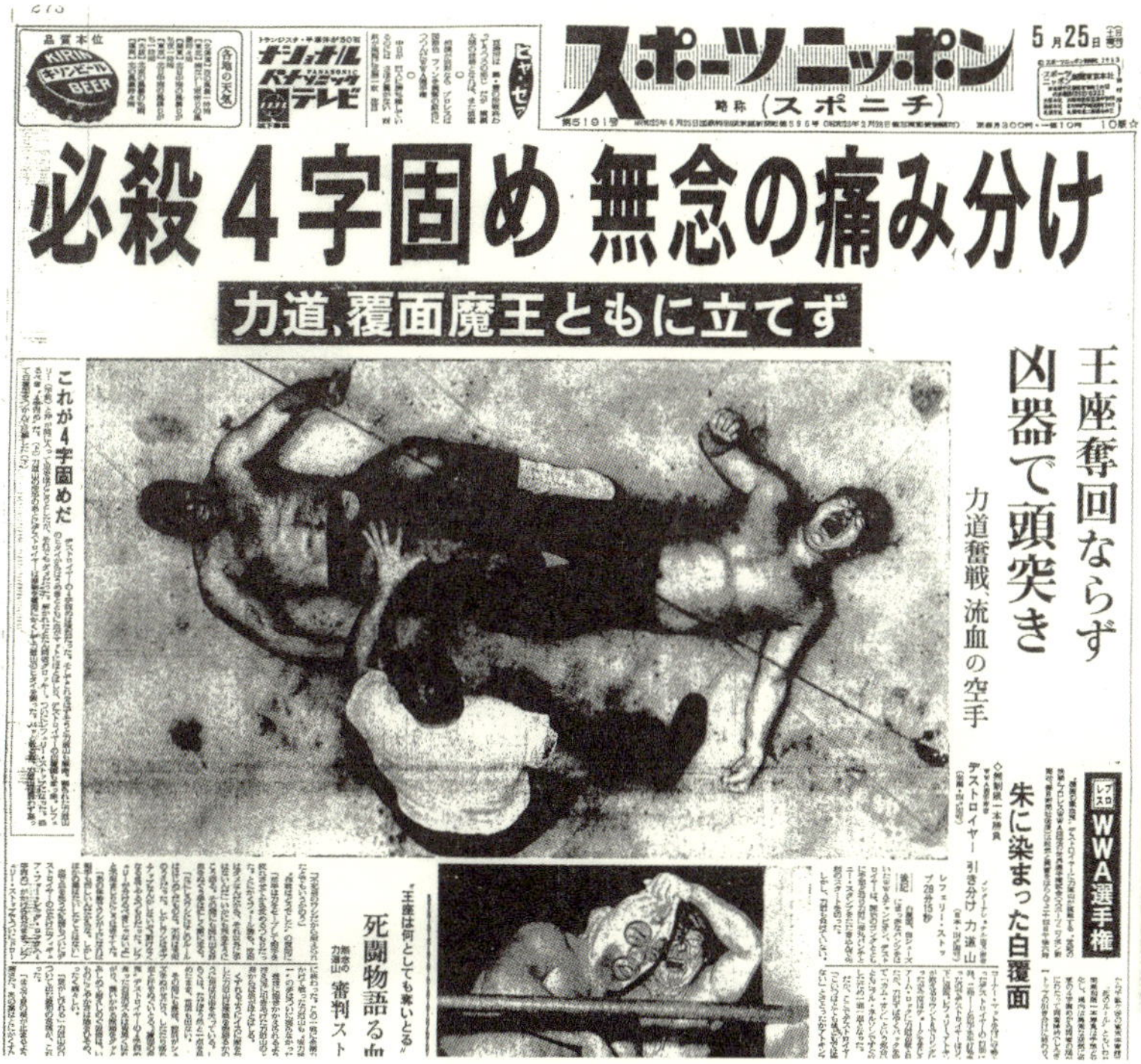
スポーツニッポン
5月25日
略称（スポニチ）
必殺4字固め 無念の痛み分け
力道、覆面魔王ともに立てず
王座奪回ならず
凶器で頭突き
力道奮戦、流血の空手
WWA選手権
朱に染まった白覆面
これが4字固めだ
死闘物語る血

WWA 世界選手権 デストロイヤー対力道山戦を報じるスポーツニッポン（昭和38年5月25日付）

紛れに力道山が体を反転させると、今度は技を仕掛けた側のデストロイヤーの足が痛み出すという思いもよらぬ展開となり、デストロイヤーがこれをまた裏返す―こんなことが何回か繰り返されますが、どちらもギブアップはしません。

こうしてかなりの時間が経過し、硬直した試合にレフェリーは4の字固めを一旦解くことにしたのですが、両者の足は感覚を失い、自分で技を外すことができなくなり、ハサミを持ち出してきてデストロイヤーのリングシューズの紐を切り、シューズを脱がせて、ようやく4の字固めが解けたという緊急事態に陥りました。

しかし、両者はそのまま立ち上がることすらできず、試合続行不能でレフェリーストップとなりドローが宣告されました。力道山の足は腫れ上がり、顔面に乱れ飛んだ空手チョップでデストロイヤーの歯は折れ、鼻骨はひん曲がり、攻めの凄さと受けの凄さをまざまざと見せつけた力道山のベストバウトでした。

試合は引き分けに終わり、チャンピオンベルト問題は事無きを得たのですが、この問題の真相は、実はデストロイヤーは来日前にタイトル防衛戦でフレッド・ブラッシーに敗れ、既にチャンピオンベルトを失っていたのです。

力道山は前年の昭和37年7月に、フレッド・ブラッシーとの試合で謀略により同王座を奪われた経緯もあったことから、伏魔殿とまでいわれたWWAのこと、一体何をやらかすものやら分かったものではありません。

## ☆「パンフレット作りの名人」押山さん

力道山がデストロイヤーにチャレンジした「W.W.A WORLD CHAMPION TITLE MATCH」のパンフレットの表紙には、デストロイヤーと力道山の顔写真が使用されているのですが、その力道山だけの顔写真を表紙に使った「N.W.A INTERNATIONAL CHAMPION RIKIDOZAN」のタイトルが付いたパンフレットがあります。

表紙は違っても二つのパンフレットの内容は全く同じなのですが、後者の方には「私達のために御来席を賜り心からお礼申し上げます。　百田光浩（力道山）敬子」という連名での綴じ込みの挨拶文が添えられ、1963. June. 5 の日付も見られるところから、こちらは力道山と田中敬子さんとの結婚式

力道山のベストバウト！　WWA世界選手権試合　対デストロイヤー戦　パンフレット、入場券（左）と力道山、田中敬子さんの結婚式パンフレット（右）

「太平洋選手権争奪」国際試合のパンフレット　2種

で、来賓の方々に配られた結婚式用のパンフレットだと推察されます。

　力道山の時代から、日本プロレスが最期を迎えた昭和48年の5月まで、日プロのパンフレットやポスター、チケットのすべては、企画宣伝重役であった今は亡き押山保明氏によって手掛けられたものでした。抜群のセンスでデザインされたパンフレットなどは、ファンやマニアの間で高い評価を得て「パンフレット作りの名人」とまで称され、その支持は現在でも衰えをみせません。通常のシリーズのパンフレットの他に、タイトルマッチ用の特別なパンフレットが作成された例もあり、その芸の細かさとも相まって、ファン、マニアの蒐集家の心理をくすぐり、蒐集熱を高めるものでもあるのですが、そんなパンフレットにも謎があります。

昭和32年10月の、テーズが初来日した世界選手権試合の2種類あるパンフレットについては前述しましたが、昭和29年8月から9月に開催された、「太平洋選手権争奪」国際試合のパンフレットも2種類存在します。

どちらも同じく、力道山が空手チョップの構えを見せるイラストが表紙のB5判サイズのパンフレットなのですが、20ページ建ての「太平洋選手権争奪　世界プロ・レスラー特集」と、12ページ建ての「太平洋選手権争奪」が確認されています。

2種類のうち、一つは試合会場で販売され、もう一つは会場以外で販売されたものなのかは不明なのですが、果たしてどんな意図を持って二つのパンフレットは作成されたのでしょうか？

昭和33年12月開催の「国際試合」のパンフレットも2種類あるそうです。「力道山南米帰朝記念号」と副題が付き、力道山がインターナショナル選手権のチャンピオンベルトを締め、トロフィーを抱えて右手を上げているイラストが表紙なのですが、イラストのバックが赤色と、もう一つは緑色のパンフレットが存在すると聞いています。

押山さんといえば、切手の蒐集家としてもつとに有名でした。20世紀を振り返る企画で、力道山の切手が発行されましたが（平成12年6月）、押山さんがご存命だったならどんなにか喜ばれたことでしょう。まだ押山さんが健在でした頃、ある集まりで信州方面の旅行にご一緒させていただいたことがありました。押山さんは、力道山個人には大変興味があったそうですが、プロレスにはあまり愛着はなかったとか…、あの機会に力道山の話や、パンフレット作りの話などをもっと聞いておけばよかったと、今更ながらに悔やんでいます。

## ☆勝ち方に不満　ベルト突っ返した力道山

タイトルマッチにチャンピオンベルトがなければ、いくら試合に勝ってもベルトを付けた晴れの雄姿をファンにお披露目することはできないのですが、せっかく試合に勝利を収め、ベルトを獲得したにもかかわらず、そのベルトを返却したという試合がありました。

昭和31年の夏、力道山は〝赤いサソリ〟タム・ライスを招いてルー・テーズへの挑戦権を賭けた「シングル世界選手権　挑戦者決定試合」と銘打った国際試合を開催しました。

タム・ライスは、力道山が渡米修行中、260戦を超す試合にシングルで3敗を喫したうちの一人（あとはレオ・ノメリーニとフレッド・アトキンス）です。

9月1日の田園コロシアムにおいて、力道山はライスの保持する太平洋岸選手権のタイトルに挑戦することとなり、試合は一本目、ライスが得意のボストンクラブで先取。二本目は力道山が逆にボストンクラブを決めたのですが、ライスは右膝を痛め、戦意喪失から三本目を棄権します。2―1で力道山が勝ってタイトルを奪取、リング上でチャンピオンベルトを腰に巻いたのですが、試合ができないほどの負傷ではないはずだとして、勝ち方が不本意であり、根性のないライスの汚いベルトはいらないと言って突っ返すという、力道山流儀の前代未聞のタイトルマッチとなりました。

この年の10月に公開された、東映映画「怒れ！力道山」の冒頭にチャンピオンベルトとトロフィーが映し出されるシーンが出てくるのですが、日本選手権、アジア選手権のベルトに続いて、力道山がライスに返却した3000ドル（108万円）のダイヤモンドが光り輝く、太平洋岸選手権のチャンピオンベルトもスクリーンで見られました。

次は力道山がルー・テーズを倒して、インターナショナル選手権を獲得した時の話です。

## ☆WWA王座奪取時テーズにベルト借りる

昭和33年8月27日、力道山はロサンゼルスで打倒テーズの悲願を達成します。日本のマスコミはこの快挙をこぞって報道したのですが、UPI、APの外電は、力道山は世界ヘビー級選手権者と称しているテーズに勝ったが、ノンタイトルでメインイベントでもなかったと伝えてきたのです。

加えて、スポーツニッポンは試合スコアを2—0、日刊スポーツは2—1と異なる報道を行ったことから、これらを見たファンは大変混乱しました。帰国した力道山は、2—1でテーズに勝ち、NWA世界選手権ではなくインターナショナル選手権を獲得したことを説明したのですが、証拠となるべきチャンピオンベルトはありませんでした。

力道山は、ベルトはチャンピオンが自分で作るもので、テーズ自身も数万ドルをかけてベルトを作ったと説明しましたが、これについては、前年の昭和32年10月に東京と大阪で行われた世界選手権試合に、テーズがベルトを持参しなかった件で、プロレスのチャンピオンベルトは持ち回りではなく、タイトルを取られてもベルトまでは渡さないとプロ&ボクが解説していたことは前述しました。

そして10月2日、対ドン・レオ・ジョナサンとのインターナショナル選手権初防衛戦のリング上で、スポーツニッポン新聞社から豪華なチャンピオンベルトが寄贈されたと、毎日新聞、スポニチが記事にしていますが、おそらく力道山はタイトル奪取に疑惑を持たれたこともあって、ベルトは自分で作ったとするよりも、第三者の、それも社会的な機関である新聞社から寄贈を受けるという形を取ったのではないでしょうか。ベルトのデザインは、テーズの持つ世界選手権のチャンピオンベルトに似たもので、バックルの上部には王冠も付いていました。

インターナショナル選手権者の力道山は、昭和37年3月28日には〝銀髪の吸血鬼〟フレッド・ブラッシーを破り、AWA世界選手権（後にWWAに改称）も獲得しました。当時AWAのチャンピオンの象徴はベルトではなく、トロフィーだったのですが、この時、力道山はテーズから世界選手権のチャンピオンベルトを借り受けたそうです。力道山にすれば、テーズを倒してインターナショナル選手権を手中にしたものの、ベルトなしで帰国した際の騒動が記憶にあったのでしょう。

チャンピオンベルトは、4月18日の「世界選手権獲得記念祝賀会」の会場で披露されました。力道山はタキシード姿で満面の笑みを浮かべ、飾られたベルトも光り輝いていました。このベルトは写真で見ても、本当に素晴らしいチャンピオンベルトです。力道山のものとなったベルトこそ、テーズが初来日時に持参しなかった、あの黄金のチャンピオンベルトだったのです。

## ☆よく似たWWAとインターベルトの見分け方

一方、タイトルを奪われたブラッシーは力道山を追って日本上陸。4月23日には、東京体育館でリターンマッチを挑むのですが、返り討ちに遭います。リング上で再び力道山の腰に締められたベルトが、逆さまに付けられた写真があります。

スポニチからの寄贈と報道されたインターナショナル選手権のチャンピオンベルトは、このテーズから借りたベルトを基にして、新しく作り替えられます。その新しいインターナショナル選手権のチャンピオンベルトが、昭和38年12月2日東京体育館で、デストロイヤーに勝利した18度目の防衛戦の

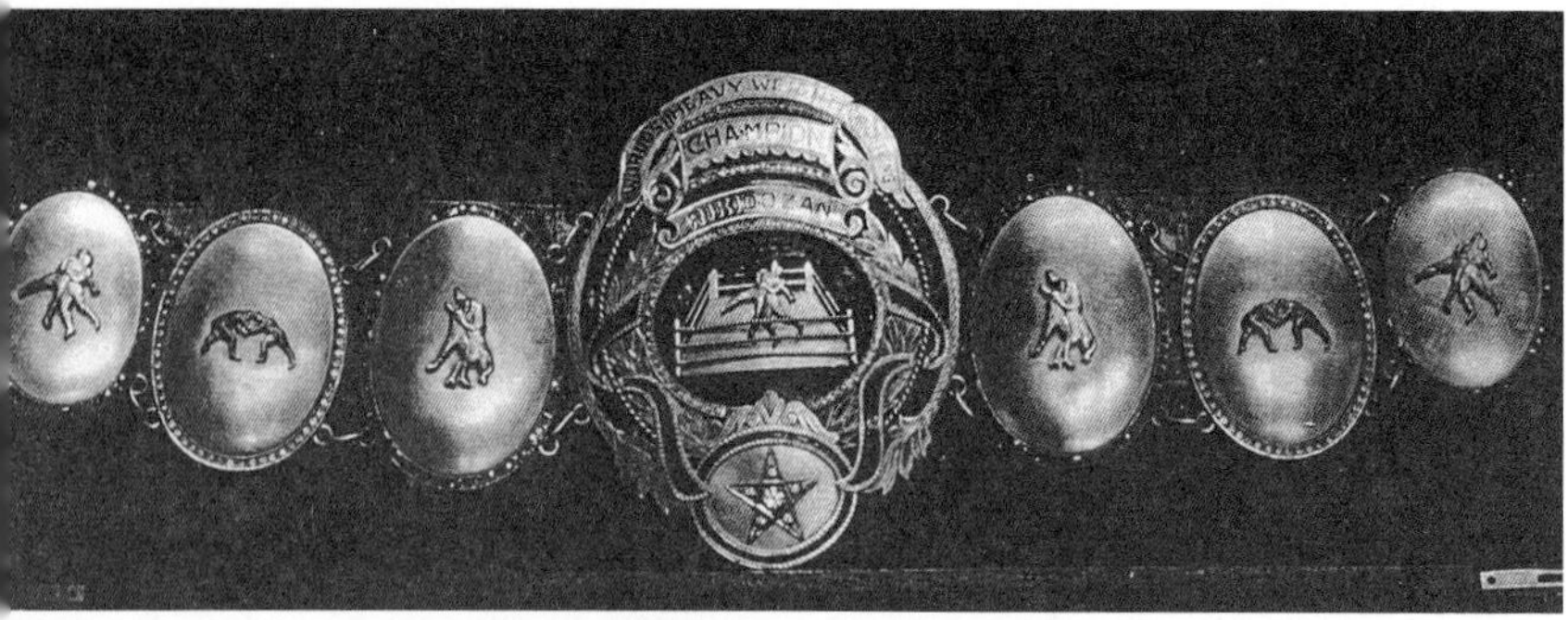

WWA世界選手権　チャンピオンベルト

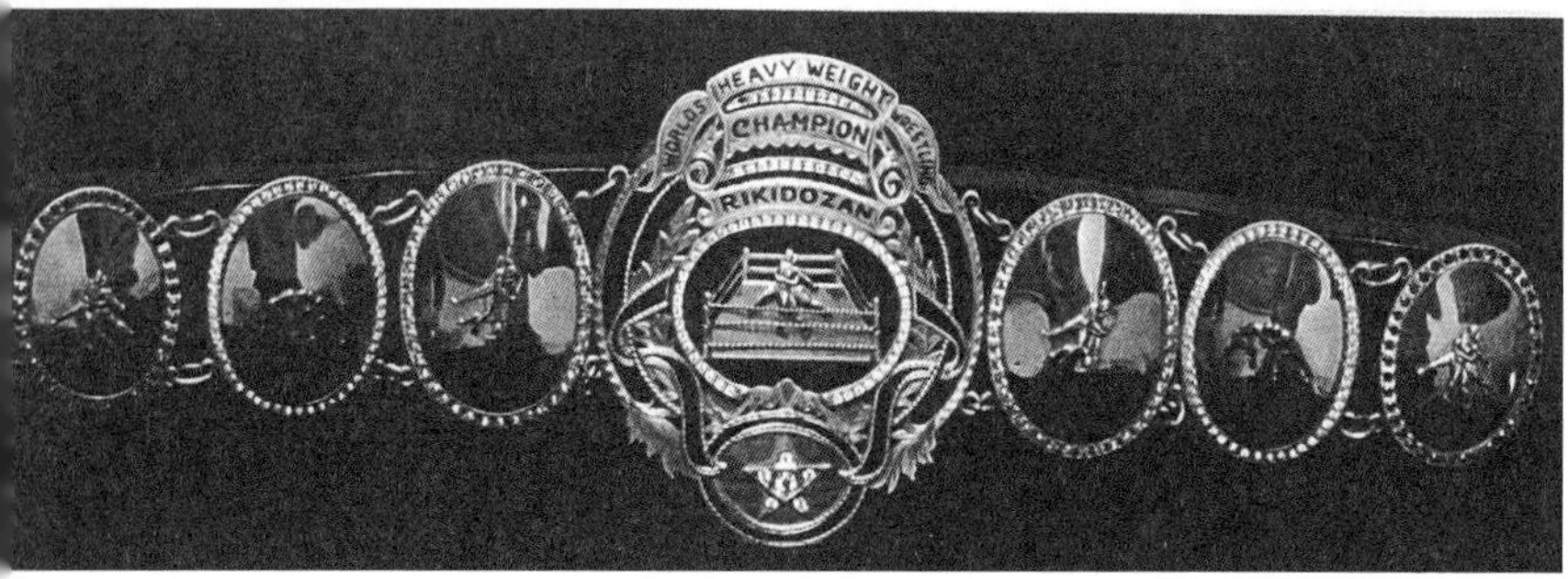

インターナショナル選手権　チャンピオンベルト

時も逆さまに巻かれました。対ブラッシー戦では逆さまのベルトに気付いて、リング上で正しく付け直されましたが、対デストロイヤー戦では、そのまま控室に引き揚げてしまいました。

インターナショナル選手権のチャンピオンベルトは、ＷＷＡ世界選手権のチャンピオンベルトをそっくり真似て作り替えたため、二つのベルトはしばしば間違えて紹介されることがあります。バックル部分は中央にリング、上部には「WORLD HEAVY WEIGHT WRESTLING CHAMPION」の英文字の刻印があり、下部には星のマークが施されているデザインですが、これが上下分かりにくいデザインなのか？ベルトが逆さまに巻かれたケースも起きました。

そこで、インターナショナル選手権とＷＷＡ世界選手権のチャンピオンベルトの見分け方のポイントを三つ記しておきます。

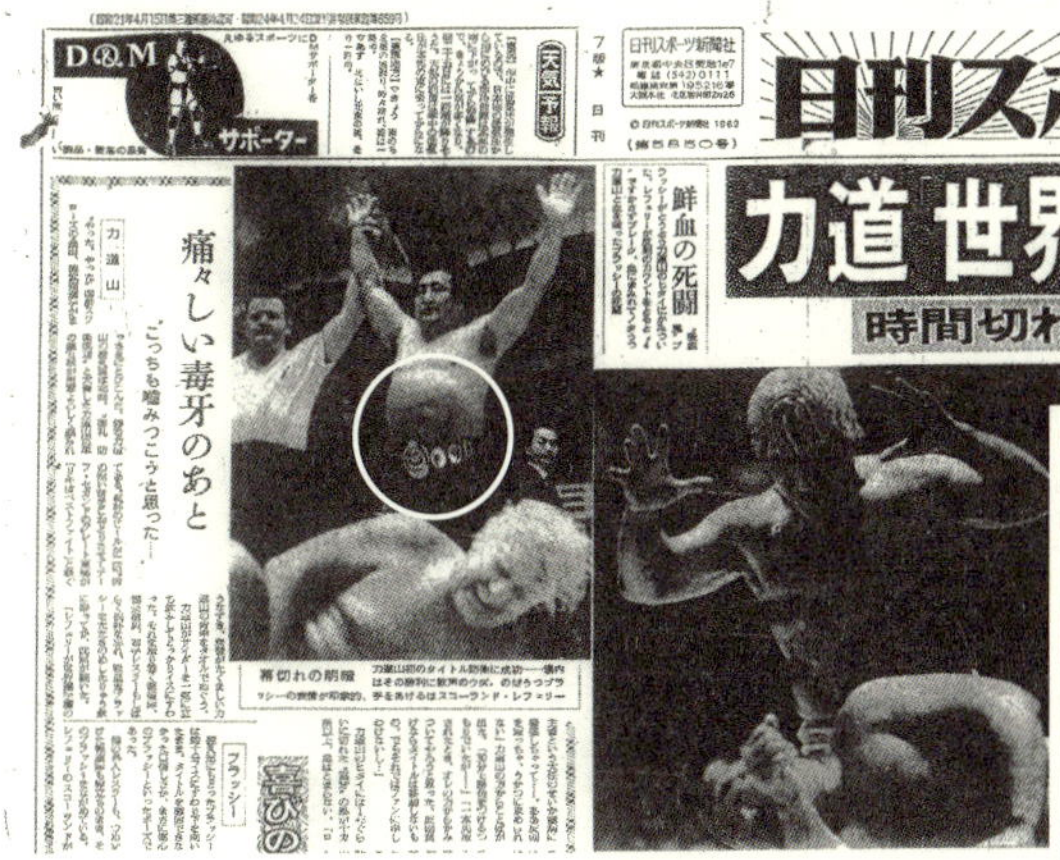
日刊スポーツ

4月24日（火曜日）

力道「世界一」を防衛

時間切れ寸前で2—1

痛々しい毒牙のあと

こっちも噛みつこうと狙った…

鮮血の死闘

幕切れの明暗

ベルトが逆さま（写真左）WWA 世界選手権 力道山対ブラッシー戦を報じた日刊スポーツ（昭和37年4月24日付）

ベルトが逆さま　昭和38年12月2日デストロイヤーとのインター戦　試合後の控室

①インター、WWA両ベルトのバックルの中央に見えるリングの上部には、「RIKIDOZAN」のネームが入っている部分があります。この枠全体を使ってネームが書かれているのがインターのベルトで、WWAのベルトでは最初のRの文字の前と、最後のNの文字の後にスペースを取っています。

②バックル中央のリング上で闘っているレスラーの片足が、ロープの上に出ているのがWWAのベルトで、出ていないのがインターのベルトです。

③バックルの左右には、レスリング像が見える小さなメタルが各3個ずつ配置されていますが、バックル両横の小メタルのレスリング像が真っ直ぐなWWAのベルトに比べて、右に傾いて見えるのがインターのベルトです。

力道山は、インターナショナル選手権のタイトルを19回連続防衛に成功した記録を樹立しましたが、1度だけ負けた試合がありました。

昭和35年1月15日、大阪府立体育館での対ジム・ライトとの5度目の防衛戦では、1—1からの三本目、

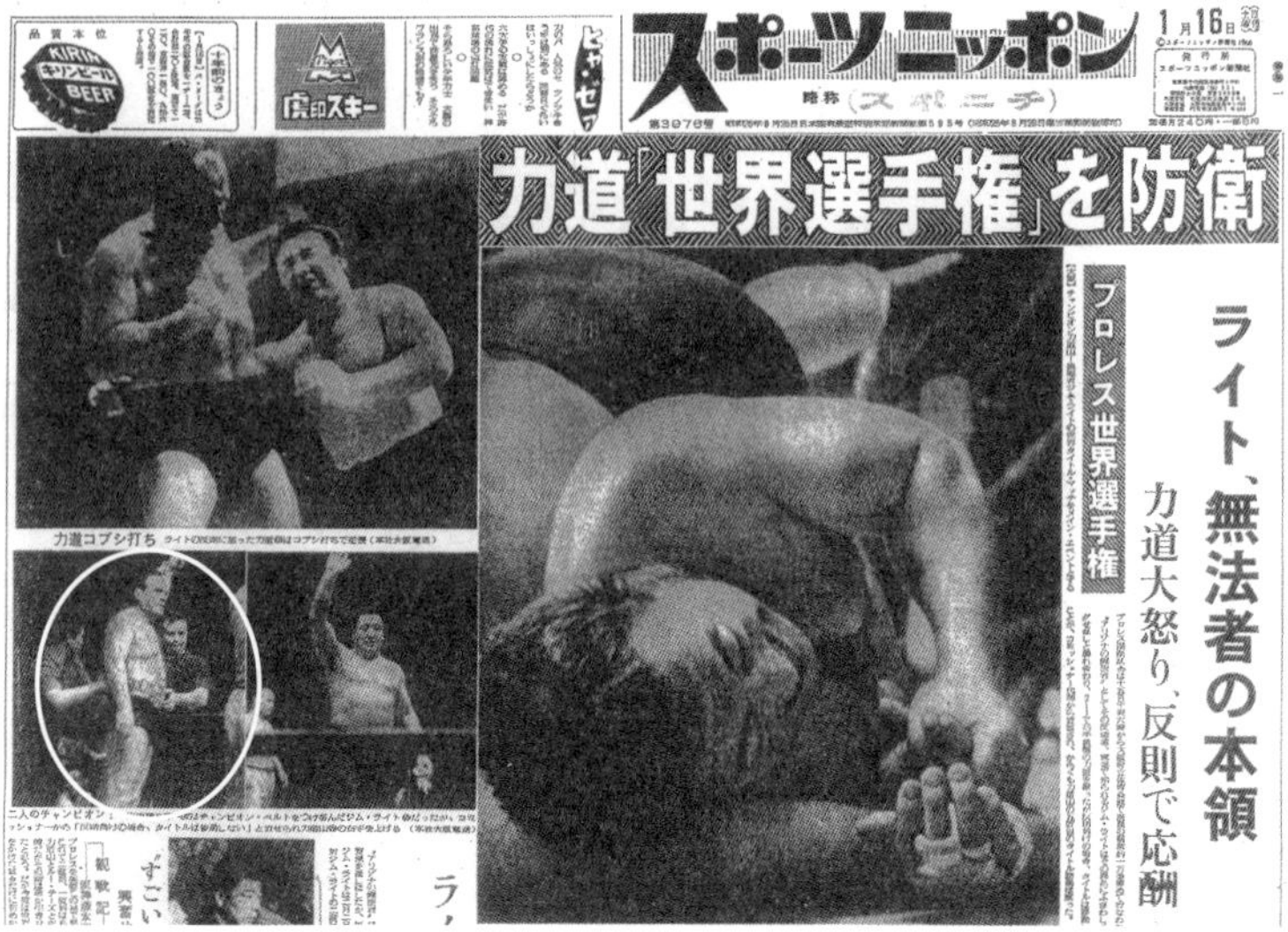
スポーツニッポン
1月16日
力道「世界選手権」を防衛
ライト、無法者の本領
力道大怒り、反則で応酬
プロレス世界選手権
力道コブシ打ち


インターベルトを巻いたライト（写真左下）インター選手権 力道山対ライト戦を報じたスポーツニッポン（昭和35年1月16日付）

力道山はレフェリーのレッド・ミラーへの暴行を反則に取られて負けてしまいます。チャンピオンベルトがライトの腰に付けられた写真が残っていますが、ライトはそのまま控室へ帰って行きます。ところが、反則ではタイトルの移動はなしというルールから、力道山の防衛ということになったのですが、インターナショナル選手権のチャンピオンベルトが、力道山以外の選手の腰に巻かれた唯一の試合でした。力道山は右手を負傷していて、それもかなりの重傷で、包帯を巻いて試合を闘い空手も思うように使えませんでした。その後、1月30日の東京体育館での再戦では、怪我も全快した力道山は2—1でライトを降し決着を付けました。

ルー・テーズ、フレッド・ブラッシー、そしてザ・デストロイヤーが登場した、力道山のチャンピオンベルトにまつわる秘話を綴ってみました。

# 8 マルベル堂のプロマイド全24点
# 髪型とベルトで分かる撮影時期

## ☆最も古い4版はシャープ兄弟来日の前か、後か？

東京・浅草のブロマイド専門店「マルベル堂」には、今も力道山のブロマイドが売られています。生前に発売された力道山のブロマイドは、約50種類といわれています。そのうち現在でも、24種類のブロマイドが揃っていると聞きました。

マルベル堂の印刷物などを見ると、ブロマイドではなく、プロマイドとなっています。ブロマイドは英語で印画紙を意味し、その印画紙に焼いた写真を区別するため、プロマイドと呼ぶように決められたそうです。

ですから、正式にはプロマイドという商品名であり、数え方も1枚、2枚…ではなく、1版、2版…と数えるのが本当なのだそうです。従って、以下プロマイドと書くことにします。

昭和30年（1955）頃、マルベル堂が力道山のプロマイドを制作することになり、日本橋のプロレス道場に出向き無事撮影を終え、でき上がった見本を力道山の元に届けたところ、力道山は見本を見るなり破り捨ててしまいました。

見本の写真は、スターのプロマイド調に修正まで施されて仕上げられたものだったのです。「プロレスラーは強そうでなければダメだ！役者じゃないんだぞ!!」と怒ったというのです。

以前から手元にあった力道山のプロマイドを取り出して、じっくりと見直してみました。マルベル堂では、プロマイドの撮影年月、発売時期などの記録は残してはいないそうです。そこで、何版かある力道山のプロマイドを見て、いつ頃の年代の力道山なのかを探ってみることにします。

①

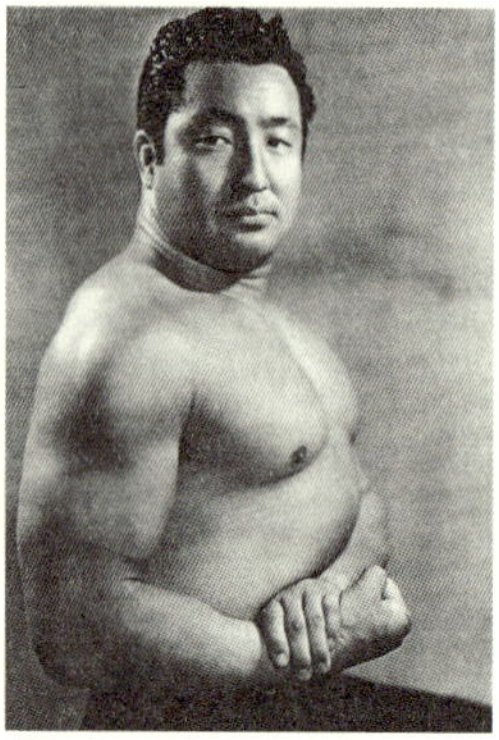
②

年代が古いと思われる順から紹介していきます。まずは若々しい顔付きの力道山という印象を受ける、これらの4版（①～④）のプロマイドでしょう。まだプロレスラーとして、初期の時代の力道山を感じるプロマイドです。

とすると、昭和29年2月のシャープ兄弟を招いて開催された初の国際試合の頃となります。力道山はその前年3月には、1回目の渡米修行を終えて帰国するのですが、この帰国後に制作したとも考えられます。

先にマルベル堂が、昭和30年頃に日本橋のプロレス道場へ写真撮影に出掛けた話を書きました。その時、力道山は多くの弟子達の指導にあたっていたそうです。

③

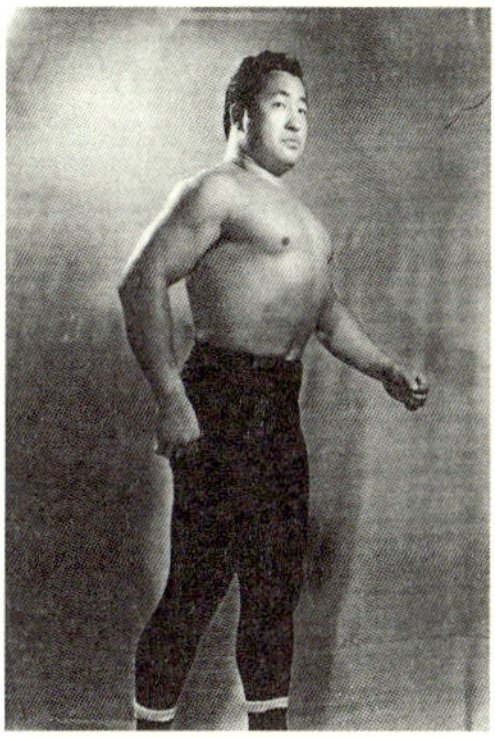

④

日本橋のプロレス道場というのは、昭和28年7月に日本橋浪花町に力道山道場ができて、2年後の昭和30年7月には、通りを挟んだ向かい側にレスリング・センターが完成します。マルベル堂のいう、弟子がたくさんいた日本橋のプロレス道場とはどちらのことなのでしょうか?

この4版のプロマイドのうち、力道山が手首を掴んで胸を反らせている写真は②、昭和29年8月に出版された「プロ・レスラー　力道山物語」の中に掲載されています。

腰に両手を当てたポーズ写真は①、同年12月に出版された「力道山・遠藤幸吉」の中で見たもので、12月21日に日本プロ・レスリング・コミッショナーから発行された力道山のライセンスにも貼付されていました。

同年8月、シャープ兄弟に続いてハンス・シュナベル、ルー・ニューマンを招いて開催された国際試合「太平洋選手権争奪」のパンフレットには、前述の2版が使用されています。

となると、昭和30年より前に撮影されたものということになります。こうしたことを総合すると、マルベル堂が出向いた昭和30年頃の日本橋のプロレス道場とは、力道山道場を指すことになります。

しかし、その昭和30年頃というのが昭和28年だとすると、まだシャープ兄弟が来日する前で、プロレスの力道山も世に知られる前ですから、道場に弟子がたくさんいたという話からすると、やはり昭

⑤

⑥

⑦

和29年ではないかと推測されます。

マルベル堂の話や出版物などをみると、昭和29年のシャープ兄弟戦の後の、シュナベル、ニューマンが来日するまでに撮影されたものという見方がされるのですが、それとも昭和28年と考えるか、果たしてどちらでしょうか？

## ☆サイン入りの日本選手権ベルト姿

次は、日本選手権のチャンピオンベルト姿のプロマイドです（⑤〜⑦）。プロマイドに写ったチャンピオンベルトを見ると、中央のバックル部分の左右には、力道山の彫像が入った小さなメタルが付いています。

メタルの力道山は、立ってファイティングポーズを取っているのですが、先の4版のプロマイドの中には同様のポーズ写真があるところから、③のプロマイドがメタルのモチーフとなったと考えられます。

昭和29年12月22日、力道山は木村政彦を倒して日本選手権を獲得します。翌30年1月28日、山口利夫と初防衛戦を闘ったリング上の力道山の腰には、このメタルが取り付けられたベルトが巻かれていました。

プロマイドはおそらく、日本選手権者となった昭和29年12月末から30年1月の初め頃、28日の山口戦の前までに撮影されたものではないでしょうか。プロマイドの力道山の肉体は、見事にビルドアップされています。逞しく張った大胸筋、広く厚い広背筋、山の様に盛り上がった三角筋、太い上腕筋、へこんだ腹筋の逆三角形の体は惚れ惚れするほどです。ロングタイツに包まれた大腿筋もかなりの太さでしょう。

日本選手権のベルトを付けた3種類のプロマイドの⑤には、漢字とローマ字で書いた力道山のサインが入ったプロマイドとなっています。サイン入りでのプロマイドは、全24点中この1版だけです。

現在の日本選手権のチャンピオンベルトをよく見ると、厚みのある中央バックルの上部、王冠の左斜め上には小さなへこみがあり、もう一つバックルの底部分にはもっと大きなへこみがあるはずですが…、プロマイドで確認すると、当時のベルトにはそんなキズはないように見えます。力道山の死後、ベルトは外部に持ち出されたのですが、このキズはいつ、どうして付いたものなのか?とても気掛かりなベルトのキズです。

## ☆リング上で撮影のインターベルト姿には2種類が

その次は、アジア選手権のチャンピオンベルト姿のプロマイドです（⑧）。

昭和30年11月、アジア選手権大会が開催され、力道山は決勝戦でキング・コングを破りアジアの王者となりました。アジア選手権のチャンピオンベルトを付け、首にタオルを掛けたプロマイドは、力道山のお気に入りの1版だったそうです。

このプロマイドは、ベルトを獲得した翌31年7月、タム・ライスを招いた国際試合「シングル世界

⑧

⑨

⑩

選手権挑戦者決定試合」のパンフレットの中に使用されています。年代的には昭和30年12月頃に撮影されたものと推測します。力道山の死去の際、通夜の祭壇に飾られた遺影はこの写真でした。

続いて、インターナショナル選手権のチャンピオンベルトを締めたプロマイドです。

力道山のバックにはロープが見えるところから、これまでとは違ってリングの上で撮影されたものですが、このプロマイドは2種類あります。

一つは会場の照明と天井部分が薄っすらと写って見えるもの（⑨）と、もう一つは背景が真っ暗で力道山を若干アップに加工しています（⑩）。

昭和34年春の第1回ワールド大リーグ戦のパンフレットで、力道山の紹介のページには、背景が暗く消された方の写真が使用されていました。

ということは、昭和33年8月27日に力道山がルー・テーズからインターナショナル選手権を奪った後、第1回ワールド大リーグ戦が開催されるまでの間に行われた防衛戦のリング上で撮影されたものという見方が出てきます。

記録を調べてみると、昭和33年10月2日東京・蔵前国技館での対ドン・レオ・ジョナサンとの初防衛戦か、同年10月31日東京体育館での同じくジョナサンとの2度目の防衛戦のどちらかということになります。

チャンピオンベルトはテーズの個人所有のため、新たにこしらえられたベルトのお披露目は、初防衛戦の蔵前国技館のリング上でしたが、その時に撮影されたものでしょうか。

背景から試合会場を割り出せないかと目を凝らして写真を見ると、天井がそんなに高くなく、丸い形と細長い形の照明からして会場は蔵前国技館のように見えるのですが…、あるいは緊張感が高まる試合開始直前のリング上の雰囲気とは違った様にも感じられるところから、レスリング・センターのリング上が撮影場所だったのではないかという可能性も考えられます。

レスリング・センターで撮影されたものだとすると、新しいチャンピオンベルトが完成したであろう9月の末頃、蔵前国技館だとすると10月の2日ということになりますが、果たして撮影場所はどこなのでしょうか？

⑪

## ☆テーズベルトを付けたWWA世界王座の7版

その次は、WWA世界選手権のチャンピオンベルトを付けた7版のプロマイドです（⑪～⑰）。

このチャンピオンベルトがルー・テーズから借りた、いわゆるテーズベルトであります。力道山はこれを基にしてインターナショナル選手権のチャンピオンベルトを作り替えました。そ

⑫

⑬

⑭

のために、二つベルトはよく間違えられます。

力道山の長男故百田義浩氏は、以前にベースボール・マガジン社が力道山のプロレスカードを作った時に、プロマイドのベルトはWWA世界選手権のものだと証言していました。

力道山が、ロサンゼルスでフレッド・ブラッシーからWWA世界選手権を奪取したのが昭和37年3月28日、その後4月21日に開幕した第4回ワールド大リーグ戦のパンフレットには、この7版のプロマイドのうち3版が使用されています。おそらく、力道山が帰国してから4月上旬頃に撮影されたものだと推測します。

憧れのテーズベルトを腰に巻いた力道山は、立って腕を組んだり、手を腰に当てたり、タオルを首に掛けて座っているポーズなど、7版ものプロマイドを作成しています。ここまで見てきたプロマイドでも、一度にこれだけ多くの種類を撮影したプロマイドはありません。それだけに、テーズベルトへの強い思い入れが伝わってきます。

これらの7版のプロマイドの中で、両手を腰に当て微笑んでいるポーズの全身写真は（⑭）、力道山が生前最も気に入っていたものだそうです。

⑮

⑯

⑰

昭和50年12月11日、全日本プロレスのオープン選手権のシリーズ開催中に「力道山十三回忌追善特別大試合」が日本武道館において挙行されました。試合のパンフレットには、この力道山のポーズ写真が掲載され、写真の下には「昭和37年11月4日撮影」と記されてありました。

昭和37年11月4日は、力道山は沖縄を転戦中でした。11月3日から9日まで行われた沖縄遠征の最終日に、力道山はムース・ショーラックとインターナショナル選手権の防衛戦を闘っています。

この防衛戦から、インターナショナル選手権のチャンピオンベルトは、ＷＷＡ世界選手権のベルトと同じデザインの新ベルトに替わっているのですが、ここでもＷＷＡのベルトとインターのベルトが間違えられたために、パンフレットにはこうした日付けが載せられたのでしょう。

## ★新たなタイトル獲得するたびにプロマイドを制作

チャンピオンベルト姿のプロマイドは、撮影された年代を特定し易かったのですが、ベルトを付けていない、空手チョップを構えるポーズを取ったプロマイドがあります（⑱）。

⑱

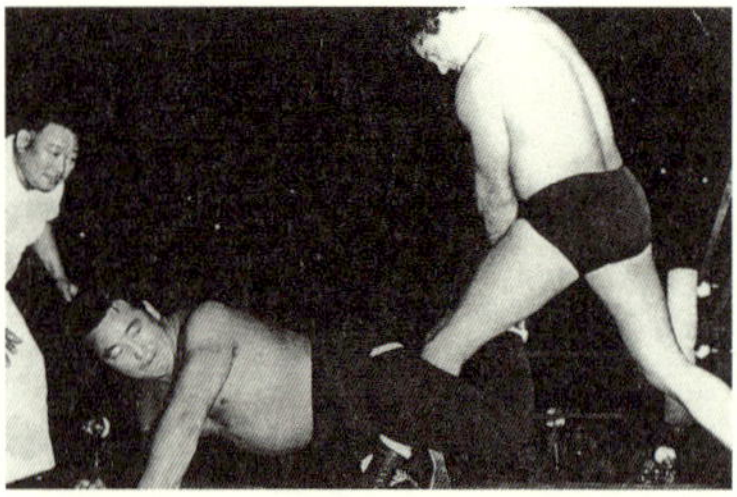

⑲

さて、これは一体いつ頃のプロマイドでしょうか。

昭和31年8月、力道山主演の東宝映画「力道山　男の魂」が公開されました。映画の中では、多くの種類の力道山のプロマイドが映し出されるシーンがあり、そしてこの空手チョップのポーズを取った力道山の写真が、スクリーンの中に出てくる場面もあります。

となると年代が絞られてきます。おしゃれな力道山のヘアスタイルは、何回か変わっているのですが、このプロマイドのヘアスタイルとなると、アジア選手権のベルト姿のプロマイドと酷似しています。

アジア選手権のプロマイドが制作されたのは、昭和30年12月頃ではないかと書きましたが、映画の公開が翌31年8月だとなると、おおよそ年代は合ってきます。もしかすると、この時一緒に撮影されたものの一版かもしれませんね。

マルベル堂のプロマイドには、これらの他に試合を撮った写真もあります。

昭和29年2月21日、蔵前国技館でのシャープ兄弟との世界タッグ選手権試合（⑲）。昭和30年9月24日、クアラルンプールでの対タイガー・ジョキンダー戦（⑳）。

昭和32年2月24日、ホノルルのシビック・オーデトリアムでの6人タッグマッチ、力道山、遠藤幸吉、豊登組対タム・ライス、ロード・レイ

㉑

⑳

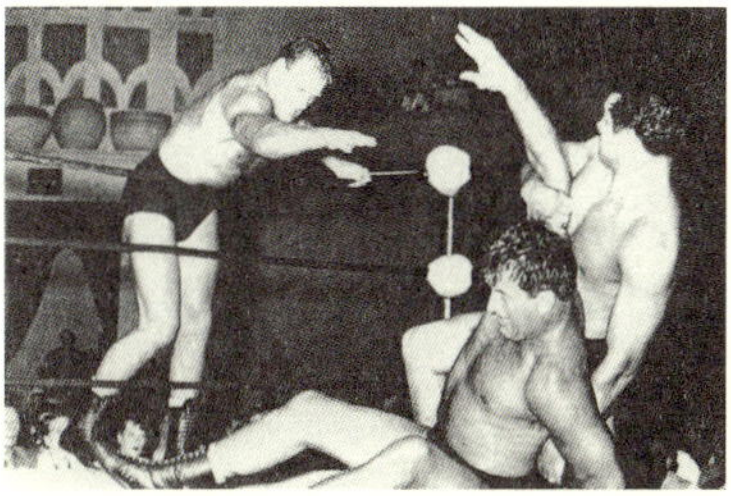

㉓

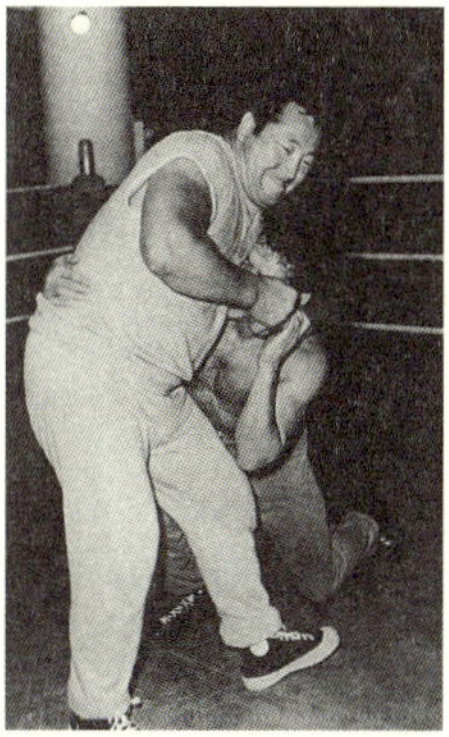

㉒

トン、チャロウ・アズテカ組戦（㉑）。

昭和32年5月17日、プロレス・センターでのトレーニングの一コマ、力道山にヘッドロックをかけられているのは吉村道明です（㉒）。

## ★謎のプロマイド　ショートタイツ姿の力道山？

そしてもう一枚、力道山がシャープ兄弟とショートタイツで闘っている写真（㉓）があるのですが、全体的な体型からすると力道山にも見えるものの、ヘアスタイル、横顔をよく見ると、これが力道山かなぁ？とも思える写真なのです。

　力道山だとすると（力道山のプロマイドというのですから、力道山なのでしょうが…）、ショートタイツ姿での試合写真は珍しく、昭和27、28年頃サンフランシスコ辺りで撮影されたものでしょうか。これは今後も調査の継続を要する謎の1枚です。

以上でマルベル堂が現在取り揃えている力道山のプロマイド24版を紹介しましたが（アジア選手権のチャンピオンベルト姿のプロマイドは、同一のものが2版あります）、こうして見てくると力道山は新たなタイトルを獲得すると、記念にチャンピオンベルト姿のプロマイドを制作していました。

そして、それらのプロマイドは押山保明宣伝部長の手によって、パンフレットや興行用ポスターの宣材にも使用されました。

また、プロマイドは当時あった「力道山のファンの会」の会員に配布されたり、力道山が出演した映画を見に来た観客へのプレゼント品として、ファンサービスに用いられたりもしました。

紹介してきたプロマイド以外にも、力道山のガウン姿（ヘアスタイルからすると昭和29〜30年頃のものでしょうか）、日本選手権のチャンピオンベルト姿（ここで紹介したベルト姿3版のものとはヘアスタイルが違い、リングシューズから白いソックスが覗いて見えませんから、別の時期に撮影されたものでしょう）、アジア選手権のチャンピオンベルト姿で、違ったポーズのプロマイドも見たことがあります（力道山の切手の素材となりました）。

力道山時代の興行の宣伝広告を見ていて気付いたのですが、試合の前売券を扱う販売所にマルベル堂の名前もあるのです。そしてそれは、昭和29年8月の「太平洋選手権争奪」国際試合からでした。最も古いと書いた4版のプロマイドは、同年2月のシャープ兄弟戦の後に撮影され、この縁が元で力道山の日本プロレスとマルベル堂との付き合いが始まり、マルベル堂でもプロレスの前売券を置くようになったとも考えられます。

残されている写真を見て、それがいつ頃撮影されたものか特定するという作業はなかなか難しいことですが、力道山の場合はヘアスタイルが決め手の一つとなっています。

日本選手権のチャンピオンベルトを付けたプロマイドを見ると、木村、山口を倒して日本統一を目指す、血気盛んな時代の力道山がそこにいました。

アジア選手権のチャンピオンベルトを付けた粋な力道山のプロマイドからは、さらに世界を狙う野望が窺え、ついにテーズを破ってインターナショナル選手権者となった力道山のプロマイドには貫録が漂います。

そして、WWA世界選手権のチャンピオンベルト姿の力道山のプロマイドからは、まさに王者の風格が伝わってきます。WWAの歴代王者の中でも、このチャンピオンベルトを付けた写真が残っているのは力道山の他にエドワード・カーペンティア、フレッド・ブラッシー、ザ・デストロイヤー、それとベアキャット・ライトがいますが、ベルト姿が一番似合っているのはやはり力道山です（ルー・テーズは別として）。

プロマイドからは、力道山はチャンピオンベルトの付け方にも気を配っている様子が分かります。プロマイドに見る力道山史―といった趣にもなりましたが、それにしても、今も力道山のプロマイドが売れ続けているというマルベル堂の話を聞いて、今更ながらに力道山の根強い人気に驚かされ、そして嬉しい気分にも浸りました。

ちなみに、力道山が破り捨てたというあの見本のプロマイドの原板は、マルベル堂の倉庫に現在も保管されているそうですが、力道山の逆鱗に触れたマルベル堂の社員の前歯が、空手チョップで吹っ飛んだという恐ろしい伝説が残る曰くつきのプロマイドとやらを、どうです、見てみたいと思いませんか？

〈週刊プロレス№1158　平成15年7月31日号〉

# 9 もう一つの「日本選手権大試合」
# 毎日大阪版で分かった力道対山口戦

## ★解けたプロマイドの謎　力道山ではなくE・トーレス

力道山のプロマイドで、今後も調査の継続を要する1枚と書いた、シャープ兄弟と闘うショートタイツ姿の力道山の謎が解明されました。

兄ベンの左腕を固め、コーナーで控える弟マイクとのタッチを阻止するレスラーは、やはり力道山ではありませんでした。

神戸在住のマニア仲兼久《なかがねく》忠昭氏から、これと同一の写真が掲載されていたリングサイド1956年5月号（昭和30年代初めにあったプロレス専門誌）のページのコピーが、郵送されてきました。「世界的名選手シャープ兄弟」の見出しが付いた記事の写真は、まさにプロマイドと同一のものでした。記事に目をやると、シャープ兄弟と闘うエンリキ・トーレスが紹介されています。

2枚の写真を見比べると、リングサイドの写真ではマットに立て膝をつくトーレスの左足リングシユーズの足首の部分までが写っています。ここまで見えれば、力道山の体型（身長、足の太さ）からして、これは力道山ではないのではと判断できたのでしょうが、プロマイドにはこの部分までは入っていませんでした。

また、週プロ編集部の植木愼一氏はプロマイドを見るなり「この選手はエンリキ・トーレスではないですか」と言っていたのですが、さすがに写真を見るなり言い当てる、植木さんの専門家の目には感服致しました。

といった訳で、プロマイドのレスラーは力道山ではなく、エンリキ・トーレスだったということが分かりました。このトーレスは、昭和34年の第1回ワールド大リーグ戦に初来日し、大会では決勝トーナメントにまで勝ち残って第3位の成績を残しています。〝魔術師〟の異名を取ったテクニシャンで、力道山の持つインターナショナル選手権にも挑戦して引き分けましたが、力道山のタッグパートナーも務めた選手です。力道山の海外試合記録を追っていくと、力道山、トーレス組とシャープ兄弟との対戦記録も出てくるところから、プロマイドの試合で反対側コーナーに待機しているのが、ひょっとして力道山なのかもしれません。これが力道山のプロマイドと間違えた理由なのかもしれません。

おかげを持ちまして、プロマイドの謎も解け一件落着と相なりました。どうもありがとうございました。

## ★すべてが東京版より詳しい毎日新聞大阪版

さて、次にテーマとするのは昭和30年（１９５５）1月28日に大阪府立体育会館において行われた、力道山対山口利夫の「日本選手権大試合」なのですが、この試合についても前々からずっと心の中にわだかまっていたことがありました。

力道山時代のプロレス後援新聞社の毎日新聞を調べてみると、この一戦に関する報道は試合の記事のみでした。前年（昭和29年）12月22日に東京・蔵前国技館で行われた、同じく日本選手権力道山対木村政彦戦においては、調印式から公開練習、試合に至るまでを大々的に報道していたのと比較すると、全く違った扱いだったのです。

ただし、調査したのは毎日新聞の東京版だったため（縮刷版は東京版で大阪版ではありません）、大阪で行われた力道山対山口戦は、あるいは大阪版ではもっと大きく扱われていたのかもしれず、大阪版の調査に関してはずっと懸案事項でした。

それがこの度、毎日新聞の大阪版を入手することができました。手にした紙面を見ると、やはり大阪版では試合以外の調印式や戦前の予想記事などの報道も確認できて、これでようやく長年のわだかまりが解消されたのですが、意外だったのは試合の報道記事の内容、使用されている写真や掲載面が、同じ毎日新聞でも東京版と大阪版とではずいぶんと違っていたということでした。

東京版の報道は「力道山の防衛成る　対山口　プロレス日本選手権」の2段見出しに、写真は山口を体当りで吹っ飛ばす力道山（スポーツ面中央5段組、写真1枚）。

大阪版では、「力道、王座守る　プロ・レス日本選手権」の横大見出しと「山口　肋骨折る　〝汗〟を役立たせた力道」の2段見出し。写真は山口をハンマー投げに決める力道山と、その下にはハロルド登喜レフェリーが手を上げる、勝利したチャンピオンベルト姿の力道山（社会面中央9段組、写真2枚）。

記事を見ると、主に試合経過を伝える報道の東京版に比べて、大阪版では会場内の雰囲気やリングに登場した両選手の様子などを伝える雑観記事に、前年の力道山対木村戦にも触れた報道となってい

読本 9

力道 王座守る

プロ・レス日本選手権

山口 肋骨折る

"汗"を役立たせた力道

あなたのおひげを御存知ですか？

フェザー剃刀

「日本選手権大試合」力道山対山口戦　昭和30年1月29日付毎日新聞大阪版

力道山の防衛成る

対山口 プロレス日本選手権

「日本選手権大試合」力道山対山口戦　昭和30年1月29日付毎日新聞東京版

ます。

大阪毎日の谷口勝久氏の書く東京版での「概況」（大阪版では「評」）は、大阪版はさらに詳しい内容で、その後に続く力道山、山口の談話も大阪版の方が詳しく報道されていました。

試合は2―0のストレートで力道山が勝ったのですが、試合記録をみると、東京版の一本目23分59秒戦意喪失に対して大阪版では（逆エビ固め）が付け足され、二本目でも6分31秒リングアウトの東京版に大阪版では（右肋骨骨折）が付け加えられています。

しかし、同じ毎日新聞でも東京版と大阪版とでは、なぜこうも違った記事なのでしょうか。

## ★力道山vs山口はあえて東京を避け？大阪開催

昭和29年11月、国際プロ・レスリング団の木村が日本プロ・レスリング協会の力道山に挑戦して日本選手権を争うこととなったとき、全日本プロ・レスリング協会の山口は「自分を加えた三者が、機会均等に闘ってこそ日本選手権と称すべきであり、勝者が早急に私の挑戦を受けるならば、日本選手権と認める」という内容の声明を発表します。

そして、力道山が木村を倒して日本選手権者となって1カ月ちょっと後に、いよいよ山口との初防衛戦が決まり、その調印式が翌30年1月18日に新大阪ホテルで執り行われます。

両者は、力道山対木村戦を意識してスポーツマンシップに則りフェアに闘うことを強調し、互いに上座を譲り合うといった光景も見られたそうですが、山口のコメントの中に、日本選手権試合をシャープ兄弟が来日した当時から話し合っていたという話が出てきます。

力道山対山口戦は大阪で行われたのですが、ここは山口の全日本プロレスの本拠地でもあります。

蔵前国技館のリング上を血に染めて、凄絶なセメントマッチに発展してしまい、物議を醸した力道山と木村の闘いからはまだ1カ月ほどしか経過していないことから、試合地はあえて東京を避けて大阪での開催としたのでしょうか？

力道山対木村戦のリターンマッチは、3カ月後に行うという報知新聞の記事がありました。木村側は当初、東京と大阪での試合を希望したとも伝わっています（朝日新聞での挑戦声明では、東京、大阪、名古屋で3試合を行う予定と語っていました）。

木村が力道山に、試合前に渡したとされる2枚の確約書のうちの1枚に書かれていた、昭和30年の2回目の日本選手権とは、この大阪府立体育会館が既に用意されていた試合会場で、ここで木村との再戦が行われる予定が、山口との初防衛戦に変更されたのでしょうか？

木村は熊本から上京して試合に臨んだのですが、今度は山口が待機する敵地大阪へと力道山が出向いて行くことになったのでしょうか。ここら辺りは定かではありません。

また、史料の中には力道山対山口戦の試合日を、どうした訳か1月26日としたものが散見されるのですが、正しくは1月28日であることを今一度記しておきます。

毎日新聞大阪版をみると、この試合の興行形態は、主催が日本プロ・レスリング協会と全日本プロ・レスリング協会の共催、後援毎日新聞社となっています。力道山対木村戦での主催は、プロ・レスリング・コミッショナー設立準備委員会、協賛日本プロ・レスリング協会、国際プロ・レスリング団、全日本プロ・レスリング協会、後援毎日新聞社という形を取っていました。

木村戦の前日、12月21日に酒井忠正がコミッショナーに就任して日本プロ・レスリング・コミッションが設立され、山口戦の翌日1月29日には、その第1回打合会が大阪で開かれています。日本選手権試合の開催を機に、日本のコミッション制度が制定されスタートしました。

## ★興行、TV、沖縄遠征と力道山の先を行く山口

次に入場料を比較してみます。山口戦はリングサイドA1500円、B1000円、特別席A700円、B500円、一般席300円で1月20日前売り開始。

木村戦はリングサイドA2000円、B1500円、指定席A1000円、B600円、一般席300円で12月14日前売り開始。料金は山口戦より木村戦の方が割高となっていました。

この一戦の実況映画「全日本プロレス選手権試合　力道山対山口六段〝搏つ蹴る投げる〟」は、早くも試合の4日後、2月1日には全国の松竹系映画館で公開されています。

試合後、力道山は山口がリングアウトしたのは私の作戦で、彼がその術中に陥ったまでだと語っているのですが、残されている映像を見ると、力道山は一本目の途中に試合を一時ストップさせて、エプロンに陣取るカメラマン達に危険だから下がるように指示する場面が出てきます。

二本目、力道山は山口の体当りをかわしてリングアウトに誘います。これが力道山の狙っていた作戦だったようです。試合の前から痛めていた右脇腹に絆創膏を貼って闘った山口でしたが、場外に転落したはずみに右肋骨を骨折してしまいます。

力道山対山口戦のパンフレットは、これまでにも全くお目にかかったことのない〝幻のパンフレット〟とされてきました。映画の映像の中には、会場入りした力道山が自らパンフレットを買い求めるシーンが映っています。

おそらく、極めて低い確率ながらも関西のどこかに眠っているのではないかと思われていたパンフ

レットでしたが、3年ほど前に大阪の古本屋で出品されて、マニアの間でちょっとした話題となりました。

この力道山対山口戦は、〝伝説の試合〟として強烈すぎる印象を持つ、プロレスの在り方までが問われた力道山対木村の試合の陰に隠れてしまい、日本プロレス史上においても、あまり触れられてはいません。皆さんも力道山対山口戦に関する記事や写真は、それほど見たり読んだりした記憶はないと思われます。

木村との試合は、力道山にとって日本にプロレスを紹介して根付かせ、普及・発展させていく過程において、どうしても避けて通ることができなかった、そんな重要な役割を担った試合となって、そして山口との試合は、その外れかかった軌道を修正する役割を持った試合となりました。

力道山は木村、山口に対して一本も与えず、連破して日本を統一しました。こうして、日本のプロレスは力道山によって形成されていくのですが…、実は、山口は昭和28年7月に大阪で力道山よりも先んじてプロレス興行を手掛け、翌29年2月6、7日には国際試合を開催して、NHKのテレビ試験放送の電波にも乗ったそうで、昭和30年3月には力道山との日本選手権試合の後、沖縄遠征も行ったという（力道山の沖縄遠征は昭和32年）、力道山の先を行くプロレスの先駆者でもありました。

## ★力道山VS木村も東京版と大阪版で大きな違い

日本選手権試合の力道山対山口戦について、毎日新聞の東京版と大阪版を紹介しながら書き綴ってきましたが、となると、どうしても関連する力道山対木村戦についても、毎日新聞の報道が気掛かりなところです。

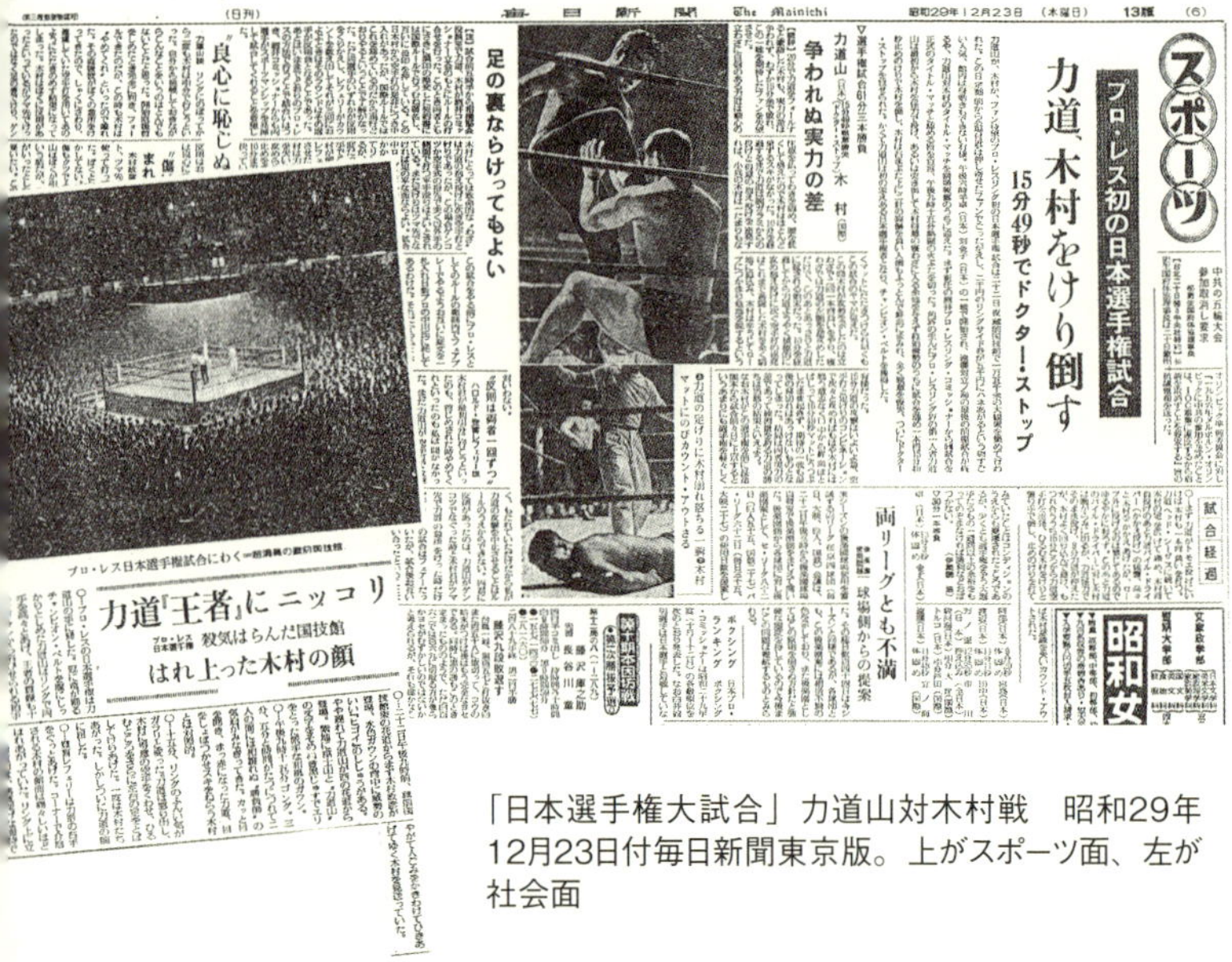
毎日新聞 The Mainichi　昭和29年12月23日（木曜日）

スポーツ

プロ・レス初の日本選手権試合

力道、木村をけり倒す

15分49秒でドクター・ストップ

争われぬ実力の差

足の裏ならけってもよい

"良心に恥じぬ

両リーグとも不満

力道『王者』にニッコリ

プロ・レス日本選手権　殺気はらんだ国技館

はれ上った木村の顔

「日本選手権大試合」力道山対木村戦　昭和29年12月23日付毎日新聞東京版。上がスポーツ面、左が社会面

昭和29年12月23日付の東京版スポーツ面は、力道山対木村戦の記事で約半面を占めています。「プロ・レス初の日本選手権試合」の4段抜き縦大見出しに、「力道、木村をけり倒す　15分49秒でドクター・ストップ」と見出しが続き、東京毎日の伊集院浩氏による「争われぬ実力の差」という「概況」、そして試合経過に、力道山、木村、登喜レフェリーの談話などによる構成（6段組、写真2枚）で、社会面にも「力道『王者』にニッコリ」の見出しの記事（6段組、写真1枚）が掲載された2本立てによる報道となっています。

　力道山時代に（もちろんそれ以後も）、これほど大きく紙面を割いて取材・報道された試合は、力道山対木村戦をおいて他にはなく、後援新聞社毎日の力の入れ具合が手に取る様に伝わる、そんな紙面構成となっています。

　一方、大阪版は社会面での報道（中央6段組、写真1枚）でした。力道山がロープ際で木村

アッケない日本選手権試合

力道山に栄冠

15分余で木村戦意喪失

とどめの足蹴り

入米、半数が無検査

子犬の黄変米中毒　人手不足で手抜く

神戸で19戸焼く　児童焼死



「日本選手権大試合」力道山対木村戦　昭和29年12月23日付毎日新聞大阪版

を足蹴りにする写真は、東京版でも使用され、力道山対木村戦を題材にした雑誌記事などでもよく見かける有名な写真です。

黒ベタの地紋の横見出しは「アッケない日本選手権試合」、そして「力道山に栄冠」「15分余で木村戦意喪失」の縦見出しに続き、本文記事は「力道か木村か、真剣勝負か、八百長か――」で始まるのですが、東京版とは違った視点の報道内容となっています。同じ毎日新聞でも、毎日新聞の東京本社が編集する東京版、大阪本社が編集する大阪版、それぞれが作っていた自社の後援事業の報道記事の実体が分かりました。

〈週刊プロレス№1236
平成16年12月22日号〉

## 10 「アジア選手権大会」を提唱
# ワールド大リーグ戦のルーツがここに

### ★外国人レスラーの来日が大幅に遅れて……

プロ&ボク1958年（昭和33）1月号を見ていて、グラビア「花形レスラー思い出のアルバム」に掲載されていた1枚の写真に目が留まりました。

力道山を取り囲む大勢の中には、ソフト帽をかぶったキング・コング、東富士の横顔、毎日新聞の伊集院浩氏も写っています。写真説明には「キング・コング一行を帯同して地方の巡業に出かける車上で新聞記者のインタビューを受ける」と書かれています。

写真にはコングが写っているところから、昭和30年11月に開催されたアジア選手権大会の時に撮影されたものです。説明では車上とありますが、写真の雰囲気からして列車の中のようです。

この大会は、10月31日に参加するアジア各国代表レスラーが来日して、11月2日から14日まで開催される予定となっていたのですが、一行の来日が遅れ、スケジュールが大幅に変更されたのでした。

当時の新聞を見ると、単に飛行機の都合で来日が遅れるとしか発表されていませんでしたが、力道山の自伝によると旅券の手続きで到着が1週間遅れたと記されています。ボルネオに遠征中のコングらアジア各国代表選手団一行が、シンガポールに集まるのが遅れたため、あるいは台風の関係で来日が延びたと書く文献もありました。

一行は11月7日午後10時40分の羽田着インド航空機で来日、空港特別室で1時間の記者会見の後、宿舎のホテルへ移動しました。翌朝、上野発午前9時10分の急行白山で試合地の富山へ向かい、新潟県の直江津を過ぎた辺りの列車の中で打ち合わせ、記者発表が行われたという慌しさだったそうです。

おそらく、この時撮影されたのが冒頭に書いた写真だったのではないでしょうか。写真の謎は解けたのですが、このアジア選手権大会を詳細に検証すると、幾つかの疑問にぶつかりました。

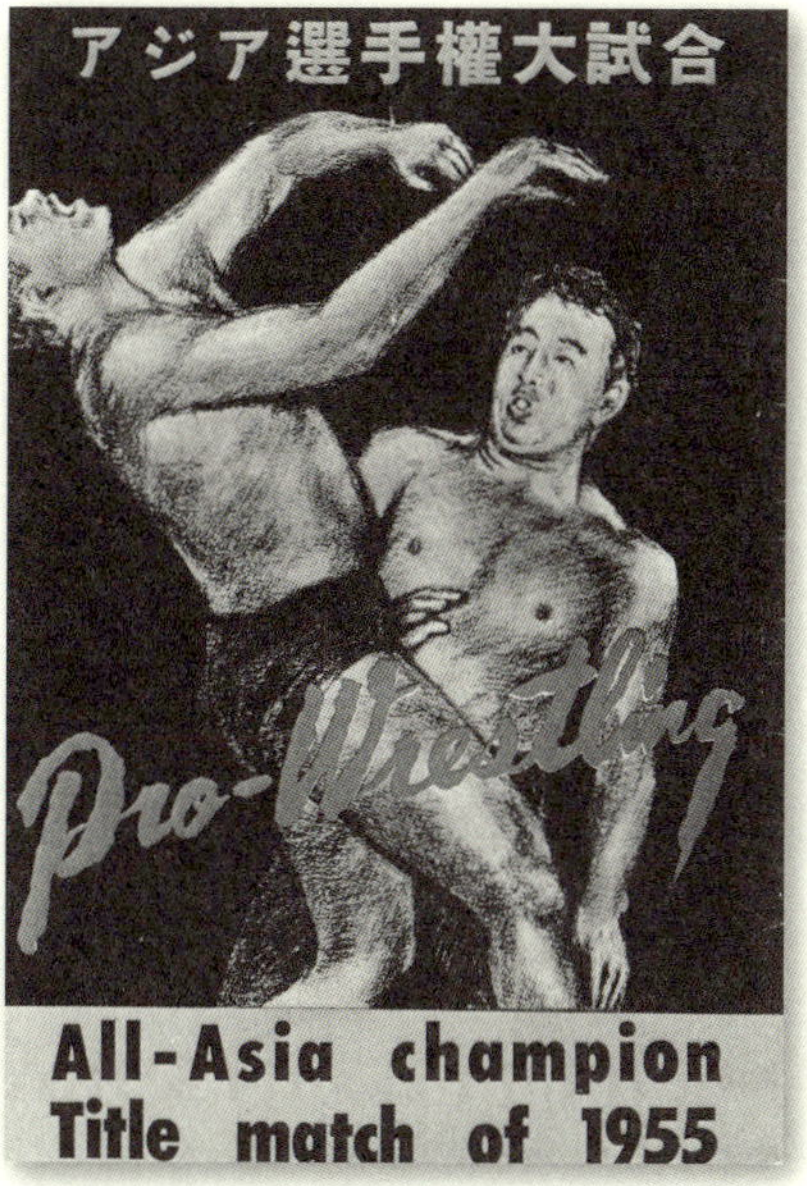

アジア選手権大試合のパンフレット

力道山が提唱したアジア選手権構想に賛同して集結したのは、前東洋選手権者キング・コング、インド・フリースタイル選手権者ダラ・シン、東南アジア選手権者タイガー・ジョキンダー、パキスタン選手権者サイド・サイフ・シャー、そして日本選手権者の力道山。

以上の参加各国、地域のチャンピオン5

人が、東南アジア各地で採用されるグレコローマンスタイル（アマチュアと違って腰から下への攻撃は自由）7分6回休憩1分三本勝負で総当たりリーグ戦を闘い、東南アジア切っての名レフェリーといわれるラシッド・アンワールが試合を裁き、アジア選手権を争うことになりました。

当時、〝鉄人〟ルー・テーズの持つ世界選手権に挑戦資格のある世界十傑の中には、力道山、コング、シンの名前が上がっていたこともあり、この3人が出場するアジア選手権大会は、大いに注目されたのですが、しかし、コングの肩書にあった前東洋選手権者の現選手権者は出場できなかったのでしょうか？

当初、特別参加と発表されていた東富士、遠藤幸吉、駿河海、ハロルド坂田らはタッグ戦に出場がエントリーされ、コング、ジョキンダー組、東富士、遠藤組、力道山と応援出場の坂田組、シン、シャー組、駿河海、卓組の5組が総当たり61分三本勝負で、アジア・タッグ選手権を争うことになりました。

## ☆10試合を予定のタッグ　公式戦は4試合のみ

駿河海のタッグパートナーは台湾出身の卓詒約《たくいやく》（羅生門綱五郎）なのですが、この大会のパンフレット「アジア選手権大会試合」には、駿河海と芳の里が同じページに並んで紹介されていることからなのでしょうか？駿河海のパートナーを芳の里とする文献がみられ、また他には大会前にレスラーを廃業すると伝えられ、行方をくらませた豊登とする史料もあります。

アジア選手権大会を後援する毎日新聞、そしてスポニチで大会全10戦の試合記録を入念にチェックすると、タッグ部門での駿河海、卓組は公式戦に1度も出場していません（別の記録では11月8日富山での対東富士、遠藤組戦を公式戦としているものがありましたが）。

本来ならば、出場全5組が総当たりリーグ戦を闘えば全10試合を行うこととなるのですが、記録を調査していくと、公式戦は力道山、坂田組がコング、ジョキンダー組（11月8日富山1―1の引き分け）と、シン、シャー組（11月14日東京2―1で力道山組の勝ち）との2試合を行い、東富士、遠藤組もコング、ジョキンダー組（11月10日名古屋2―1でコング組の勝ち）とシン、シャー組（11月15日東京2―1でシン組の勝ち）と2試合を闘い、計4試合しか消化されていません。

そして、11月15日東京・蔵前国技館で組まれていた力道山対コング戦のカードは、コングが肋骨の痛みを理由に延期を申し出たために、試合カードを変更して、これまでの成績から富山で引き分けだった力道山、坂田組対コング、ジョキンダー組との再戦をもって、アジア・タッグ選手権者決定戦とすると発表されると、ファンは騒ぎ出し一時場内が混乱状態に陥りました。

試合は力道山がジョキンダーからまず一本を取ったのですが、二本目場外に転落した坂田が負傷し、三本目も棄権となり2―1でコング、ジョキンダー組が勝ち、初代アジア・タッグ選手権チームとなりました。

力道山、坂田組対東富士、遠藤組、コング、ジョキンダー組対シン、シャー組の公式戦は行われず（遠藤は大会が終了すると渡米するスケジュールになっていたため、開幕が遅れて日程に変更が出たものの、11月17日には予定通り渡米、戦線を離脱します）、総当たり戦のはずが日本陣営同士と外国陣営同士の対戦はないままに（力道山と東富士の絡みは意識的に避けられたのでしょうか）、アジア・タッグ選手権チームが決定されてしまうということになったのでした。

## ★タッグ防衛戦の犠牲になった？公式戦

力道山は既に遠藤をパートナーに太平洋岸タッグ選手権を、東富士とのコンビではハワイ・タッグ選手権を獲得していました。アジア選手権大会では坂田とタッグを結成しましたが、大会期間中には太平洋岸タッグ選手権、ハワイ・タッグ選手権の防衛戦も行われています。

11月9日名古屋ではハワイ・タッグ選手権（対ジョキンダー、シャー組2―1で力道山組の防衛）、12日平塚では太平洋岸タッグ選手権（対コング、シャー組2―1で力道山組の防衛）、20日大阪ではハワイ・タッグ選手権（対コング、シン組1―1で力道山組の防衛）が行われ、挑戦者組はアジア選手権大会出場者組とは異った、その都度別のタッグチームを結成してタイトル戦に臨んでいます。

力道山は、開幕が大幅に遅れて狂いの出た全体的なスケジュールを組み直さなければならなくなり、大会でのシングル、タッグの公式戦に、太平洋岸タッグ、ハワイ・タッグ選手権の防衛戦までも開催するとなると、どこかに無理が生じてタッグの公式戦が全戦消化しきれなくなったということなのでしょうか？

あれもこれも、公式戦にタイトル防衛戦もと欲張り過ぎたため、反対に大会の焦点がぼやけてしまうといった感もいなめません。

## ★三本勝負のシングル決勝戦〝一本勝負〟で力道山勝利

シングル部門の公式戦は全戦が消化されましたが、試合記録を調べていくと、7分6回の三本勝負で行われるはずの試合が、試合形式、ルールが不慣れだったためでしょうか？一本勝負で行われた試合もあったように見受けます。

11月14日東京でのコング対ジョキンダー戦は1―0でコングの勝ち（KO、4回1分55秒）、11月19日大阪での力道山対シン戦は1―0で力道山の勝ち（体固め、6回55秒）という記録となっています。

そして、最終戦11月22日東京・蔵前国技館でのアジア選手権を争う決定戦となった力道山（3戦全勝）対コング（2勝シンと1分け）の試合は、コングの怪力と力道山の空手チョップが真っ向から激突、7分6回をフルに闘って時間切れ、ついに延長戦（毎日は60分の延長戦、スポニチは61分三本勝負と書いています）となり、レフェリーのアンワールは指2本を示して（これは三本勝負で、二本を取れば勝ちだとする意味らしいです）試合を再開します。

アジア選手権のチャンピオンベルト

闘いは場外戦にもつれ込み、力道山の空手で流血のコングはリング下の記者席に巨体を倒して30分50秒リングアウトとなり、トータル72分50秒で一本を取った力道山が勝ってアジア選手権を獲得、試合は一本勝負で決まりました。

リング上、脇腹に貼られた絆創膏はめくれ、額からの血を拭おうともせず「ワンモアチャンス！」をマイクで絶叫するコング。力道山の腰には、真新しいアジア選手権のチャンピオンベルトが光り輝くのですが、ベルトのサイズが力道山の腰回りより大きく、しっかりと締められませんでした。ベルトはコングの巨大なウエストにも合わせて準備されていたのでしょう。

## ★打倒テーズが目標でアジアは通過点

アジア選手権のチャンピオンベルトは、大きな楕円形のバックル（縦約27㎝、横約21㎝）が特徴で、純銀台に金箔を施し、中央には「ＡＬＬ　ＡＳＩＡ」の文字と翼を広げた鷲に月桂樹がデザインされています。周囲には色とりどりのメノウ、ルビー、サファイア、水晶などの宝石が散りばめられ、ベルトの部分は赤と黄色の布地で、制作費に当時の金額で20万円がかけられました。

試合前にはアジア・タッグ選手権チームとなったコング、ジョキンダー組に、特大のアジア・タッグチャンピオントロフィーが贈られるセレモニーが行われましたが、このトロフィーの制作費は当時の価格で8万円ということでした。

後年、コングが数々の戦利品に囲まれた写真を見かけましたが、その中にはアジア・タッグの特大トロフィーも飾られていました。

こうして日本の力道山は、アジアのナンバーワンとなったのですが、力道山の目標はあくまでも〝打倒テーズ〟の世界選手権にあり、力道山にとってアジアは通過点でした。

日本プロレス史上における各種大会のルーツは、昭和34年5月に開催されたワールド大リーグ戦に遡るとされていますが、それより4年前に開かれたアジア選手権大会は、各国各地域の代表を一堂に集めて覇を競い合うといった同趣旨、同形式の企画であり、力道山が考案したワールド大リーグ戦は、このアジア選手権大会を下敷にして考案されたものでしょう。

〈週刊プロレスNo.１２８８　平成17年11月23日号〉

# 11 盛況極めた4回の沖縄遠征 タイトルマッチ組みドル調達の目的も

## ★画期的大成功収めた第1回

沖縄は戦後米軍の軍事拠点とされ基地の島となって、昭和47年（1972）5月に本土復帰を果たしたものの、現在も基地問題で大きく揺れ動いています。力道山がこの沖縄で試合を行った当時は、もちろんまだアメリカの統治下に置かれていた時代でした。

沖縄に行くには出入国の手続きが必要でしたし、マスコミも沖縄での試合を「沖縄遠征」と呼んでいました。力道山の自伝をみると、昭和32年1月の初の沖縄遠征について「米軍軍政下にあるかつての同胞にプロ・レスリングを紹介するとともに、米軍慰問の旅でもあった」と書き記しているところから、沖縄に渡ったのはまず米軍慰問という名目があったようです。

しかし、その後この新しいマーケットの沖縄遠征には、ある重要な目的が生まれてくることになるのです。

ある重要な目的とは―それは外国人レスラーに支払うファイトマネーのドルを、この沖縄遠征で調達するということでした。

力道山時代からの日本プロレスリング興業株式会社で営業部長、専務取締役を歴任された故岩田浩氏は、生前に「サムライ！」TVで放送された力道山特集に出演し、番組の中で「ドルを集めて外国人レスラーにギャラとして支払うということが、一番の苦労でもありました」とその頃を振り返って語っていました。

当時の「外国為替及び外国貿易管理法」を基本法とした関係諸政令、諸規制では、限られた外貨の枠の中で、いろいろな制限もあって多額のドルを確保することなど、とても困難な時代であり、闇ドルに対しての当局の目も相当厳しかったようです。

そんな時代に行われた沖縄遠征の第1回目は、昭和32年1月12日から14日までの3日間でした。調べてみると、沖縄遠征に関してはプロレスの後援新聞社だった毎日新聞、スポーツニッポンにさえ報道されてはいなかったのですが、プロ&ボクではグラビアと本文記事による報道が行われていました。さすがに当時の沖縄は、手続き的にも、物理的にも、距離的にも遠かったようです。

プロ&ボクによると、力道山、東富士、アデリアン・バイラジョンら一行10人が日航機で華やかに来島。会場の那覇市見栄橋広場には、初日に約2万、2日目には前日にまさる観衆が集まり、力道山対バイラジョンのアジア選手権試合が組まれた3日目には3万に近い大観衆が詰めかけ、内地に劣らぬ人気で画期的な成功を収めたと報じています。

初めての沖縄遠征は、新マーケット開拓における市場調査もあったのでしょうが、野外に設けられた会場に連日万余の観客が押しかけたというのですから、沖縄は他ではちょっとお目にかかれないほどの巨大な新マーケットの発掘となり、タイトルマッチも開催されました。

バイラジョンが出場したこの国際試合は、1月4、5日の両日、大阪で「力道山渡米壮行プロレス大会」として開幕し、12日から14日までの米軍慰問の沖縄遠征の後は、25日相模原、31日立川の米軍キャンプの体育館での試合に続いて、2月1日は横浜の米軍体育館フライヤージムで最終戦が行われました。力道山時代初期の頃には、米軍キャンプで記録に残されてはいない非公式な試合が行われていたという証言があります。

## ★2回目は世界王者テーズが力道山と対戦

2回目の沖縄遠征は昭和32年の10月ですから、1回目の同年1月から9カ月しか経っていません。世界選手権保持者のルー・テーズが力道山の挑戦を受けるために昭和32年10月、ついに日本にやって来ました。7日の東京と13日の大阪の世界選手権試合は2戦とも引き分けに終わり、力道山は無念の涙を飲みます。その後、力道山とテーズは各地を転戦してノンタイトル戦を闘い、24、25日と沖縄遠征が行われました。

マスコミの取材は世界選手権試合の東京と大阪に集中され、各地での試合まではすべてカバー仕切れてはいません。ましてや、沖縄となるとなおさらのことですが、プロ&ボクでは前回同様のグラビアと本文記事によって沖縄遠征が詳報されています。

試合は那覇市久茂地《くもじ》町特設リングで行われ、24日の1日目は1万3千人の観衆が詰めかけ、力道山、豊登組対ルー・テーズ、ダニー・プレチェス組のタッグマッチがメインイベントに組まれました（1

―1の引き分け)。

25日の2日目の観衆は1万5千人で、いよいよ力道山とテーズがシングルで対決します。1―1からの三本目、飛び蹴りを失敗したテーズと、ロープに足を絡めた力道山が両者カウントアウトを取られて引き分けとなりました。

25日付の沖縄タイムスによると、2日目のテーズ対力道山戦は主催者側から世界選手権試合であるという発表があり、翌日の紙面でも世界選手権試合として伝えられていましたが、プロ&ボクでは世界選手権試合として報道されてはいませんでした。

テーズは日本での試合のギャラについて、「力道山がサンフランシスコで試合をした時の収入を私がもらった」と漏らしたとか。力道山はアメリカで稼いだファイトマネーを持ち帰らず、そのままアメリカの銀行に預金しておいたそうです。これは、来日した外国人レスラーに支払うファイトマネーのドルが、日本国内ではなかなか調達できなかったための一つ方策でした。この預金口座から、外国人レスラーのファイトマネーを引き出すようにすれば、ドルによってギャラが支払われるという訳です。

## ★興行価格上げて多くのドルを調達した3回目

3回目の沖縄遠征は、昭和37年11月に行われました。昭和32年から5年間のブランクがあった沖縄遠征は、鈴木庄一氏によると規模は前2回が駐留米軍慰問を主体としたのに比べ、3回目は本格的な興行だとプロレス誌に連載された「日本プロレス史」の中で書いています。

「サムライ!」TVでの岩田さんの話からして、この時が興行としての沖縄遠征であり、そしてドルが調達されたと推察されます。

戦後、米軍が沖縄の経済活動の振興を目的として、法定通貨を沖縄B円といわれた軍票（軍が戦地や占領地で発行する特殊な紙幣）から、米ドルに切り替えたのが昭和33年の9月のことでした。岩田さんはここに着目したのです。昭和32年にテーズが沖縄に来島して、力道山と闘った沖縄遠征時の宣伝広告を見ると、入場料金は特別リングサイド￥450、指定席￥300、一般席￥170といった円表示になっていました。

昭和37年の3月にはテレビのプロレス中継も開始され、当初11月3日から8日まで那覇で4戦、名護で1戦の計5戦が予定されていた試合も、連日の大入りに1日延長を発表し、それも9日に那覇でインターナショナル選手権試合が開催されるというものでした。

3回目の沖縄遠征にはレスラーをはじめ、協会関係者、マスコミの取材団総勢53人が、日航のチャーター機で羽田空港から沖縄入り。前2回とは違いスポーツ紙はこぞって、この沖縄シリーズを報道しています。

5日の第3戦にはアジア・タッグ選手権試合（力道山、豊登組対アート・マハリック、チーフ・ビッグ・ハート組）、9日の最終戦にはインターナショナル選手権試合（力道山対ムース・ショーラック）が行われました。記録を調べてみると、インターナショナル選手権のタイトルマッチは、東京と大阪でしか開催されない格式の高いタイトルで、アジア・タッグ選手権試合にしても、東京、大阪に、札幌、横浜、名古屋、広島、福岡といった大きな都市でしか行われてはいません。

沖縄のファンにとって、タイトルマッチの開催は朗報となったことでしょう。全6戦と興行の数が多く、それにタイトルマッチともなると興行の価格も高くなり、それだけ多くのドルが稼げる、客も呼べる、沖縄はまさにドル箱の興行地だったのです。

これまでは、2〜3人が来日して国際試合が開催されましたが、この「秋期国際戦」に参加出場した外国人レスラーは全部で5人でした。そして、最終戦の沖縄で外国人レスラーのファイトマネーがこの沖縄遠征で調達されたドルによって支払われたということでしょう。

会場の旭橋特設リングに連日万余の観客が詰めかけるプロレスは、日程の重なったプロ野球大洋―広島のオープン戦を観客動員数で圧倒する人気でした。押しかけたファンに怪我人が出たり、パレードやサイン会も催されて大いに盛り上がりを見せ、3回目の沖縄遠征も大成功裏に終わり、本格的に定期興行を考えるとして、既にこの時点で次回の予定としては来年のワールド大リーグ戦の後にと力道山は口にしていました。

## ★大盛況には〝米軍基地の島〟という時代背景が

翌昭和38年4月、前年に引き続いて4回目の沖縄遠征が行われました。予定より少し早くなって、年間最大の看板興行、春の本場所と呼ばれた第5回ワールド大リーグ戦の中盤に差しかかる4月14日、鹿児島から全日空のチャーター機で一行は沖縄入りします。前回のような東京からではなく、サーキットコースの中に組み込まれての移動ですから、経費面でも違ってきたことでしょう。

14日の宮古島での試合には、2万人の島民が詰めかけました。沖縄本島から宮古島へは飛行機で移動するのですが、この飛行機には体重273キロの〝人間空母〟ヘイスタック・カルホーンは乗り込むことができず、宮古島大会を欠場します。これがまた話題となりました。

その後、15、16日の両日が那覇の予定だったのですが、17日にもう1日、那覇でそのカルホーンが力道山に挑戦するインターナショナル選手権試合が追加発表されました。

ところが運の悪い事に、この17日はバスの全面ストライキとぶつかったため、沖縄の交通はマヒ状態となりましたが、試合開始を30分遅らせ、それでも遠方からタクシーやトラックを利用して会場の旭橋バスターミナルには1万人のファンが押しかけて来るのですから、大した人気です。ストライキがなかったら2万人は集まっただろうといわれたそうです。

沖縄では2度目となるインターナショナル選手権試合も、力道山はカルホーンをリング下に転落させてタイトルを防衛し、沖縄シリーズの最後を怪物退治で締め括りました。

この沖縄遠征で調達されたドルが、第5回ワールド大リーグ戦に参加した総勢9人もの外国人レスラーのファイトマネーに充当されたということでしょう。

以上で、力道山時代に行われた4回の沖縄遠征を振り返ったのですが、沖縄でのプロレス人気の高さには、日本が太平洋戦争に負け、沖縄が米軍の基地の島となった時代背景を抜きにしては、到底語ることはできません。

昭和29年2月、力道山が空手チョップを引っ提げて彗星のごとくに登場して、外国人レスラーをなぎ倒し、敗戦ショックや外国人コンプレックスを払拭して、国民に勇気を、元気を与え、日本中に社会現象となったプロレスブームを巻き起こしたときの「戦後」という時代が、沖縄ではその後もずっと続くのです。

日本であって日本でなくなった沖縄。そんな沖縄の人達が求めた本土に対する思いを、沖縄の人達は力道山の空手チョップに見たのでしょうか。〝戦後最大のスーパーヒーロー〟といわれる力道山は、戦後という時代背景が色濃く残る沖縄の地で、その魅力と輝きをさらに一層増したのでした。

〈週刊プロレス№823　平成9年11月11日号〉

## 12 力道縁《ゆかり》の沖縄・長崎紀行 長崎平和祈念像のモデルは?

### ★那覇で力道山とテーズが対決の場所発見

平成9年10月に沖縄、11月には長崎と、力道山の歴史を探訪する旅に出掛けてきました。

沖縄に行ったのは10月21、22日でしたが、週プロに「力道山の沖縄遠征」の原稿を書いた後でもあったので、力道山が試合を行ったという久茂地の辺りと、旭橋バスターミナルにはどうしても足を運んでみたいと思いました。

その時からちょうど40年前の昭和32年、そして季節も同じ頃の10月24、25日の両日、力道山はルー・テーズと那覇の久茂地町特設リングで闘ったのですが、プロ&ボクに掲載された当時の試合会場が写ったグラビアのコピーを頼りに、国際通りをあちこち歩き回りました。

ところが、街並みは既にすっかり変わってしまっていたのです。それもそのはず、もう40年が経っているのですから。

旭橋バスターミナルでは、バス会社の事務所で聞いても「そんな古い話を知っている人はいないなぁ」と言われました。

諦めかけて帰る道すがら、たまたま出会った年の頃なら50歳代も半ばを過ぎたであろう男性に、コピーを見せて尋ねたところ、偶然にもこの男性は子供の頃、力道山が沖縄にやって来た時に試合を見に行ったと懐かしそうに話してくれたのです。

そして沖縄銀行本店の裏手付近に案内され、コピーの写真に写った場所はこの辺りだろうと言いながら、男性の口からは力道山時代に活躍したレスラーの名前が次々に飛び出してきました。

信号機の付いた交差点の周辺には、駐車場や食べ物屋、住宅が立ち並んでいましたが、この辺りで力道山はリングに上がったのかと、しばし立ち尽くして周囲を見渡し思いを巡らせました。

## ★長崎の平和祈念像モデルは力道山か？

11月には14日からの3日間、長崎へ行ってきました。11月14日といえば、力道山の誕生日ではありませんか。

力道山のお墓は東京の池上本門寺にあるのですが、長崎県大村の長安寺にも分骨されたもう一つのお墓があり、以前から是非一度行ってみたいと思っていたのです。

そこで大村まで足を延ばし、お墓に力道山が生前

長安寺にある力道山の墓

長崎平和祈念像

好きだった三ツ矢サイダーとお花をお供えして、お参りをしてきました。

お寺の住職さんは、マスコミによって力道山のお墓の存在が知られるようになってからは、やはり人が訪れるようになったと話していました。

翌日は長崎市内を観光して、平和公園の平和祈念像を見学しました。長崎出身の日本を代表する著名な彫塑家北村西望氏（故人）の制作によるこの像は、高さ9・7メートル、重さ30トンの逞しい男性裸体ブロンズ像で、天を指した右手は原爆を示し、水平に伸ばした左手は平和を呼びかけ、顔は戦争犠牲者の冥福を祈っているそうです。

そして、この祈念像のモデルになったのが、力道山だというのですね。タクシーの運転手に聞くと「像を造った人は、力道山のファンだったらしいです」と話していましたし、お土産屋のおばさんは「顔が力道山に似てるじゃないの」とも言っていました。

ところが、バスガイドの説明を聞くと「像のモデルになったのは、重量挙げの選手だと聞いています」と言うではありませんか。

まぁ、どちらも筋骨逞しい体付きから頷けるものがあるのですが、力道山モデル説と重量挙げ選手モデル説、果たしてどちらが本当なのでしょうか？

## ★地元長崎ならではの〝力道山伝説〟

金沢に帰ってから、当時の新聞や百科事典、長崎県史と市史をひっくり返して調べてみても分からずじまいで、そこで長崎原爆資料館に直接問い合わせて確認を取ったところ、返ってきたのは、モデルはいなく架空の人物という意外な答えでした。

それにしても、長崎では力道山モデル説はかなり広く流布されているように感じられました。どこで聞いても、力道山モデル説が圧倒的に多かったからです。

では、どうして力道山モデル説が生まれたのでしょうか？　逞しい筋肉美の体と像のポーズからは、力道山の空手チョップを打つ姿が連想されます。

祈念像が完成したのは、昭和30年の8月。折しも、日本列島は前年29年からの力道山のプロレスブームの頃と合致します。それになんと言っても、長崎は力道山の地元となっている所であり、地元が生んだ地元の英雄力道山の、そんなこんなが力道山モデル説を作り上げていったのではないでしょうか。

地元長崎には、伝説と謎に包まれた力道山の、こんな〝力道山伝説〟があったのですね。

力道山の歴史を探訪する沖縄と長崎を旅した話を書きましたが、今年も12月15日の力道山の命日が近づいてきました。

〈週刊プロレス№８３０　平成9年12月23日号　エッセーストリート〉

# 13

## 揺れ動いた〝英雄伝説〟
## 没後も繰り返される力道山ブーム

### ★猪木の最後飾った力道山のガウン

アントニオ猪木の引退試合が行われた平成10年（1998）4月4日、私の地元では全日プロ金沢大会が開催されました。日プロ時代からの馬場、猪木を見続けてきた私はこの日、東京でも金沢でもない名古屋の地にいました。

この日は、名古屋の大学に入学した息子の入学式の日でもあったのです。東京、名古屋、金沢という三角関係に悩まされた私をよそに、家族は名古屋の選択を迷う事のない当然の選択と取っていたようですが、会社の同僚に買ってきた名古屋のお土産が、いつの間にやら東京ドームに猪木の引退試合を見に行ったお土産だと伝わっていたのには、苦笑させられました。

名古屋での息子との別れに、少々涙腺が緩んだ後に見た猪木の引退試合のテレビには、ますます感傷的にさせられたものの、しかし、そんな気分に浸ってばかりはいられませんでした。

東京ドームに登場した、2着の力道山のガウンが気掛りになったのです。力道山OB会から猪木に贈られた丈の短い方のガウンは、以前に岐阜のプロモーター、故林藤一氏が力道山の記録映画を上映した会場に飾られていたものでした。

そして、ガウンを猪木に着せていた人物こそ、日本のプロレス興行の礎を築き上げた大功労者である、あの岩田浩氏その人でありました。

猪木は7万人の大観衆と日プロOBに見守られ、力道山のガウンに包まれてリングを去っていきました。テレビでは、猪木の思い出の名勝負、名場面の数々を映し出していましたが、引退試合を行うことなく、この世を去っていった猪木の師匠力道山の試合映像となると、当時はプロレスの実況映画、記録映画として映画館で上映された時代でした。

昭和30年代初めは映画全盛の時代で、映画フィルムに収められた力道山の貴重な試合映像はかなりの数に上ります。

また、力道山はプロレスの実況映画の他に「力道山の鉄腕巨人」（昭和29年新東宝）「力道山物語　怒濤の男」（昭和30年日活）「力道山　男の魂」（昭和31年東宝）「怒れ！力道山」（昭和31年東映）「純情部隊」（昭和32年東映）「激闘」（昭和34年松竹）など多くの映画にも出演しています。

日活は、昭和31年のお正月映画として「力道山物語　怒濤の男」を制作しました。映画に友情出演した美空ひばりが熱唱する主題歌「怒濤の男」（作詞野村俊夫・作曲古賀政男）には、胸にグッと迫るものがありますが、〽花の顔《かんばせ》　紅《くれない》　染めて　燃やすファイトも伊達じゃない…　の歌詞で始まるもう一つの主題歌「栄冠目指して」（作詞野村俊夫・作曲古賀政男）もイイ歌なんですよねぇー、これがまた…。

〝女王〟ひばりが〝戦後最大のスーパーヒーロー〟力道山を〝古賀メロディー〟に乗せて歌い上げ

日活映画「力道山物語　怒濤の男」の一場面　力道山とその夫人役の南寿美子

るというのですから、これはもう〝戦後そのもの〟ではありませんか。これ一つを取っても、当時いかに力道山の人気が大衆の間で凄じかったかという証明でもあります。

あの時代の映像や写真での被写体としての力道山は、他の有名人、著名人を遥かに凌駕する存在であり、おそらく力道山ほどたくさんの映像、写真の被写体となった人物は他にはいなかったでしょう。

日本の国民的英雄として、幾多の伝説に彩られ、語り継がれる力道山。その〝英雄伝説〟は、いつどのように誕生して、時代とともにどのように移り変わったのか、力道山の英雄伝説の変遷を検証していきます。

## ★昭和29年に刊行された2冊の本

力道山は、大相撲を廃業しプロレスに転向。シャープ兄弟を招き日本で本格的なプロレス活動をスタートさせたのは、昭和29年2月のことでした。日本が太平洋戦争に敗れたダメージ、ショックからは、まだ立ち直ることができない〝戦後〟という時代背景の中、リング上で外国人レスラーを空手チョップで打ち倒す、黒タイツの男力道山に日本中が熱狂しました。テレビはまだ登場して間もなく、街角に設置された街頭テレビの前には力道山のプロレスを見んものと、黒山の人だかりができ、時代と人々の心を揺り動かした力道山は、一躍日本の国民的英雄となったのです。

この頃出版された三橋一夫著「プロ・レスラー　力道山物語」と郡司信夫著「力道山・遠藤幸吉」には、長崎県大村での力道山の生い立ちや、かけっこ、水泳が得意で弱い者いじめを許さない、百田光浩少年の武勇伝が紹介されています。

そして、大相撲の二所ノ関部屋に入門。関脇にまで昇進するものの、自ら髷を切って力士を廃業してプロレスに転向した力道山は、ハワイ、アメリカ本土で修行を重ね、ついに〝日本の輝ける星〟になるという力道山のサクセスストーリーが綴られています。

本の奥付を見ると「プロ・レスラー　力道山物語」は、昭和29年8月15日発行となっています。シャープ兄弟が来日した初の国際試合「世界選手権争奪」に続き、ハンス・シュナベル、ルー・ニューマンが来日した国際試合「太平洋選手権争奪」が開催されたのは同年8月から9月でした。

「力道山・遠藤幸吉」は、昭和29年12月20日発行です。力道山対木村政彦の「日本選手権大試合」が行われたのが同年12月22日ですから、2冊の力道山本は、これらの試合の開催時期に合わせるかのように出版されていました。

昭和30年には、日活で力道山の伝記映画「力道山物語　怒濤の男」が制作されています。力道山の英雄伝説は、プロレスラー力道山が世に出た昭和29年から30年頃にかけて、こうして誕生しました。

その力道山は、昭和38年12月15日に不慮の死を遂げます。惜しまれた英雄の死から、10年以上が経過した昭和50年代に入ると、力道山の朝鮮半島出身とするルーツを探ったり、私生活を暴いたりするような出版物が世に出されます。謎に包まれた力道山の、英雄伝説のベールが剥がされる時代が来るのです。

## ★没後20年目、三十三回忌、20世紀回顧で再ブームに！

昭和58年「Number70 力道山の真実」が25万部を売り尽くし、力道山ブームに火が付きました。出版物、ビデオ、レコード、テレビの特集番組、それに映画まで制作されるという、力道山の没後20年目にしてのブームの到来となりました。

映画「ザ・力道山」は、映画会社松竹の倉庫から発見された力道山の記録映画11本、時間にして3時間42分にも及ぶ〝幻のフィルム〟を基に作られました。この映画の大きな見所となったのは、〝伝説の試合〟力道山対木村政彦の日本選手権試合でした。

出版物では、力道山の二人の子息義浩・光雄両氏が書いた「父・力道山」（勁文社）、その後昭和63年には力道山の個人秘書を務めた吉村義雄氏が書いた「君は力道山を見たか」（飛鳥新社）が出版されましたが、この2冊の本は力道山の傍らで力道山に接してきた人物が、力道山の実像を書いておきたかったという主旨から、慣れぬペンを取って執筆したものでした。

この時代は、ベールが剥がされていった力道山の英雄伝説が、修正される時代だといえます。

時代は昭和から平成と変わり、戦後50年を迎えた平成7年は、力道山の三十三回忌の年にも当りました。〝戦後最大のスーパーヒーロー〟として、戦後を代表する人物である力道山の三十三回忌と、戦後50年の節目の年が重なり合うのも、これも不思議な縁です。

テレビや出版物の戦後50年の企画物には、必ず力道山が登場するのですが、年明けの1月には諸説入り乱れる力道山の死の謎がテレビ番組に取り上げられ話題となったり、マスコミには力道山の文字が目に付きました。

東スポからは全5巻からなる力道山の伝記本が刊行され、朝鮮籍を持つ作家の手による力道山の評伝、それにファンが追悼を込めて書いた力道山本など、力道山が死んで30年以上が経過しても、力道山関係の出版が続くという現象を、NHKでは平成8年10月30日、夜7時のニュースの中で「33年目の力道山」と題してスポットを当て、その中で拙著「私だけの『力道山伝説』」も紹介されました。

20世紀最後の年となった平成12年は、さまざまなメディアで20世紀が回顧され〝戦後最大のスーパーヒーロー力道山〟は、新聞、雑誌、テレビなどあちこちで登場するほどの露出度の高さでした。その勢いは、21世紀がスタートした翌13年に入っても衰えることなく、1月2日、TBSで流された力道山の秘蔵結婚式映像に始まって、12月31日の大晦日「サムライ！」TVで放送された松竹映画「ザ・力道山」まで持続され、目の離せない世紀の転換期となりました。

## ★胸に迫った光雄氏の言葉

平成13年5月29日、力道山の出身地とされる長崎県のテレビ局NBC長崎放送が「Hero　もう一人の力道山」という自社制作番組を放送したそうです。

長崎に住むフリーライターで「力道山はエラかった」（ベースボール・マガジン社）を書いた福田一也氏から、同番組を録画したビデオテープが送られてきました。

番組には力道山縁《ゆかり》の人物が多数登場する中で、力道山の次男百田光雄氏が出演して、次のように語りました。

「朝鮮に関することを、生前父から聞いたことはないし、何も分からない」

「父と見るよりも、一人の英雄を見るようなかたちで側《はた》から見ている部分が多かった。一生を動き回って終わった。亡くなるまで、のんびりリラックスしたというのは、少ないのではないかと思う」

百田光雄氏の話した言葉は、死んでようやく静かな眠りにつけた父・力道山を、どうかそのままそっと休ませてほしいと願うように聞こえました。

昭和29年、プロレスラー力道山が世に出現したとともに誕生した力道山の英雄伝説は、死後に伝説と謎に包まれたベールが剥がされる時代が到来して、その後英雄像の修正がなされる時代を経て、現在ではベールが剥がされ続ける一方において、力道山を再評価する時代となっています。つまり、力道山という人物をトータルに捉えようということなのでしょうね。

リングの中の力道山、リング外の力道山、力道山の実像と虚像、光と陰…、しかしながら、伝説と謎に包まれた〝戦後最大のスーパーヒーロー〟力道山という人物を、そうそう容易く捉えることができたなら、これまでにあれだけ多くの力道山に関する出版物が、世に出てはこなかったでしょう。

力道山に限らず、歴史上に名を残す英雄や偉人の伝記には、少なからず史実とは違った言い伝えやドラマチックなストーリーなどは付き物なのですが、力道山には力道山に相応しい力道山の英雄伝説が生まれ、それは本人もまた望んだことでしょう。

伝説の多さがそのままその人物のスケールの大きさにも繋がっているように思えるのですが、おそらく力道山という人物のスケールの大きさは、我々が考える以上の、いやその何倍もの大きなスケールだったのではないでしょうか。

そしてもちろん、どんなに時代が変わろうとも、どんなに英雄伝説の変遷があろうとも、力道山が日本の戦後史、プロレス史に残した足跡や功績の大きな歴史の一ページはなんら変わることなく、〝戦後最大のスーパーヒーロー〟としての地位もまた不動のものです。

〈週刊プロレス№852　平成10年5月12日号〉

# 14

## 4つの喧嘩事件を検証する
# 「酒を飲んで」が顛末の共通点

### ★岩田浩氏が解き明かしてくれた数々の謎

これまでに何回か登場していただいた（といってもこちらが勝手に書いた一方通行でありましたが）、力道山時代の日本プロレスリング興業株式会社の営業部長を務めた岩田浩氏と、ついにコンタクトが取れました。岩田さんは力道山を陰で支え、日本のプロレス興行の礎を築き上げた大功労者です。

岩田さんに、当時の記憶を辿ってもらい「私の書いた文章で、間違っているところはありませんか？」と恐るおそる尋ねたところ「合っているところもあるし、粋がって書いているところもあるねぇ」と、笑いながらの答えが返ってきました。

昭和37年11月、沖縄遠征に出発する際の羽田空港での写真で、岩田さんが大事そうに抱えているケースの中に入っていたものを、覚えていたら教えてくださいと書きましたが、やっぱりケースの中はインターナショナル選手権の真新しいチャンピオンベルトでした。

また、外国人レスラーへのファイトマネーのドル調達ともなった沖縄遠征は、やはり3回目（昭和37年11月）の遠征からということでした。

昭和32年1月の1回目の沖縄遠征では、力道山はアデリアン・バイラジョンの挑戦を受けアジア選手権の防衛戦を行い、同年10月の2回目の沖縄遠征で闘ったルー・テーズとのシングルマッチは、地元紙は世界選手権試合と伝えていましたが、ノンタイトル戦だったということです。

力道山が亡くなる前年、昭和37年にインターナショナル選手権のチャンピオンベルトに、ワールド大リーグ戦の優勝トロフィー、アジアタッグ選手権のチャンピオントロフィーと、当時保持していたタイトルのベルトとトロフィーを新たに作り替えていたと書きましたが、岩田さんの話によると、インターナショナル選手権のベルトは力道山が作り替えたのですが、ワールド大リーグ戦とアジアタッグ選手権の二つのトロフィーは、スポーツニッポン新聞社から寄贈されたものだそうです（ワールド大リーグ戦の第1回から第3回まで使用された優勝トロフィーは、日本プロレス協会で作ったものだと聞きました）。

ベルト、トロフィーを作り替えた昭和37年を、力道山は一つの区切りの年としたのでしょうかとも書きましたが、実はこの年限りでレスラー引退を考えたという力道山のコメントが残っています。

自分の書いた文章を読み返してみると、いや〜、粋がって書いているところもありますねぇー、言われてみれば…。

岩田さんに話を聞くことができたおかげで、力道山の謎が解けていきます。それにしても、どんなことでも良く覚えていらっしゃいました。

私の名前の石田に、力道山の「山」を付け足すと、岩田さんになります。これはきっと、あの世の力道山が「オイ、ワシのことで分からないことがあったら、岩田さんに聞け！」という力道山の〝お告げ〟に違いありません。といった訳で岩田さん、今後ともよろしくお願い致します。

## ★最初と2度目は東京のキャバレーで酒を飲んだ後…

前章で力道山の〝英雄伝説〟について書きましたが、これに書き加えておきたい件がありました。それは喧嘩の話です。

力道山の〝英雄伝説〟に花を添えるというか、力道山史の重要な局面に「喧嘩」が登場します。親方との喧嘩で相撲界を飛び出した力道山の、プロレス転向のきっかけとなったのが、ハロルド坂田との喧嘩とされていますし、死んでしまったのも喧嘩で刺された傷がもとでした。

少年時代の話の中にも、喧嘩の武勇伝が出てきます。

力道山が生前、「全貌」昭和33年新春特別号に発表した手記によると、事件として新聞に書き立てられた喧嘩は全部で4件あったとか（実はその他にもたくさんあったそうです）。

まず最初は昭和29年9月19日、午前1時半頃に力道山は東京のキャバレー銀馬車で（ハロルド坂田との喧嘩の出会いもここでした）、酒に酔って女性客とレフェリーの沖識名に怪我をさせてしまいました。毎日新聞によると、来店していた女性客の一人が力道山のファンだというので、力道山は手を振って応えたところ、その女性が横を向いたことにカッとなって、力道山は踊っていたパートナーのダンサーを女性目掛けて突き飛ばし、さらに沖識名にまで傷を負わせたと書かれています。

次は昭和30年9月5日、午前1時半頃に同じくキャバレー銀馬車で酒を飲んでいた力道山は、外国人客二人と口論から喧嘩となり、二人に怪我を負わせ傷害容疑で東京愛宕署から出頭命令が出されたという事件でした。

新聞には「力道山また暴れる」などと書き立てられましたが、外国人二人は再三再四にわたって力道山に絡み、我慢に我慢を重ねていた力道山もついには堪忍袋の緒が切れて喧嘩に発展したのですが、示談になったその後も力道山はユスリを受けたという後の報道もありました。

## ★3件目は女性を救い、4件目は愛車をめぐり大暴れ

続いて昭和32年10月15日、午前1時半頃に男女が路上で口論中のところを、一杯機嫌の力道山が通りかかりました。力道山は「女をどうしようというのか」と男を殴り、止めに入った人にまで怪我を負わせたというものでした。新聞報道からすると、力道山は女性を救おうとしたようです。

これは大阪で起きた事件でしたが、ルー・テーズの持つ世界選手権に挑戦した13日の翌日深夜の出来事でした。

4件目は、力道山の車を追い越したタクシーの運転手を殴ったという、あの事件です。昭和32年12月4日、時間については午後10時10分頃と書いた新聞や、午後10時半頃、あるいは午後11時40分頃と書く新聞もありましたが、東京・赤坂見附の交差点で力道山の車とタクシーが接触しました。

力道山はタクシーの運転手を殴り、免許証と車体検査証を取り上げ、帰宅してしまいます。「トラの力道山　警官も遠巻き　酔って大暴れ」と新聞に書き立てられたのですが、急を聞いて駆け付けた警官が力道山を恐れて手出しができないという図は、想像しただけでも面白いではありませんか。

外車を何台も持っていた力道山の車好きは有名ですが、大事な車に傷が付いたうえに、タクシーの運転手が謝らなかったというのですが、翌日警察で双方が詫びて一件落着となりました。

さて、これらの4件の事件での共通項はというと、お酒です。

岩田さんに聞くと、力道山はアルコールが入ると、人が変わったようになる一面があったそうですが、力道山が何気なく手を払いのけただけでも、相手は何メートルも吹っ飛んでいく場面を岩田さんは何回も目撃したと言います。

事件が起きた時間は4件の事件のうち、3件までが午前1時半頃。一説によると、力道山は試合前に興奮剤を服用し、これが影響してリング外の喧嘩沙汰は決まった時間に引き起こされたと書いた別冊ゴング1970年10月号の記事もあるのですが、果たして本当でしょうか?

喧嘩にはもちろん原因があるだろうし、双方の言い分もあるでしょう。写真週刊誌やワイドショーもなかった時代ですが、新聞の報道を見れば、まずは力道山の大きなイメージダウンとなってしまいます。確かに力道山自身が反省しなければならない点、有名税と諦めなければならないところもあるのでしょうが、そんな中にも力道山一流の正義感なるものが見え隠れするから面白いではありませんか。

## ★この世を去ったのも酒に酔っての喧嘩が原因

その後、新聞では力道山のこうした事件は影をひそめていたのですが、昭和38年12月8日夜、力道山刺傷事件が起きます。

東京・赤坂のナイトクラブのニュー・ラテンクォーターで、力道山は暴漢にナイフで刺されます。禁酒を破り、酒に酔っての喧嘩でした。そして、この傷がもとで力道山は命を落としてしまうのです。

岩田さんは事件当夜、リキ・スポーツパレスで事務を執っていたそうです。このあたりの話になると、日記で確認しながら話してくれたのですが、あの晩、力道山と一緒にいなかったことが、今でも悔やまれると語っていました。

小腸を突き抜けた傷でしたが、幸いにも手術は成功し、その後の経過も良好でガスが出て周囲を安心させたとありました。しかし、岩田さんによると、力道山は嘘をついてガスは出ていないのにリンゴのすりおろし果汁を飲んで腸閉塞を起こし、再手術も空しく死亡したというのです。諸説入り乱れる力道山の死因ですが、岩田さんはリンゴ説でした。

俳優の伴淳三郎氏は、葬儀の別れの挨拶の中で「オレはあんたが好きだった。でも、たった一つだけ嫌いなものがあった。酒、酒だよ、リキさん！どうしてあんなに酒なんか飲んだんだ‼」と涙で訴えたといいます。

力道山の英雄伝説に花を添えた？酒と喧嘩で、力道山は大切な命を散らして逝ってしまいました。

幾多の伝説に彩られ、語り継がれてきた力道山の英雄伝説に、岩田さんの回顧談を交えて喧嘩の話を補足しましたが、岩田さんは現在、力道山の原稿を執筆中とか。

昭和30年から9年間、力道山と寝食を共にした日本プロレス界の〝歴史の証人〟である岩田浩さんの、どんな〝力道山伝説〟が披露されますか、今から楽しみです。

〈週刊プロレス№868　平成10年8月11日号〉

## 15
# 分からずじまいの死の真実
# 「腸閉塞」か麻酔ミスで「心臓停止」

### ★リンゴ、花瓶の水、サイダー、コーラなど諸説噴出

昭和38年（1963）12月15日午後9時50分—力道山は、この世を去りました。

力道山の突然の死には、日本中が大きな衝撃に襲われました。刺された傷がもとではありましたが、力道山の死因については、これまでサイダーやコーラを飲んだという説、花瓶の水説、リンゴ説など、人によっていろんな説が書かれ続け、最近では医療ミスによる説も語られています。

力道山が死んで30年以上が経過した現在でも、死亡に関した当時の資料を読み返すのがつらく、ついこの頃の新聞記事のスクラップは意識して避けていたのですが、謎が残る力道山の死についても、ここらで整理しておくことにしました。

昭和38年12月8日夜の力道山刺傷事件の後、スポーツニッポンでは11日付の紙面から毎日、敬子夫人の「看護日誌」が掲載されました。日誌にはもちろんサイダーやコーラを飲んだ、などといった話

は出てきません。

病院側からは、13日午後にリンゴ半分が与えられたという発表があったのですが、看護日誌には書かれてはいません。これが石川輝氏が「今なぜか力道山」（リイド社）の中で書いているリンゴ説に繋がっているようです。

東京スポーツ
トウスポ
12月17日（火）
長島の"結婚"に忠告
力道山 特別詳報
力道の死とその波紋
再手術空しく 昨夜9時50分
世界の王者 悲しみの急逝
力道の遺志でプロレスは伸びる
豊登筆頭に総決起
近い将来必ずヒーロー 「王者の教訓」滅びず!!
なぜ死んだ…力道山
腸閉そく併発 再手術後一時は小康
20日 池上本門寺で 告別式 葬儀委員長は大野伴睦氏
プロレスは興隆する 力道山が死んでも―
あす山猫―銀髪鬼

力道山の死を伝える昭和38年12月17日付東京スポーツ

では、サイダーやコーラを飲んだという話の出所とは、一体どこだったのでしょうか？

深見喜久男著「スポーツ記者が泣いた日　スポニチ三国志」（毎日新聞社）の中には力道山が死んだ翌16日に、力道山が急に具合が悪くなったのは絶対に飲んではいけない炭酸系の飲料水を飲んだからだという、タレ込みの電話がスポニチにかかってきたと書かれていました。

力道山の子息、百田義浩・光雄両氏が書いた「父・力道山」でも、弟子の一人が力道山にせがまれて、好物の三ツ矢サイダーを飲ませてしまったと書いています。

今里廣記氏は「私の財界交友録」（サンケイ出版）の中で、サイダー、コーラ説をもっとリアルに書いています。力道山が半ば脅迫気味に看護婦に命令して、サイダーやコーラを持ってこさせ何本も飲んでいると婦長から聞かされて、筆者は力道山を怒ったというのです。

## ★麻酔の際のミスで心臓ストップ？

ところが、こうした信憑性が高いと思われたサイダー、コーラ説に、力道山の秘書だった吉村義雄氏は「君は力道山を見たか」の中で、疑問の目を向けています。病室には付き添いの女性もいて、医者の指示にそむくようなことをさせるはずがないと反論しているのです。

そして、こうした疑問に答えるかのように岐阜大学医学部教授である土肥修司氏が「麻酔と蘇生」（中公新書）の中で、筋弛緩薬を使用した気管内挿管による麻酔の失敗で酸欠状態に陥った力道山は呼吸困難となり、手術中に心臓は一時ストップしたという医療ミス説を唱え、平成5年9月3日付朝日新聞夕刊に「力道山の死因は麻酔ミス？　20年かけ新説発表」と題した記事が掲載されました。

記事には、当時は酸素がきちんと吸収できているかどうかを判断する血中酸素量を測定する手段がなく、麻酔の作用が呼吸に影響を及ぼすことも分かっていなかったため、力道山の死因は麻酔のかけ方と管理のミスだった可能性が極めて高いとの結論に達したという、土肥教授の研究成果が紹介されています。

吉村義雄氏は、手術室から出てきた時の力道山の顔色は失せていたと証言しています。担当の医者が麻酔を普通の人の2倍使ったと話したことや、力道山の死後、事件の裁判で麻酔のカルテだけが紛失を理由に提出されなかったという事実も、医療ミス説の有力な裏付けとみられているのです。手術室の中で一体何が起こったのでしょうか？

1回目の手術の際には、力道山は事件当日酒浸りだったこともあり、常人の3～4倍もの麻酔が必要とされ、またそれが効くまでには1時間もの時間がかかったといいます。医学に関する難しいことなど分かる由もないのですが、2回目の手術時には麻酔の種類や方法が変更されたのでしょうか？

力道山の死亡を伝える新聞記事を見ると、「腸閉塞」と書かれた大きな見出しがある一方で、病院側の発表には「心臓衰弱」の字句も見られるのです。

やはり、力道山の心臓は手術中に停止してしまったのでしょうか？

## ★〝その時〟リキ・アパートが揺れ動いた…

力道山のスケジュールは死ぬ1週間前から、変更が重なります。12月7日、昭和38年の最終戦となる浜松に日本相撲協会から電話が入り、予定は変更され力道山は急遽夜行列車で東京に帰ることとなります。ここで力道山は体育館での試合でありながら、異例の逆取り（野外の試合で天候が悪化してくるとメインイベントを繰り上げる）を行っています。相撲協会の要件は、力道山に大相撲のアメリカ興行の協力を依頼するものでした。

事件当日となる翌8日、力道山は相撲協会側と会います。協会からのたっての要請に気分を良くした力道山は禁酒を破り、アルコールのピッチもどんどん上がります。かなりの酔いが回った力道山に側近が「今晩はこれで帰りましょう」と言ったところ、力道山は次に予約を取っていたナイトクラブのコパ・カバーナを突然変更する指示を出します。

「コパはやめだ。ラテンに行くぞ！」

力道山は、他人から指示されることが嫌いで、酒に酔うと聞き分けがなくなるところがあったそうです。

こうして、力道山はニュー・ラテンクォーターで事件に遭遇するのです。

やはり、運命だったのでしょうか。

医者から申し渡された禁止事項は二つありました。一言口を利くことは、回復を1日遅らせるということ。もう一つは、水分を摂ってはいけないということでした。

力道山は快方に向かうと、引きも切らぬ見舞客と面会し、相手をしたそうです。

力道山は、本当に摂ってはいけない水分を摂ったのか？そして、医療ミスが起こったのか？

敬子夫人は語っています。「きのうまで、というよりたったさっきまで元気だった人が…と思うと、なにも言うべき言葉がありません」「とても死ぬ前の人とは思えませんでした。死ぬなんて…」〈昭和38年12月16日付スポニチ〉

今わの際に力道山が3本の指を出した話は知られていますが、力道山は何を言い残したかったのでしょうか？

力道山が死んだ時刻に、主を失った赤坂のリキ・アパートが突如揺れ動いたという逸話もあるそうですが…。

12月20日、池上の本門寺において営まれた盛大な葬儀に、力道山との今生のお別れに集まった関係者、ファンの数は実に1万人余。しかし、伝説と謎に包まれた力道山という〝迷宮〟に一歩足を踏み入れた私は、今でも力道山にお別れできずにいます。

〈週刊プロレス№769 平成8年12月24日号〉

# 16

# 42年前のインター選手権戦勝者は誰
# 力道山勝利を伝える米邦字紙発見

## ★「力道山はテーズに負けた」アメリカで証言者現る

平成12年1月、金沢近郊の大手スーパーで「20世紀の思い出　昭和なんでも博覧会」なる催し物が開催され、新聞・テレビの宣伝広告には力道山の写真も見えたので、さっそく出掛けました。会場入り口付近の力道山コーナーには、力道山の大きなパネルや、映像上映にガウン、チャンピオンベルトが展示されていました。

ガウンは紫地に、袖には金色で「力」と「道」の文字が入った、月夜に竹林で虎が咆哮する絵柄の、あのガウンです。

チャンピオンベルトは、力道山が昭和33年（1958）8月、ロサンゼルスの地で〝鉄人〟ルー・テーズから奪ったタイトル、インターナショナル選手権の由緒あるベルトです。

力道山がその腰に締めたインターナショナル選手権のチャンピオンベルトは、2種類あります。展

力道山のガウンとインターナショナル選手権のチャンピオンベルト（昭和なんでも博覧会）

示してあったのは1本目のベルトで、当時のプロレス後援新聞社スポーツニッポンが力道山に寄贈したと報道されたベルトです。

平成12年6月23日に発売の「20世紀デザイン切手」第11集の中で、力道山の切手に大きく描かれたベルトで（力道山は第10集に登場の予定が、第11集に変更となりました）、2年ほど前にはこのベルトを型取った力道山のライターが制作されました。

煙草も吸わないのに、インターナショナル選手権のチャンピオンベルトのデザインに惹かれてライターを購入して、机の上には力道山のフィギィアとライターが飾られ、力道山に見詰められながら？ 今この原稿を書いているところです。

流智美氏が週プロ№９０８で書いたインターナショナル選手権のルーツに関した記事を読んで、ビックリ仰天しました。

昭和33年8月27日（現地時間）ロサンゼルスのオリンピック・オーデトリアムで行われた、インターナショナル選手権ルー・テーズ対力道山戦の勝利者は、力道山ではなくテーズだったという証言者が現れたというのです。会場で観戦した証言者のマニアの記憶によると、試合は1－1からの三本目、力道山の空手チョップが反則に取られ、確かにテーズの手が上げられ、それを裏付ける証拠として、テーズの名前がマルで囲まれている試合当日のプログラムが添えられていたのです。アメリカのマニアは、プログラムに印刷されている試合カードの勝者の側に、マルをつける習慣があるそうです。

　そんなバカな！　この試合の三本目はテーズの側の反則負けで、ルールによると反則含みのためにタイトルの移動はないのですが、テーズは潔く負けを認め王座を明け渡したと、テーズ自身が「鉄人ルー・テーズ自伝」の中でも書き記しているではないですか。

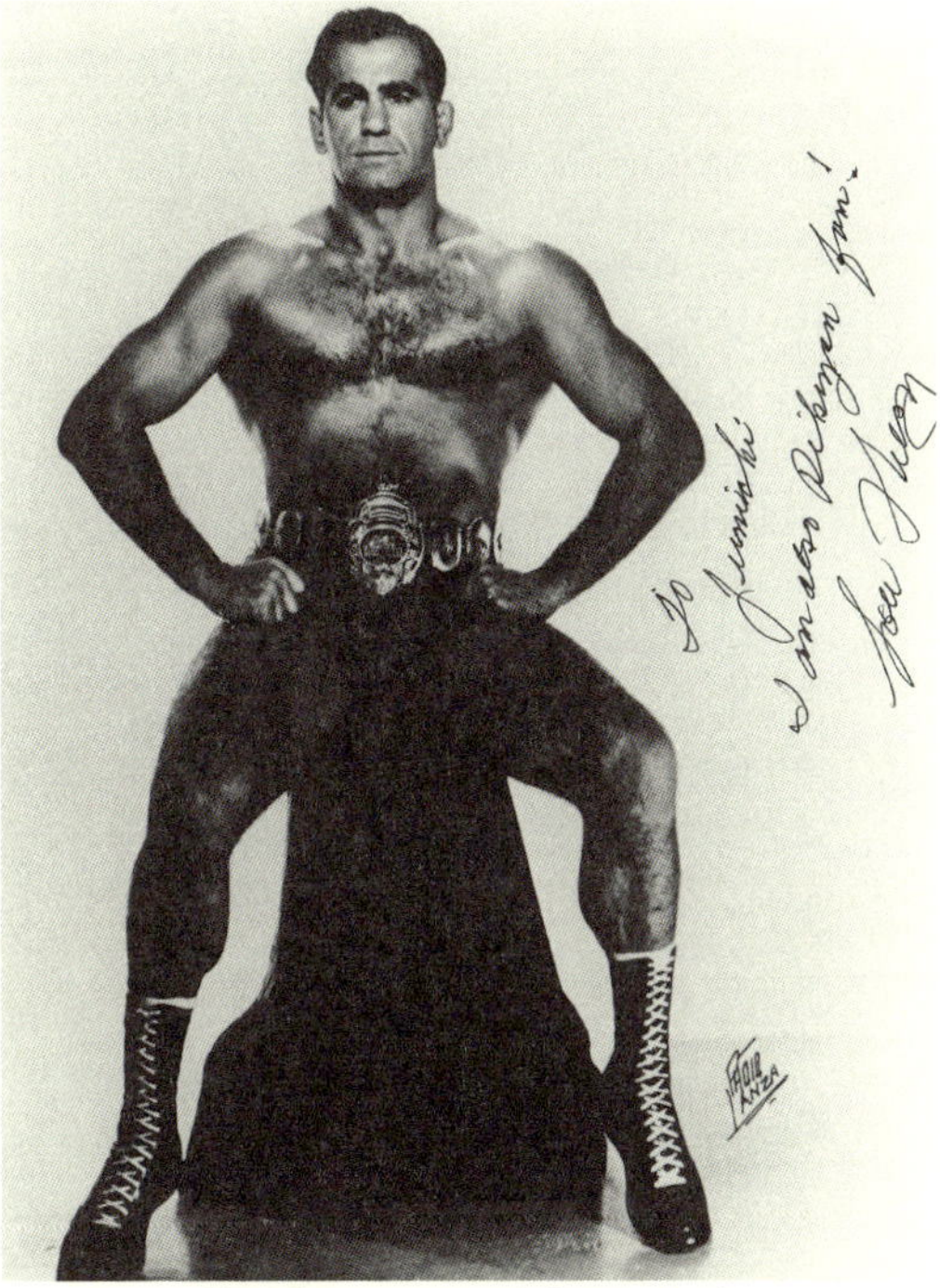

“鉄人”ルー・テーズ（サイン入り）

　しかし、それにしても、もしもですよ、本当に力道山が負けていたとなると、その後のインターナショナル選手権者として力道山が築き上げてきた日本のプロレス史そのものは、一体どうなるのでしょう？

　我々がこれまで教わってきた、目にしてきた歴史は、一体何だったのでしょうか？　日プロ時代、ジャイアント馬場が全米の綺羅星の如くの強豪と数多の名勝負を繰り広げてきたのも、全日プロの三冠王座の大きな一角を占めてきたのも、このインターナショナル選手権なのです。

力道山が、同王座を手中にした昭和33年から数えて40年以上もの年月が経過した現在になって、アメリカにおいて発掘された、歴史が覆されるような証言が果たして真実なのか、どうなのか？

大事件の発生に千々に乱れる心を抑えつつ、流氏に抗議の電話を入れ、そのプログラムとやらを是非とも見せてほしいと頼みました。

## ★新聞報道では試合記録やスコアに食い違いが

実は、力道山がこのタイトルを獲得した時にも一騒動があったのです。

昭和33年8月29日付新聞各紙は、力道山がテーズに勝って世界チャンピオンになった快挙を一斉に報道しました。力道山は昭和28年12月、ハワイのホノルルでテーズの持つ世界選手権に初挑戦するも惨敗。32年10月にはテーズを日本に招き、東京、大阪と2度にわたってその王座にチャレンジしましたが、2戦とも引き分けに終わり、力道山は無念の涙を飲みます。そして翌年、ついに悲願とする〝打倒ルー・テーズ〟の夢を、それも敵地のロサンゼルスで果たしたのです。

スポーツニッポンは、1面トップの扱いで「力道、世界選手権を奪取」「宿敵ルー・テーズを破る」の大見出しに「61分三本勝負　力道山2—0テーズ　1本目9分25秒体固め　2本目9分9秒体固め」の試合記録を掲載して報道しました。プロレス後援新聞社の毎日も、「力道、テーズに勝つ　プロ・レス国際試合」の見出しにスポニチと同様の試合記録を掲載し、三本勝負の結果、力道山が2勝し日本人として初めて世界チャンピオンの座に就いたと社会面で報道します。

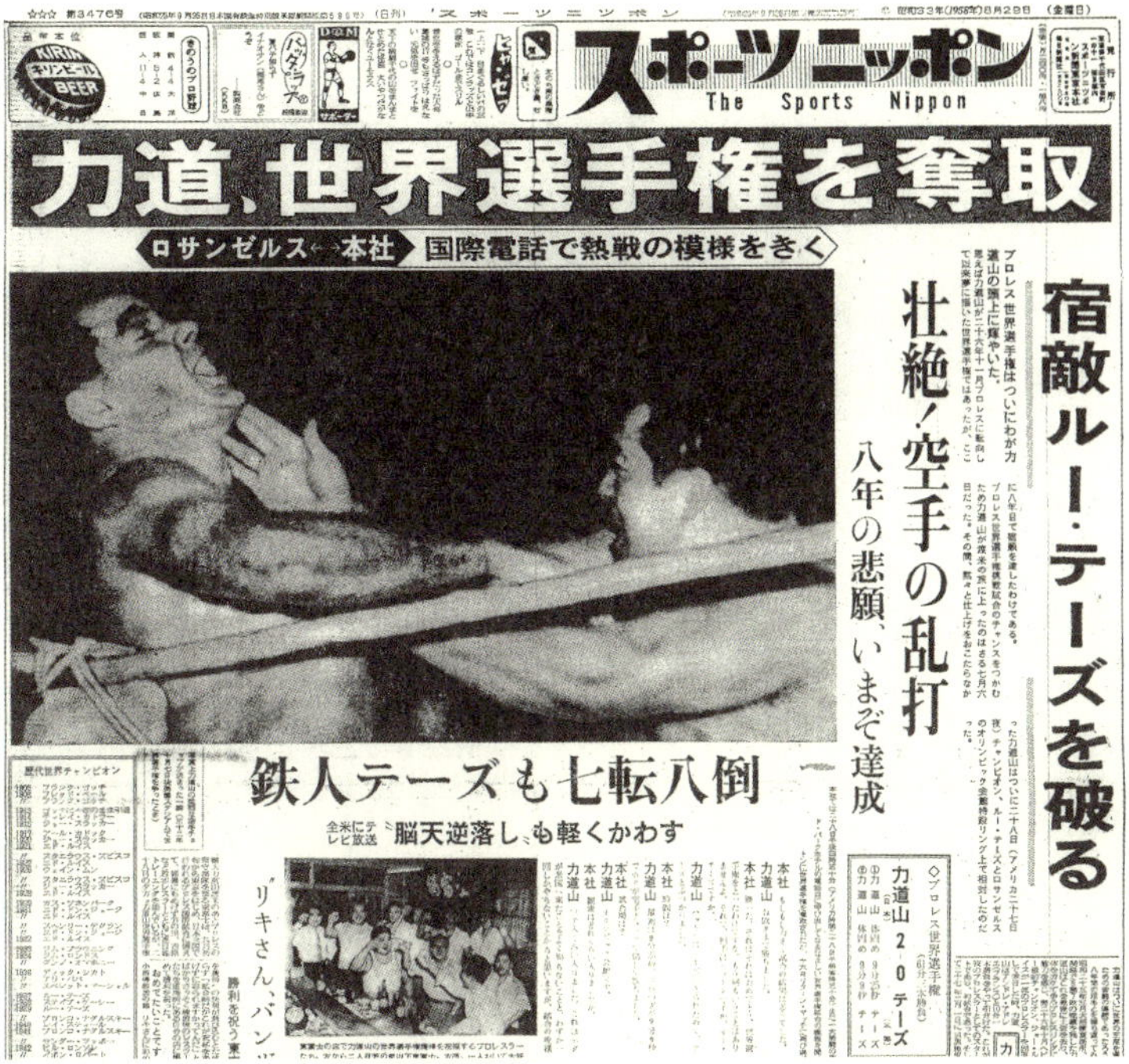
スポーツニッポン
The Sports Nippon
昭和33年(1958年)8月29日（金曜日）
第3476号

# 力道、世界選手権を奪取

ロサンゼルス←→本社　国際電話で熱戦の模様をきく

## 宿敵ルー・テーズを破る

### 壮絶！空手の乱打

八年の悲願、いまぞ達成

プロレス世界選手権はついにわが力道山の頭上に輝やいた。思えば力道山が二十六年十一月プロレスに転向して以来夢に描いた世界選手権ではあったが、ここに八年目で宿願を達したわけである。プロレス世界選手権挑戦試合のチャンスをつかむため力道山が渡米の旅に上ったのはさる七月六日だった。その間、黙々と仕上げをおこたらなかった力道山はついに二十八日（アメリカ二十七日夜）チャンピオン、ルー・テーズとロサンゼルスのオリンピック会館特設リング上で相対したのだった。

◇プロレス世界選手権（61分三本勝負）
力道山（日本）2―0 テーズ（米国）

## 鉄人テーズも七転八倒

全米にテレビ放送　脳天逆落しも軽くかわす

歴代世界チャンピオン

リキさん、バンザイ

勝利を祝う東京

力道山が「2―0」で世界選手権を奪取と報じたスポーツニッポン（昭和33年8月29日付）

ところが、日刊スポーツは「力道山〝世界の王者〟に」「宿敵テーズを破る　2―1後半空手の逆転勝」の見出しを付けて1面で報道しました。

スポニチと日刊の両紙は、ロサンゼルスの力道山に直接国際電話をかけた取材による記事にもかかわらず、試合スコアがスポニチは2―0、日刊は2―1と食い違った報道になったのです。

毎日は、日本プロレス協会に力道山自らが入れた情報を元にした記事でした。その他、報知、デイリー、東京中日、それに読売新聞の報道源も同様に協会からのものでした。

さらにみていくと、報知は「力道山、世界の王座へルー・テーズ

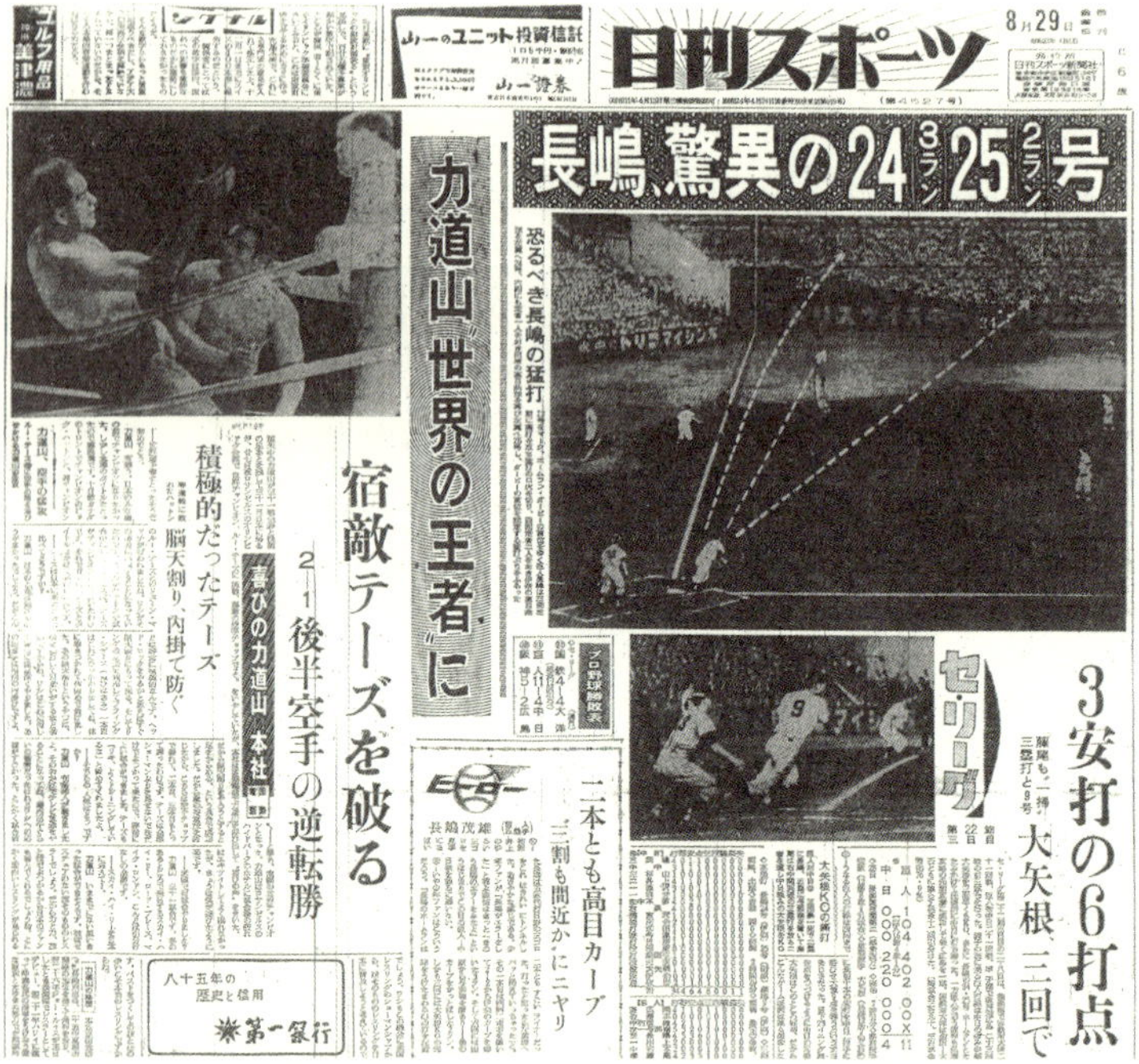
日刊スポーツ
8月29日
長嶋、驚異の24(3ラン)25(2ラン)号
恐るべき長嶋の猛打
力道山"世界の王者"に
宿敵テーズを破る
2−1 後半空手の逆転勝
積極的だったテーズ
脳天割り、内掛で防ぐ
喜びの力道山 本社
セ・リーグ
3安打の6打点
大矢根、三回で
二本とも高目カーブ
三割も間近かにニヤリ
山一のユニット投資信託
八十五年の歴史と信用
第一銀行

力道山が「2—1」で世界王者になったと報じた日刊スポーツ（昭和33年8月29日付）

をストレートで破る」（4面）の見出しで61分三本勝負を体固めによるストレート勝ち。東京中日は「力道、世界選手権を獲得　米国で宿敵ルー・テーズ破る」（1面）の見出しで61分三本勝負を体固めで二本先取。デイリーは「力道世界の王者に　ルー・テーズを破り選手権獲得」（1面）の見出しで「61分三本勝負　力道山（体固め二本連取）ルー・テーズ」。読売は「力道山、世界チャンピオンに　ルー・テーズを破る」（スポーツ面）の見出しで61分三本勝負を体固めで二本奪うと、各紙は書いています。

　産経新聞、サンケイスポーツでは【ロサンゼルス28日山田特派員】の記者名が入って「力道山、初の王座に　プロ・レス世界選手権ルー・テーズ破る」(産経スポーツ面)。「力道山に世界選手権　2対1ルー・テーズを破る」(サンスポ3面)の見出しで一本目力道山が9分10秒体固め、二本目16分25秒テーズのとびはさみ、三本目力道山の反則勝ちで2―1による力道山の勝ちとして、ともに力道山のコメントが付いた特派員の取材による記事となっています。

## ★錯綜する情報にファン、関係者大混乱

さて、こうしてみてきたようにこの一戦の試合記録は、報道する各新聞によって違いがあったのです。毎日、スポニチの試合記録が正しいのか？　産経、サンスポが正しいのか？　試合のスコアは2―0なのか？　日刊が書く2―1なのか？

そのうえ、毎日の記事には次のようなロサンゼルス28日発UPIの外電も掲載されていたのです。「渡米中の日本のプロ・レスラー力道山は二十七日、世界へビー級選手権保持者と称しているルー・テーズと戦い、勝利を収めた。同試合はロサンゼルスのオリンピック競技場で行われたが、ノン・タイトル・マッチでメーン・エベントでもなかった」

試合記録の違いに続いて、試合は選手権試合ではなかったという外電が伝えられてきたのです。まだ通信網が発達していなかった時代の、海の向こうの話とはいえ、あまりにも不可解です。

翌30日付スポニチでは「世界選手権はワシのものさ」と題して、日本への帰途ハワイのホノルルにいる力道山に再度国際電話を入れ、試合は世界選手権で一本目がテーズ、二本目は力道山が取り、三本目は力道山の反則勝ちによる2―1のスコアで力道山が勝ったということを確認した記事を掲載しています。

力道山は、スポニチの報道ミスを指摘するのですが、今度は次のようなロサンゼルス発ＡＰ電が掲載されました。

「二十七日夜ロサンゼルスオリンピックスタジアムで日本のプロレスラー力道山がルー・テーズを破った試合は世界選手権試合ではなく前座試合だった」

同30日付報知が「ノン・タイトル戦力道山、テーズの試合」と見出しを付けて掲載したＵＰＩ電は、先の毎日の報道と同様、自称世界チャンピオンのテーズと力道山の試合は力道山が勝利したが、メインエベントでもタイトルマッチでもなかった、さらに試合の広告には力道山は日本人として扱われておらず〝リッキー・ドーゼン〟としてあった、と伝えてきました。

試合記録の違い、世界的な大通信社ＵＰＩ、ＡＰ外電による報道、またこの時点のＮＷＡ世界選手権保持者はテーズではなく、ディック・ハットンではないかという疑問も持たれ、錯綜する情報がファン、関係者の間で大きな混乱を引き起こしたのでした。

ＵＰＩ、ＡＰ電をまとめると、世界へビー級選手権保持者と称するテーズと、日本人として扱われていない力道山との試合は、力道山が勝利したがノンタイトル戦でメインイベントでもなかったということになります。

## ★アメリカの業界事情に疎かった力道山

さあ、それではこの外電と、入手した試合当日のプログラムを比較検討してみることにします。何かが見えてくるかもしれません。

外電によると、試合はノンタイトル戦でメインイベントではないとされていますが、プログラムを見ると、MAIN EVENT—2 out of 3 falls, 1 hour つまりメインイベント60分三本勝負です。日本の新聞報道は61分三本勝負となっていましたが、試合は60分三本勝負で争われ、午後8時30分からはテレビ中継も予定されています。

タイトルマッチの文字は見当たりませんが、外電では世界選手権保持者と称しているとされたルー・テーズは、プログラムによると International heavyweight champion となっています。

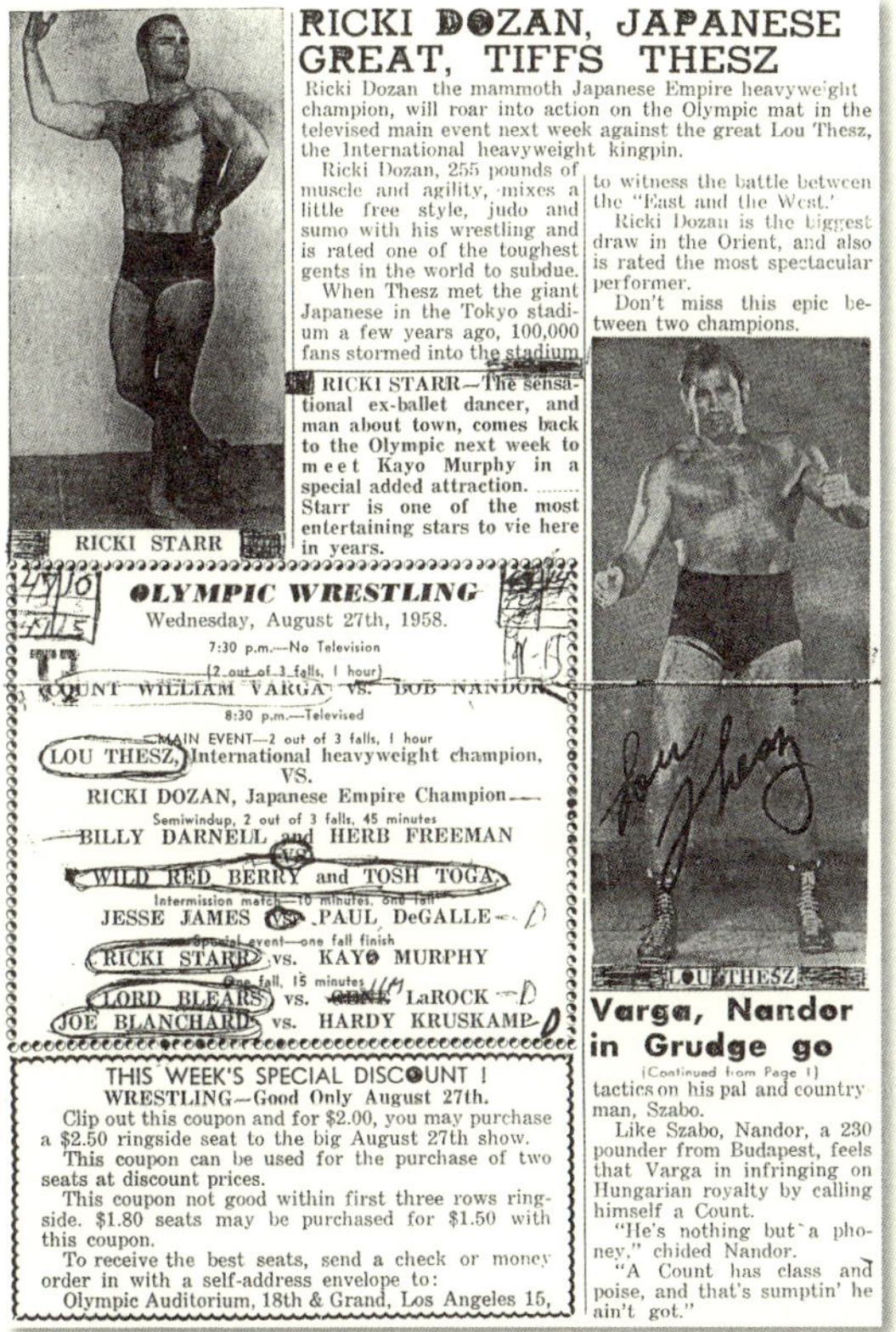

RICKI STARR

**RICKI DOZAN, JAPANESE GREAT, TIFFS THESZ**

Ricki Dozan the mammoth Japanese Empire heavyweight champion, will roar into action on the Olympic mat in the televised main event next week against the great Lou Thesz, the International heavyweight kingpin.

Ricki Dozan, 255 pounds of muscle and agility, mixes a little free style, judo and sumo with his wrestling and is rated one of the toughest gents in the world to subdue.

When Thesz met the giant Japanese in the Tokyo stadium a few years ago, 100,000 fans stormed into the stadium to witness the battle between the "East and the West.'

Ricki Dozan is the biggest draw in the Orient, and also is rated the most spectacular performer.

Don't miss this epic between two champions.

**RICKI STARR**—The sensational ex-ballet dancer, and man about town, comes back to the Olympic next week to meet Kayo Murphy in a special added attraction. ........ Starr is one of the most entertaining stars to vie here in years.

**OLYMPIC WRESTLING**

Wednesday, August 27th, 1958.

7:30 p.m.—No Television

(2 out of 3 falls, 1 hour)

COUNT WILLIAM VARGA vs. BOB NANDOR

8:30 p.m.—Televised

MAIN EVENT—2 out of 3 falls, 1 hour

LOU THESZ, International heavyweight champion,

VS.

RICKI DOZAN, Japanese Empire Champion

Semiwindup, 2 out of 3 falls, 45 minutes

BILLY DARNELL and HERB FREEMAN

VS

WILD RED BERRY and TOSH TOGA

Intermission match—10 minutes, one fall

JESSE JAMES VS PAUL DeGALLE

Special event—one fall finish

RICKI STARR vs. KAYO MURPHY

One fall, 15 minutes

LORD BLEARS vs. LaROCK

JOE BLANCHARD vs. HARDY KRUSKAMP

THIS WEEK'S SPECIAL DISCOUNT !

WRESTLING—Good Only August 27th.

Clip out this coupon and for $2.00, you may purchase a $2.50 ringside seat to the big August 27th show.

This coupon can be used for the purchase of two seats at discount prices.

This coupon not good within first three rows ringside. $1.80 seats may be purchased for $1.50 with this coupon.

To receive the best seats, send a check or money order in with a self-address envelope to:

Olympic Auditorium, 18th & Grand, Los Angeles 15,

LOU THESZ

**Varga, Nandor in Grudge go**

(Continued from Page 1)

tactics on his pal and countryman, Szabo.

Like Szabo, Nandor, a 230 pounder from Budapest, feels that Varga in infringing on Hungarian royalty by calling himself a Count.

"He's nothing but a phoney," chided Nandor.

"A Count has class and poise, and that's sumptin' he ain't got."

テーズVS力道山　プログラム（1958年8月27日　ロサンゼルス　オリンピック・オーデトリアム）

力道山はと見ると、なるほど RIKIDOZAN ではなく、外電が伝えるように RICKI DOZAN となっていますが、プログラムを見ていくと JAPANESE GREAT Japanese Empire Champion と書かれている箇所があります。力道山は偉大な日本人、日本のチャンピオンとして紹介されているではありませんか。

このようにUPI、APの外電とプログラムとでは、何カ所かの相違点が出てきました。

そして、問題の試合結果となると、UPI、APはともに力道山が勝ったと伝えてきているのですが、プログラムにはテーズが勝ったということでLOU THESZをマルで囲んであるというのです。

8月31日に帰国した力道山は、羽田空港控室で記者団に取り囲まれて、質問攻めに遭います。UPI、APの外電が報じたノンタイトルの前座試合について聞かれますが、力道山はこれを否定し、産経新聞の特派員が来ていたから連絡すればすぐ分ることだと語っています。確かに産経、サンスポの記事には、山田特派員の名前があり、力道山に対する疑惑が解かれるカギはここにありました。

力道山は、テーズはワールドとインターナショナルの二つのタイトルを保持し、今回テーズを倒して手に入れたタイトルはインターナショナル選手権で、このタイトルはテーズがオーストラリア、シンガポール、日本、そしてヨーロッパと、初めてアメリカ、カナダ以外の国を国際的に回って不敗だった功績を讃えられて新設されたものであると、タイトルの由来を説明します。

ここでいうワールドとはNWA世界選手権なのですが、調べてみるとやはりこの時点のチャンピオンは、テーズではなくハットンでした。

力道山の口から初めてインターナショナル選手権というタイトル名が出てきたのは、30日付スポニチのインタビュー記事です。

力道山は、当初アメリカ遠征の最後にロサンゼルスで、NWA世界選手権者のハットンとタイトル戦を闘うことになっていたのです。それが、テーズの持つタイトルにチャレンジすることになったということから、てっきりテーズがハットンに勝ってチャンピオンに返り咲いたものと思い込み（力道山は、カナダのトロントでテーズがハットンを倒したと語っています）、テーズに勝った後、手にしたタイトル名がインターナショナル選手権だと知らされたのではないでしょうか。力道山自身、このあたりのアメリカマット界の事情を正確に把握していたかどうかについては、大いに疑問が残ります。

また、証拠となるべくチャンピオンベルトはありませんでした。ベルトは現在とは違って持ち回りではなく、チャンピオンが自分で作るもので、テーズは数万ドルをかけてベルトを作ったとして、ハットンがテーズに勝った時もベルトは貰ってはいないと力道山は説明しています。

こうして記者会見は終了して、力道山はインターナショナル選手権者と認められ、騒動も一件落着となりました。

## ☆三本目までの試合経過に3つの違った記事

この後、9月2日付スポニチでは、ロサンゼルス毎日新聞橋田特派員発の「〝世界一〟争奪の死闘」「力道―テーズ戦を紙上で再現」「うなる空手チョップ　ロス市に〝リキ・ブーム〟」と題した記事を6枚の写真付きで掲載し、この一戦の試合経過が初めて詳しく報道されました。レフェリーが力道山の手を上げた写真もあります。

記事によると、一本目はテーズが力道山に飛び乗って体固めで先取。二本目は空手チョップで試合をリードした力道山の勝ち。三本目はタイムアップが迫る頃、焦り気味のテーズが場外からリングに入ろうとする力道山を妨害し、ついに反則が取られて力道山の右手が高く上がったと書かれています。テーズのバックドロップは不発に終わったようです。

ところが、このスポニチの記事を同様に特派員が派遣された産経、サンスポの試合報道と照合してみると、一本目と二本目が逆になっていたのです。産経、サンスポでは一本目を取ったのが力道山、二本目がテーズでしたが、スポニチでは一本目はテーズ、二本目を力道山が取ったことになっていて、三本目はどちらも力道山の反則勝ちでした。

プロ&ボク昭和33年10月号の、「力さんの渡米報告書　世界選手権にまつわる話」を読んでみました。一本目はテーズが24分何秒で跳びばさみから押えこみ、次は9分なんぼで首を狙った空手チョップ。最後は7分なんぼ、という言い方で力道山は対テーズ戦を振り返っています。

力道山の自伝では、一本目はテーズの両腕をはさむフライング・シザースで体固め、タイムは試合開始後25分近く経っていた。二本目は空手チョップで体固め、この間9分ちょっと。三本目もまた空手チョップでカウントスリー、1分少しだったろうと力道山は書いていますが、三本目は反則勝ちではありません。

果たしてこの一戦の顛末は、一体どれが正しいのでしょうか?

産経、サンスポの報道なのか、スポニチなのか、三本目は新聞報道のように力道山の反則勝ちなのか、自伝に書いてあるようにフォール勝ちなのか。そして、試合は力道山の勝ちだったのか、それともプログラムで見るようにテーズの勝ちだったのか?　調査を進めていくと、ますます謎が深まっていくばかりです。

40年以上も前の、それも海外で行われた試合の正確な事実が分かる、信憑性の高い、謎を解明できるような当時の何かが、どこかに眠ってはいないものでしょうか?

## ★当地の日系人向け新聞が力道山の勝利を証明

しかし、何事も最後まで諦めてはならないものですね。こうした思いが天に届いたものか、力道山

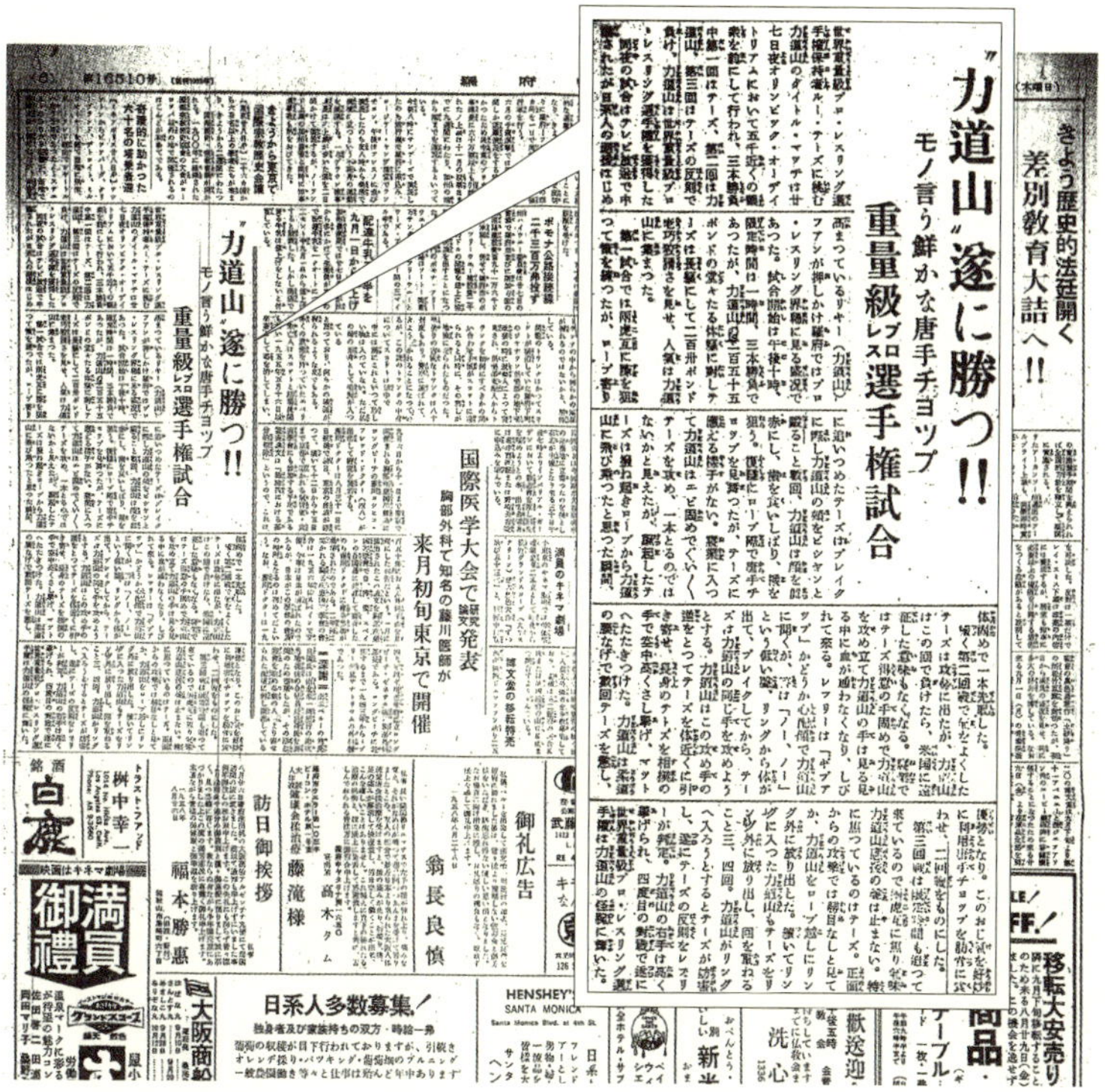

"力道山"遂に勝つ!!
モノ言う鮮かな唐手チョップ
重量級プロレス選手権試合

世界重量級プロ・レスリング選手権保持者ルー・テーズに挑む力道山のタイトル・マッチは廿七日夜オリンピック・オーデイトリアムにおいて五千近くの観衆を前にして行われ、三本勝負中第一回はテーズ、第二回は力道山、第三回はテーズの反則で負け、力道山は世界重量級プロ・レスリング選手権を獲得した。

同夜の試合はテレビ放送で中継されたが日系人の興奮はじめて高まっているリキー（力道山）ファンが押しかけ羅府ではプロ・レスリング界稀に見る盛況であった。試合開始は午後十時、限定時間は一時間、三本勝負であったが、力道山は二百五十五ポンドの堂々たる体躯に対しテーズは長躯にして二百卅ポンド、老巧敏捷さを見せ、人気は力道山に集まった。

第一試合では両選互に隙を狙って戦を続ったが、ロープ寄りに追いつめたテーズはブレイクに際し力道山の頬をビシャンと殴ること数回、力道山は顔を赤にし、歯を食いしばり、隙を狙う。顔面にロープ際で空手チョップを見舞ったが、テーズに應える様子がない。寝業に入って力道山はエビ固めでぐいぐいテーズを攻め、一本とるのではないかと見えたが、脱出したテーズは跳ね起きロープから力道山に飛び乗ったと思った瞬間、体固めで一本先取した。

続く第二回戦で気をよくしたテーズは攻勢に出たが、力道山はこの回で負けたら、米国に遠征した意味もなくなる。猛烈で（ママ）はテーズ得意の手固めで力道山を攻め立て力道山の手は見る見る中に血が通わなくなり、しびれて来る。レフリーは「ギブアップ」かどうか心配顔で力道山に聞くが、答は「ノー、ノー」という強い返事、リングから体が出て、ブレイクしてから、テーズは力道山の同じ手を攻めようとする。力道山はこの攻め手の逆をとってテーズを体近くに引き寄せ、長身のテーズを相撲の手で空中高くさし挙げ、マットへたたきつけた。力道山は柔道の腰なげで数回テーズを悪くし、優勢となり。このおじ気を好機に得意の空手チョップを肋骨に浴びわせ、二回戦をものにした。

第三回戦は最後の山場も迫って来ているので猛虎の如くに怒り狂う力道山最後の猛攻は止まない。特に正面に立っているのはテーズ。正面からの攻撃では勝目なしと見てか、力道山をロープ越しにリング外に放り出した。続いてリングに入った力道山もテーズをリング外に放り出し、同じこと三、四回。力道山がリングへ入ろうとするとテーズが妨害し、遂にテーズの反則をレフリーが判定。力道山の右手は高く挙げられ、四度目の挑戦で遂に世界重量級プロ・レスリング選手権は力道山の栄冠に輝いた。

やはり力道山は勝っていた!　羅府新報（1958年8月28日付）

に通じたものか、ロサンゼルスで発行される新聞「羅府新報《らふしんぽう》」の入手に成功したのです。

羅府は当て字でロサンゼルスの異称です。羅府新報は明治時代からロサンゼルスの日系人向けに発行される代表的な邦字新聞なのですが、その1958年8月28日付に「〝力道山〟遂に勝つ‼」「モノ言う鮮かな唐手チョップ」「重量級プロレス選手権試合」の縦3本見出しが躍る5段記事を発見したのです。

はやる気持ちを抑えながら、記事に目をやりました。

一本目は力道山に飛び乗ったテーズが先取、二本目は空手チョップで力道山、そして問題の三本目は—

「第三回戦（注・三本目）は限定時間も迫って来ているので両虎互いに焦り気味力道山応援の声は止まない。特に焦っているのはテーズ。正面からの攻撃では勝目なしと見てか、力道山をロープ越しにリング外に放り出した。続いてリングに入った力道山もテーズをリング外に放り出し、回を重ねること三、四回。力道山がリングに入ろうとするとテーズが妨害し、遂にテーズの反則をレフリーが判定。力道山の右手は高く挙げられ、四度目の対戦で遂に世界重量級プロ・レスリング選手権は力道山の怪腕に輝いた」

やはり力道山がテーズに勝って、インターナショナル選手権を獲得したということは、間違いのない歴史的事実だったのです。

となると、なぜあのような外電が流されたのでしょうか？　一体誰が、何の目的で…。テーズの独断での、ルールを無視した反則負けによるタイトル移動に慌てたＮＷＡ側が、力道山の王座無効を訴えるために流した情報だったのでしょうか？

当日会場で試合を観戦したマニアの方は、会場のどの位置から試合を見ていたのかは分かりませんが、試合終了時点で力道山のリングインを妨害して反則負けとなったテーズがリング内にいて、反則勝ちとなった力道山がリング外にいたという状況からして、リングの中にいるテーズが勝ったものと思い込んで早合点し、プログラムのテーズの名前をマルで囲んだのではないでしょうか。

また、三本目に関して力道山が自伝にフォール勝ちと記した文章は、力道山の記憶違いによる誤認だったのでしょう。

しかし、ここまで調べてきたものの、力道山の記念碑的な試合となったこの一戦の正確なファイトタイムは、とうとう出てこずじまいでした。

今回の調査でもう一つ分かったことは、〝力道山、テーズを倒して世界チャンピオンに〟は地方紙も含めた一般紙、スポーツ紙と全国の新聞が報道したビッグニュースで、おそらく記事にしなかったのは、朝日か日経ぐらいだったのではないでしょうか。

力道山の世界タイトル挑戦は〝国民的関心事〟であり、力道山がテーズに勝ってインターナショナルチャンピオンになったのは〝国民的快挙〟だったのです。

〈週刊プロレス№１００７　平成12年12月12日号〉

# 17 大荒れ場外乱闘が招いた〝怪〟 試合記録が新聞各紙でバラバラ

## ★力道山時代に多い一つの試合に複数の記録

昭和29年（1954）2月19日、シャープ兄弟が来日した国際試合に始まって、昭和38年12月7日、力道山最後のリングとなった浜松での試合まで、国内における力道山の全試合記録が完全に網羅されたデータというのは、現在のところ残念ながら存在しません。

以前にアメリカのマニア、J・C・メルビー氏の手により、力道山の生涯記録集が発行されました。ホノルルやサンフランシスコ、ロサンゼルスなどアメリカでの力道山の戦績が詳しく調査され、さらに日本の試合記録も載せられていたのですが、日本の記録の一部には不明な個所があり、欠落している部分がありました。

日本での試合記録の調査には、私も協力した一人だったのですが、昭和30年代初めから中頃にかけての試合記録の中で、どうしても調査不能のところが残ってしまったのです。

プロ&ボクが試合記録の「プロレス熱戦譜」を掲載し始めたのが、昭和35年12月号からでした。それ以前には月刊ファイト、ＲＩＫＩの紙面に掲載された試合記録を見かけたこともありましたが、アメリカ側の調査に比べて当の日本側の調査の行き届かなかった点には、今も誠に申し訳なく思っている次第です。

それにしても、力道山時代の試合記録を調査していくと、一つの試合に複数の記録が出てくるものが散見され、これから書く昭和35年9月30日東京・台東体育館（現在は取り壊されてありません）で、力道山の持つアジア選手権に〝黒い野牛〟リッキー・ワルドーが挑戦した試合の記録も、これまた複数存在する、おそらく難解度の高さでは最たるものではないでしょうか。

## ★〝黒い野牛〟ワルドー戦　試合記録が４通りも

まずは、新聞各紙が報じた試合記録をみていきます。力道山時代のプロレス後援新聞社の毎日新聞では、一本目双方カウントアウト30分5秒、二本目ワルドーの反則勝ち14分55秒、三本目エビ固め1分11秒で力道山が取り1―1の引き分け。

同じく後援新聞社のスポーツニッポンでは、一本目カウントアウト30分21秒、二本目ワルドーの反則勝ち14分34秒、三本目脳天逆落し1分11秒で力道山、1―1の引き分け。

同様の記録を掲載するのは報知新聞と東京スポーツ（報知では一本目を両者リングアウト、三本目は逆押え込みと記載しています）。

日刊スポーツとデイリースポーツでは、まず両者リングアウト30分21秒（デイリーはカウントアウト）、続いてワルドーの反則勝ち14分34秒、そして逆押え込み1分16秒力道山、1―1で時間切れ引き分け。

東京中日新聞では、一本目カウントアウト30分5秒、二本目ワルドーの反則勝ち14分55秒、三本目逆押え込み1分16秒で力道山、1—1の引き分け。

ということで4通りもの違った試合記録があるのです。これらの記録を試合タイムで分析すると、一本目は30分5秒と30分21秒、二本目は14分34秒と14分55秒、三本目は1分11秒と1分16秒、一本目から三本目のすべてに2通りの試合タイムがあり、そして試合結果でも1—1の引き分けと、1—1で時間切れ引き分けとの、これまた2通りの記録があることになります。

プロ&ボクを調べてみました。一本目両者カウントアウトとなった試合タイムの記載はなく、続いてワルドーの反則勝ちで14分34秒、そして1分16秒力道山の脳天逆落しが決まり、日刊、デイリーと同様の1—1で時間切れ引き分けとなっています。

しかし、なぜこうした事態が起きたのでしょうか？　レフェリー、タイムキーパー、リングアナウンサーから試合中に告げられる判定や、プロレス団体側から外部に対して発表される正式な試合記録というものはなかったのでしょうか？

## ★手落ちを認める沖識名　ファンに詰め寄られる佐土アナ

試合経過を報道された各紙誌から振り返ってみます。61分三本勝負で争われた試合は、序盤戦は静かな展開でしたが、ワルドーの反則パンチ、頭突き攻撃に力道山も空手チョップで反撃し、試合は荒れ模様となり、リング下へともつれ込んでイスを振り上げての場外乱闘に、ついに両者リングアウトとなります。

闘いはリングに戻り、頭突きを連発するワルドー、力道山はワルドーを首絞め、これを制止しよう

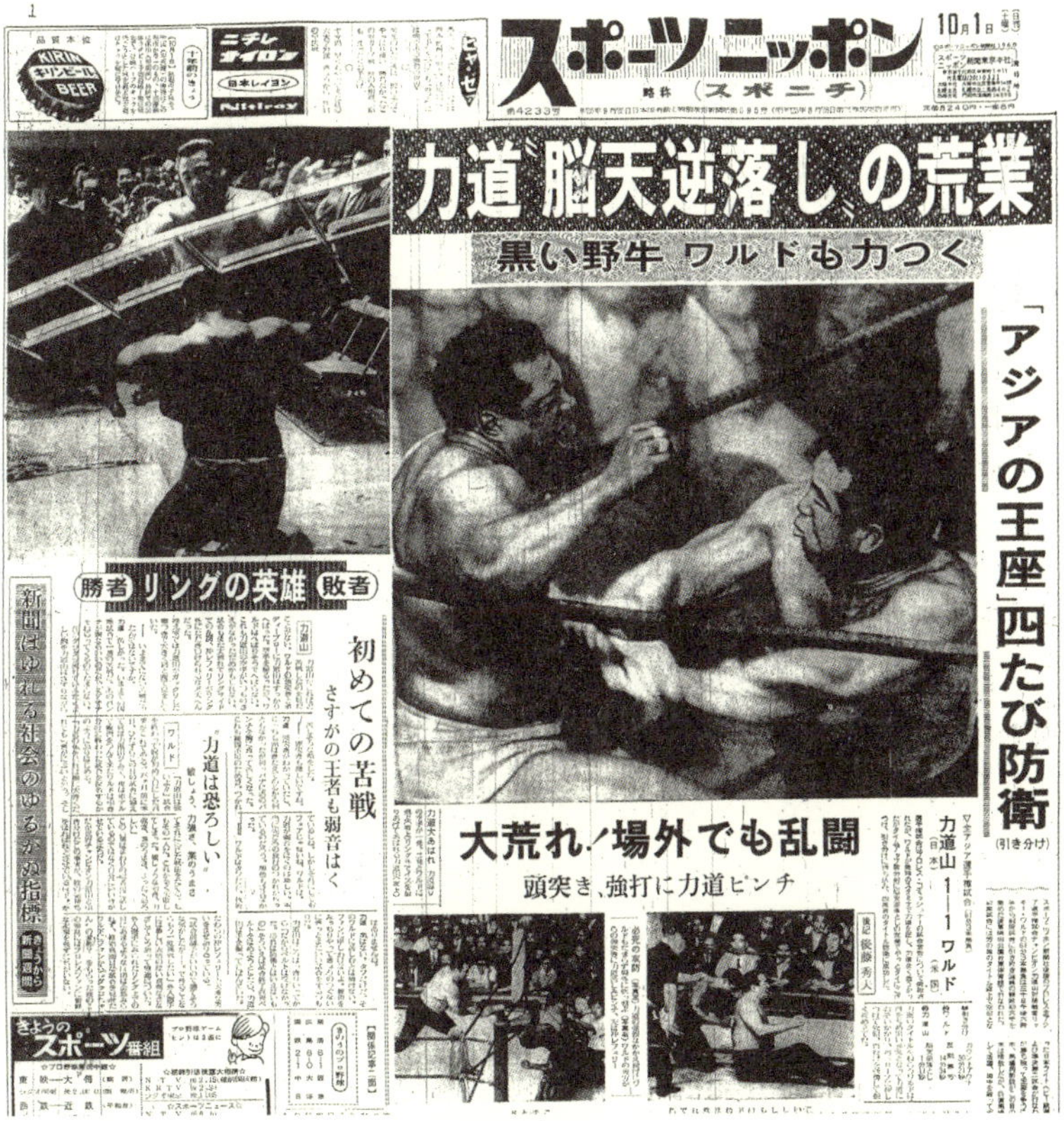

スポーツニッポン

10月1日

力道"脳天逆落し"の荒業

黒い野牛 ワルドも力つく

「アジアの王座」四たび防衛（引き分け）

大荒れ！場外でも乱闘

頭突き、強打に力道ピンチ

力道山 1—1 ワルド

勝者 リングの英雄 敗者

初めての苦戦

さすがの王者も弱音はく

"力道は恐ろしい"

新聞はゆれる社会のゆるがぬ指標

きょうのスポーツ番組

スポーツニッポン（昭和35年10月1日付）

とする沖識名レフェリーを力道山は空手打ちから場外に投げ出してしまい、レフェリー暴行による力道山の反則負けとなります。

ワルドーの絶好調のコンディションに対して、トレーニング不足がたたった力道山は大苦戦、バックドロップの速攻を決めて、なんとか1―1の引き分けに持ち込んで4度目の防衛に成功はしたものの、試合後のリング上ではチャンピオンベルトも付けず、負けたも同然の試合だったと力道山は語ったのでした。

スポニチの報道をみると、「ルールに忠実」と題した沖レフェリーのコメントが1面に載っていました。

ジャッジがはっきりしなかったのがいけなかったようだが、初めリングサイドの乱闘で両方ともカウントアウトでこれを引き分け一本。その次にワルドー、そして最後が力道で三本戦ったことになる。区切りをつけなかったのが何かあいまいな感じを与えたようだ。私としてはルールどおりの判定をしたと思う（原文のまま）

2面の雑観記事の中には「ぼやく沖レフェリー」の見出しで、ようやく場外乱闘を治めたら、今度は力道山に見方がおかしいと空手を見舞わされて場外に放り出され、ファンには訳の分からない試合だとグチられ、沖レフェリーは散々な目にあったと書かれています。

また「熱戦にアナ氏放送忘る」の見出しで、この日の日本テレビ金曜夜8時からのプロレス中継を実況した佐土一正アナウンサーは、熱戦に場内が騒然として、この興奮に飲まれ一本目の両者リングアウトの放送をすっかり忘れ、このため勝負ありとなってもファンは何が何だか分からず、一部ファンが「オイ、どうなんだ、1—1じゃないか」と詰め寄られオロオロ。沖レフェリーもはっきり判定を告げてやればよかったのに、とも書いています。

## ★混乱の原因は一本目の曖昧な両者リングアウト判定

報道記事からすると、一本目で場外乱闘になり、ここで沖レフェリーが両者リングアウトとした判定が正確に伝わらなかったことが、不可解な試合となった最大の問題点とされます。

二本目に入った試合は、観客にはそのまま一本目が続行しているように映り、そしてワルドーが反則勝ちとなり、その後力道山が一本を返して1—1となったとなると、沖レフェリーは最初の両者リングアウトを双方にポイントを与えず0—0と判定したことになります。

そうではなく1―1とすれば、二本目で力道山が反則負けになった時点で2―1のスコアとなり、ワルドーが勝って試合が終了してしまいます。

先の沖レフェリーの談話には、時間切れまで闘ったという話は出てきません。ファイトタイムをトータルしてみると約47分でした。61分三本勝負ですから、一本目が0―0ならば、二本目は一本目のやり直しという解釈をすると、1―1となって試合が終了したことから時間切れ引き分けといった報道が出てきたのでしょうか。観客には、一本目の両者リングアウトが伝わらず、双方が一本ずつ取った後にどうして三本目が行われないのかと騒いだのでしょう。

それにしてもなぜ、どうして試合記録が複数存在するのでしょうか？　毎日とスポニチの後援新聞2紙でさえ違った記録を掲載しているのです。全くもって不可解でなりません。

## ★伝え残さねばならない力道山全試合完全データ

この試合は前述のようにテレビで生中継されたのですが、映像に関するものは残されていません。昭和30年代初め頃は映画全盛の時代で、プロレスの実況映画はかなりの数制作されたのですが、テレビの出現により、その数も減少していきます。

そして、映画からテレビの時代への移行期に入るのですが、まだテレビのVTR技術は普及していなく、昭和30年代中頃以降にテレビ中継された試合映像というのは、あまり残ってはいないのです。

力道山対ワルドー戦については、以前にも新聞各紙を調べたことがあったのですが、この原稿を書くにあたって、調査の範囲を広げて再調査を試みました。

複数出てきた4通りもある試合記録は、一体どれが正確な記録なのでしょうか？

4通りの試合記録の中で、スポニチ、報知、東スポが掲載した一本目30分21秒、二本目14分34秒、三本目1分11秒が3紙で最多の記録となります。

一本目から三本目まで報道されたすべての試合記録を、それぞれタイム別に分析してみると、やはり一本目は30分21秒、二本目は14分34秒が最多記録となったのですが、三本目については1分11秒と1分16秒が同数で割れてしまいました。

現在のところは、これ以上の謎を解く手掛かりとなる材料は見つからないのですが、総合的に判断して、一本目両者リングアウト30分21秒、二本目ワルドーの反則勝ち14分34秒、三本目は一、二本目の記録の流れに沿って1分11秒の方を選択し、逆押え込みという決まり手もちょっと分からないのですが、おそらくバックドロップから体固めで力道山が取り、時間切れ引き分けではない、1―1の引き分けという記録を裏付け的には弱いものの結論としておきます。

もともと、力道山が保持したアジア選手権のタイトル防衛戦記録には、不明瞭な部分が多いのですが、マスコミが4度目の防衛と報じた対ワルドー戦は、5度目が正確な防衛回数です。

この日、二人の期待の新人馬場、猪木がデビューしています。馬場は田中米太郎を5分15秒股裂きで破り、猪木は大木金太郎に7分6秒逆腕固めで負けましたが、二人は会場のどこかでこの一戦を見ていたのでしょうか。

冒頭で書いた、力道山の国内全試合記録完全データは日本プロレス史上において、後世に確実に伝え残さなければならない貴重な記録であり、将来的にはなんとしてでも調べ上げなければならない重要課題なのです。

〈週刊プロレス№1114　平成14年10月22日号〉

# 18

## 喧嘩試合二番勝負
## 「ハワイの巨象」イヤウケアと大乱闘

### ★力道山が語る喧嘩になった2試合

昭和29年2月に世界タッグ選手権者のシャープ兄弟が来日した国際試合から、昭和38年12月の〝白覆面の魔王〟ザ・デストロイヤーが参加したシリーズまでの10年間における、力道山の国内総試合数（沖縄を含む）は870試合前後になるとみられます。この他に、ハワイ、サンフランシスコ、ロサンゼルスなどや東南アジア、台湾、ブラジルでの海外の試合数は、自伝に記されているだけでも約500に達するほどです。

数多くの試合を闘ってきた力道山ですが、そんな中でプロレスの枠を超えて喧嘩になった試合が2回あったという話が、中沖満著「力道山のロールスロイス　くるま職人　想いでの記」（グランプリ出版）の中に出てきます。同書は全編が自動車の話で、ロールスロイスについて書いた章には「力道山のロールスロイス」と題した箇所があるのですが、これを本のタイトルに持ってきてしまうあたりは、さすがに力道山のネームバリューの大きさを当て込んだ算段なのでしょうね。

車好きの力道山は、世界チャンピオンになった暁には、是非とも乗りたいと思っていたロールスロイスをついに手に入れ、車体の塗り変えを依頼するためロールスを自動車工場に持ち込んだある日のこと、力道山がお菓子を抱えて工場に姿を見せました。職人達は仕事の手を休め、しばし力道山を囲んでの歓談となり、この時に前述の喧嘩となった2試合の話が力道山の口から語られたというのです。

まず一つは言うまでもなく、昭和29年12月22日の日本選手権力道山対木村政彦戦で、同書によると力道山は木村戦を回想し、絞められて落ちそうになって怖くなったよ、あれは試合じゃなく喧嘩だったと苦笑したと書かれていました。

もう一つの試合は、〝ハワイの巨象〟カーチス・イヤウケアとの一連の闘いだったと力道山は語っています。イヤウケアは昭和35年10月に来日し、テキサス・マッケンジー、リッキー・ワルドーとともに「日米修好百年記念」国際試合に参加しました。

岡山での試合が荒れて、力道山はイヤウケアの反則による凶器、鉄柱攻撃で流血し、血が目に入って見えない中、イヤウケアから凶器を奪い取って猛反撃に出ます。イヤウケアは完全にリング上で伸びてしまい、力道山も若手に抱えられて控室に戻ったのですが、少々やり過ぎたかなという苦い思いから、次の高松での試合は休んでくれとイヤウケアに伝言することになります。

しかし、イヤウケアはこれを拒否し、高松では額に絆創膏を貼った者同士の対決となって、またもや流血戦となりました。イヤウケアのナックルと凶器攻撃によって力道山が先に流血したのですが、やられてからやり返すというのが力道山のいつものパターンとはいえ、気が遠くなるような激痛の中で、空手チョップの乱打からイヤウケアの絆創膏を引き剥がして、前日に幾針か縫った傷を両手で引

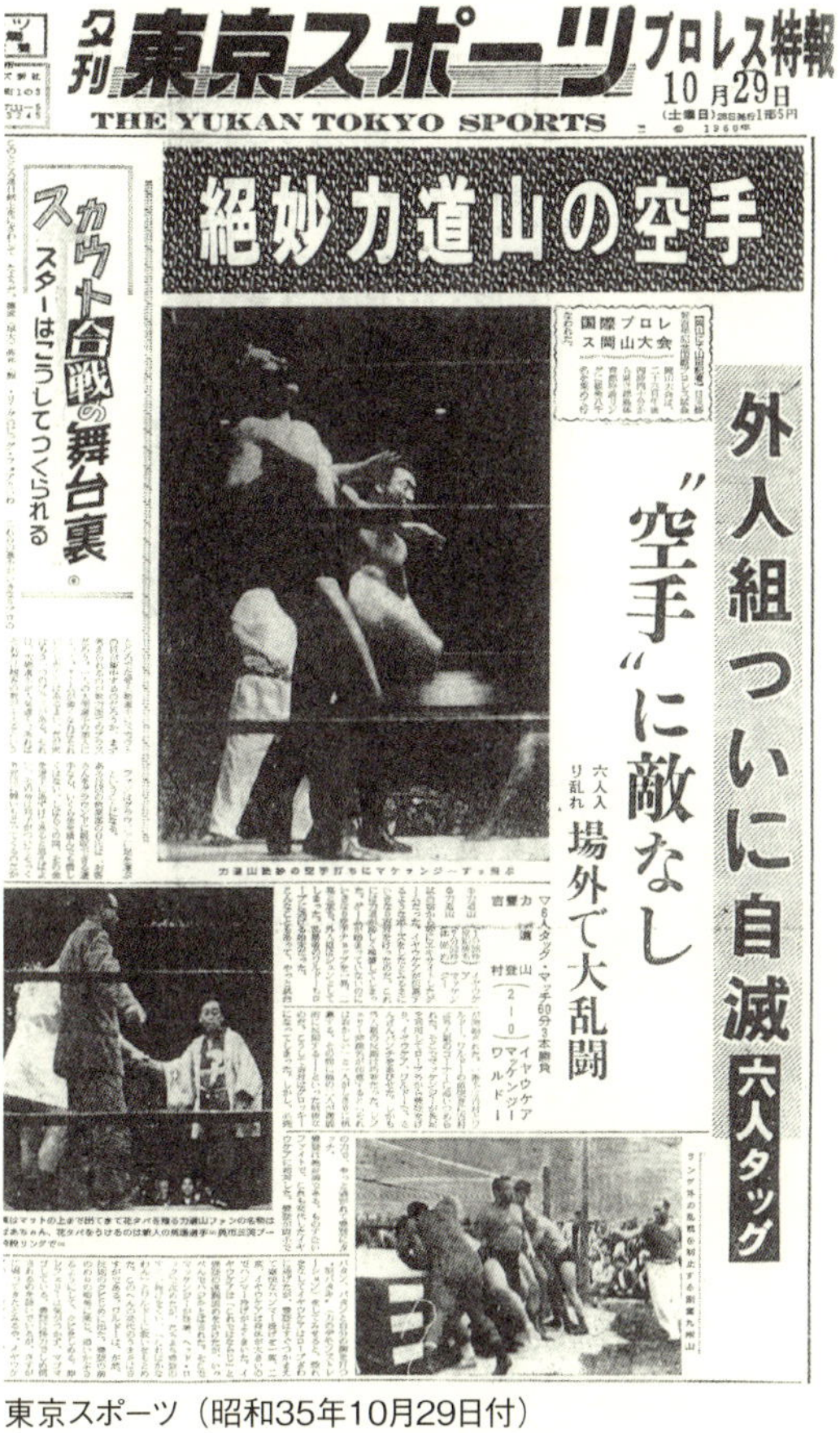

夕刊 東京スポーツ プロレス特報
10月29日 (土曜日)
THE YUKAN TOKYO SPORTS

絶妙力道山の空手

外人組ついに自滅 六人タッグ

"空手"に敵なし

六人入り乱れ 場外で大乱闘

国際プロレス岡山大会

スカウト合戦の舞台裏
スターはこうしてつくられる

6人タッグ・マッチ60分3本勝負
力道山 豊登 吉村 (2－0) イヤウケア マッケンジー ワルドー

東京スポーツ（昭和35年10月29日付）

き裂くという力道山の凄惨な喧嘩ファイトに、イヤウケアはビックリして後の試合を放り出しハワイに帰ってしまったと力道山は語り、あの時も殺されるんじゃないかと思ったというのです。

## ★大荒れの呉、岡山、小倉　イヤウケア大暴れ

この話を読んで、当時の試合記録を調査してみました。岡山の試合は10月27日に津島体育館で行われ、試合は力道山、豊登、吉村道明組対マッケンジー、ワルドー、イヤウケア組の6人タッグマッチ60分三本勝負でした。試合前から両チームの乱闘が始まり、一本目は吉村、豊登が次々に外国人コーナーに捕まり、ようやく力道山に代わりましたが、場外乱闘となって16分20秒レフェリー暴行でイヤウケアの反則により力道山が一本先取。二本目に入って外国人チームが仲間割れを起こし、孤立したマッケ

ンジーを力道山が空手チョップから7分52秒体固めで、2—0のストレート勝ちを飾りました。

　当時の史料を振り返ってみると、この国際試合では荒れた試合が続き、岡山の前の25日には広島の呉市二河プールに約1万人の観衆を集めて試合が行われ、メインイベントの力道山、豊登組対マッケンジー、イヤウケア組戦ではワルドーの乱入で会場は大混乱に陥り、試合が続行不能の状態になったほどで、呉大会を報じる東京スポーツには「力道山昏倒す　空前のエキサイト」「遂に警官も出動　ピンが乱れ飛び観客までケガ」の物騒な見出しが躍り、イヤウケアも大流血するという伏線があったのです。

　力道山は、先の本の中では岡山の次の試合は高松だと語っていますが、調べてみると巡業は岡山から四国ではなく九州地区へと転戦し、岡山大会の翌28日は福岡の北九州市小倉三萩野体育館での試合でした。この日は金曜日でテレビ中継が行われ、当初予定された試合カードはセミファイナル45分三本勝負吉村対マッケンジー戦、メインイベント60分三本勝負力道山、豊登組対ワルドー、イヤウケア

夕刊 東京スポーツ プロレス特報

10月27日

THE YUKAN TOKYO SPORTS

力道山昏倒す

空前のエキサイト

狂人化するワルドー

遂に警官も出動

ピンが乱れ飛び観客までケガ

国際プロレス呉大会

東京スポーツ（昭和35年10月27日付）

組戦と発表されたのですが、前述のように力道山は欠場を拒んだイヤウケアをメインから外して、セミで吉村との対戦を組み、メインは力道山、豊登組対マッケンジー、ワルドー組戦に急拠変更したようです。

ところが…、セミで吉村に試合放棄から2―1で勝ったイヤウケアは、そのままリングサイドに居残ってメインの試合前から大暴れし、花束嬢の花束を奪って力道山に襲いかかり、このため試合開始が遅れ、力道山に花束を渡すために会場に駆けつけたクラブ・リキ出身の歌手松尾和子さんは、花束を渡すことができなかったそうです。

その後もイヤウケアは乱入を繰り返し、力道山もイヤウケアもワルドー、マッケンジーまでが流血するという試合展開となり、結局2―0で力道山組が勝利したのですが、小倉と言えば気性の荒い土地柄でもあって、会場はビンや椅子、下駄までが飛び交い騒然となりました。この小倉大会を、東スポは「流血の力道山　外人三名も傷つく」「乱闘につぐ乱闘　試合前からエキサイト」の大見出しで報じています。

おそらく、力道山が記憶する高松でのイヤウケアとの対決というのは、この小倉においての試合だと推測され、それも力道山とイヤウケアの直接対決の試合ではなく、イヤウケアの乱入という形によってのものであり、とにかく両者の闘いは凄まじい喧嘩ファイトに発展したようです。テレビで全国に向けて生中継された試合でもあったところから、ひょっとしたら記憶の良いオールドファンの間には、テレビの画面からも異様な試合の雰囲気が伝わり、試合を生観戦した小倉のプロレスファンの間では今でも代々語り草になっている試合かもしれません。

イヤウケアはこの時が初来日で、当時デビュー3年目の21歳と発表されていましたが、力道山は自伝の中で、イヤウケアは図太い神経とふてぶてしい根性を持っている、ちょっとやり過ぎたなと思うほど手ひどいことをしても平気な顔をしていると評価しています。

　またプロ＆ボク1961年1月号には、試合が始まる前に花束で顔を殴られたが、目に入ると危険で、あまりに腹が立ったので椅子で頭を殴ってもタフで伸びなかったと、喧嘩試合を裏付けるような力道山のコメントが掲載されていました。

夕刊 東京スポーツ プロレス特報 10月30日
THE YUKAN TOKYO SPORTS
流血の力道山
外人三名も傷つく
乱闘につぐ乱闘
試合前からエキサイト
国際プロレス小倉大会
スカウト合戦の舞台裏
スターはこうしてつくられ
商売上手な
巨人スカウト

東京スポーツ（昭和35年10月30日付）

　この後、イヤウケアは力道山、豊登組の持つアジア・タッグ選手権に2度挑戦するものの、タイトル奪取は成らず（11月8日名古屋、14日大阪）、また11月16日には、東京で力道山の持つインターナショナル選手権にもチャレンジしましたが、両者血みどろの闘いとなり、リング下に落ちたイヤウケアが左膝を捻挫し2―0のストレート負け。11月19日の最終戦まで出場したイヤウケアは、傷心の帰国の途に着いたのです。

　力道山は、イヤウケアは後の試合を放り出してハワイに帰ってしまったと話していますが、この件《くだり》は話を聞いている職人達を楽しませるための、力道山一流のリップサービスを行ったのでしょう。それにしても、力道山本人を取り囲んで直接話ができるなんて、夢のような体験をした職人達がなんとも羨ましい限りではありませんか。

## ★ショーか、八百長か、仲間同士のルールとは？

力道山に、あれはプロレスではなく喧嘩だったと言わしめた二つの試合については、〝伝説の試合〟といわれる対木村戦と、もう一つは岡山、小倉と続いたイヤウケアとの一連の闘いだと特定しましたが、喧嘩となる必然性が高かったのは対木村戦でした。イヤウケアとの対決については、両者の闘いがエスカレートしていき、喧嘩となった偶然性が高かったように推察されます。

同書の中で、自動車工場の職人達から「力さん、プロレスは八百長？」「本気で試合をやったのは？」というきわどい質問に対して、力道山は「まぁショーだけれど、本気でなければ大怪我するしなぁ。八百長といえば、これ以上関節を攻めたらいっちゃうな、と思って途中でやめることかな。でもそれは仲間同士のルールだから八百長とも言えんしな」と語る場面が出てきますが、業界の第一人者でもある力道山のコメントは、読み返したくなるほどにプロレスの本質が語られています。元レフェリーの人物があれこれと書いた思考が停止してしまう話よりも、力道山の話のような奥の深い話が聞きたいものです。新日プロの過去の試合映像はたまに見たくなるのですが、試合の向こう側にあるプロレスの世界をあれこれ思考する楽しみを奪ってしまったこの人物が、レフェリーを努めた試合は全く見ないことにしました。

最後に一つ、同書に書かれてあったちょっといい話を紹介します。力道山が自動車工場に姿を現すと子供達は大喜びし、力道山は子供を一列に並ばせて、即席のサイン会を催しました。一人ひとりに声を掛けながらサインをする力道山の噂を聞き付けた近所の大人の人達も、サイン会の長い列に加わり、力道山は自身の万年筆のインクが無くなるまで倦む事無くサインを書き続けたそうです。

力道山は自ら「ありがとさん」と大声を発してサイン会を締め括ると、期せずして工場内には拍手と歓声が沸き起こったとか。さ〜すが力道山！

# 19
## 靖国神社・奉納プロレス
# 奉納相撲上回る大観衆を集めたが

### ☆「靖国」の著者が〝事歴年表〟で発見

力道山のことに関しては、けっこう知っているつもりでいたのですが…。

過日、週プロ編集部の綿引さんから電話があり「力道山が靖国神社で奉納プロレスを行ったことをご存知ですか?」と尋ねられました。

「エッ、いや知りません。そんなことがあったのですか」靖国神社での奉納相撲なら聞いたことがありますが、奉納プロレスについては聞き覚えのない話でした。

綿引さんが言うには、昭和36年4月23日、靖国神社において奉納プロレス大会が開かれ、このことが坪内祐三著「靖国」の中に書かれているというのです。

さっそく「靖国」を読んでみました。第十章には「力道山の奉納プロレス」とあります。著者はまず、「靖国神社百年史　事歴年表」から奉納プロレスの記述を見つけるのですが、詳しい内容を知りたいと思った著者は、当時のプロ&ボク、日本プロレス全史（1995年刊）を調べたそうです。ところが、奉納プロレスに関する記述はどこにも見当たらなかったのでした。その後、古本屋の倉庫で偶然に見かけたプロレスのスクラップ帳から、毎夕新聞が報道した奉納プロレスの記事を発見します。

こうして靖国神社で行われた、たった1回だけの奉納プロレスの事実が確認されたというのです。それにしても、プロ&ボクにも全史にも記載のない、靖国神社での奉納プロレスがなぜ、行われたのか？　なぜ、プロレス史の中に埋もれてしまったのか？　これは調べ甲斐のある謎です。

靖国神社は、明治2年（1869）6月、明治天皇が東京九段坂上に建てた御社《おやしろ》「東京招魂社」をその起源とし、同12年に「靖国神社」と改称され、明治維新の戊辰戦争での官軍戦没者、及びそれ以降の日清・日露戦争、第一次世界大戦、満洲・支那事変、大東亜戦争での戦没者を護国の英霊、軍神として祀ったところです。

それがまた、国家、天皇、宗教、軍事、政治といった事柄に対するイデオロギーに問われる側面も持ち、政治家の公式参拝が問題とされる報道をしばしば耳にするのですが、そんな靖国神社でプロレスの試合が奉納されたのでした。

「いままで例大祭の奉納試合といえば大相撲と相場がきまっていた。靖国神社とプロレスとではちょっと場違いな感じがしないこともない。だが楢橋会長のキモ入りで実現したこのプロレス初の奉納試合は日本プロレス史上に新たな一ページを画するものになることは間違いのない事実だ」と毎夕新聞（昭和36年4月24日付）の記事に書かれ、話題性も大きかったと思われる奉納プロレスを、他のマスコミはどのように報道したのでしょうか？

## ★岩田浩氏の話で輪郭が見えた

まずは、力道山時代のプロレス後援新聞社の毎日新聞から調べてみましたが、毎日には報道されてはいませんでした。続いて、スポーツ紙で同じく後援新聞社のスポーツニッポン、これにも記事はありません。

プロレスを大きく取り上げる日刊スポーツや、報知新聞、東京中日新聞、サンケイスポーツ、デイリースポーツと調べていったものの、不思議なことにどのスポーツ紙にも報道はないのです。

さらに、プロレスの専門誌であるプロ&ボクにさえ記事はなかったといいますし、念のためにプロレス史、力道山関係の出版物や自伝などを改めて見直してみましたが、やはり靖国神社での奉納プロレスに関する記述は、どこにも見当たりませんでした。

一体どうしたことでしょうか?これではまるで、プロレス史の中に埋もれるべくして埋もれたといってもよいほどです。

自分も知らなかった奉納プロレスの件を聞かれた時は、少々慌てたものの、調査を進めていくうちに「これじゃ知らないのも無理はないなぁ」とホッとしたのも正直な気持ちでした。

さてこうなると、日本プロレスの〝歴史の証人〟岩田浩さんに聞くしか手はありません。

ところが、岩田さんも奉納プロレスについては分からなかったのです。

「靖国神社で力道山が奉納プロレス?　靖国神社へみんなでお参りに行ったことがあったかなぁ。ウーン、軍隊にいた頃、兵舎の前が靖国神社だったけど…、近衛歩兵第一連隊のあった所が、いまの日本武道館の場所でね。で、それはいつあったの?」

昭和36年（1961）4月23日ですから、第3回ワールド大リーグ戦の直前ですね——

「あぁ、だったら記憶にないはずだ。ワールドリーグの前なら、興行の準備で全国を飛び回っている時期だからね」

そして、「靖国」の本の中に引用されてある毎夕新聞の記事を読んで、岩田さんに聞いてもらいました。力道山、遠藤幸吉がレフェリーを務め、中堅、若手レスラーが試合に出場したこと、来日中の小人（ミゼット）レスラーの特別参加があったと話した、その直後でした。

「あっ、小人プロレスで思い出したぞ、遠藤幸吉の友達の三重県松坂のプロモーターで玉井さんという方がいて、小人プロレスの興行をやっていたんだが、この人が右翼だったんだよ。きっとその興行に力道山が選手を貸したんじゃないのかなぁ」と言うのです。

右翼といえば、故児玉誉志夫の存在が浮かんできます。児玉誉志夫は力道山の葬儀に、韓国訪問中の大野伴睦日本プロ・レスリング・コミッショナーに代わって、葬儀委員長を務めました。

毎夕新聞の記事には、楢橋会長の肝煎で実現した奉納プロレスとありました。楢橋会長とは、日本プロ・レスリング協会の協会長であり、靖国神社との交渉は、運輸大臣にも就任した自民党大物政治家で〝政界の怪物〟と異名を取ったこの人物が窓口となったのでしょうか。

岩田さんの話から、靖国神社での奉納プロレスの輪郭が、どうやら見えてき始めました。

## ★奉納相撲上回る大観衆1万5000人

毎夕の記事には、かつては関脇力士だったこともある力道山にとって、そしてプロレス10年をひた走りに走ってきた王者力道山にとって、この行事は感慨無量なものがあったろうとも書かれています。

「靖国」の著者はその著書の中で、廃業の理由を明かさなかった力道山の髷切り事件に始まり、奉納プロレスの5日後の4月28日に行われた奉納相撲の結びの一番を務めたのが、二所ノ関部屋で力道山の弟弟子にあたる横綱若乃花（初代）で、奉納相撲の観客動員数が1万人に対して奉納プロレスが1万5千人だったことや、奉納相撲と同じ日、明治神宮外苑ではグレート・アントニオが満員バス4台を鎖で引っ張るというデモンストレーションを行い、1万人もの人を集めたこと。そして、昭和38年12月8日夜に起こった力道山刺傷事件の当日、大相撲のアメリカ興行の件で日本相撲協会が力道山に頭を下げに来た話にまで言及し、力道山の相撲に向ける胸の内を探る文章を綴っています。確かに力道山には、相撲に対して向こうを張る気持ちが強かったことは、想像に難くありません。

ではなぜ、そんな奉納プロレスを多くのマスコミは報道しなかったのでしょうか？

しかし、調べていくと東京スポーツにはこの日の奉納プロレスは報道されていたのです。毎夕新聞（東京毎夕新聞からスポーツ毎夕新聞と改題、その後廃刊）も東スポも夕刊スポーツ紙であり、夕刊紙が報道して、朝刊スポーツ紙がどこも報道しなかったという理由は一体どこにあるのでしょうか？　ましてや、プロレス後援新聞毎日、スポニチ2紙の報道もないのです。急遽決定したために、時間的余裕がなく夕刊紙にだけ取材の情報が流された、などとはとても考えにくいですし、全くもって不可解です。

ちなみに、日本プロレス史に埋もれてしまった靖国神社における奉納プロレス大会の全試合記録を、東スポの記事から紹介しておきます。

★靖国神社例大祭奉納プロレス　4月23日（日）　靖国神社境内相撲場特設リング
　試合開始　午後5時　観衆2万人
▽10分一本勝負　林（片腕固め、9分14秒）長谷川

▽20分一本勝負　竹下（体固め、10分35秒）平井　　田中（首固め、13分42秒）猪木
▽特別試合バトルロイヤル時間無制限
参加選手　田中、平井、林、長谷川、竹下、大坪、吉原、猪木
田中（体固め、21分40秒）平井　　優勝者　田中
▽20分一本勝負　大坪（逆エビ固め、7分）桂浜
▽30分一本勝負　馬場（体固め、6分20秒）大木
▽小人レスラー30分一本勝負　ビリー・ザ・キッド（体固め、22分46秒）トム・サム
▽45分三本勝負　長沢 土佐ノ花（2—0）大木 馬場
土佐ノ花（体固め、11分30秒）大木　土佐ノ花（体固め、4分15秒）大木
（昭和36年4月25日付東京スポーツ）

## ★第3回ワールド大リーグ戦のパンフなどに証拠写真

靖国神社での奉納プロレスについて、いろいろと調査をしてきたのですが、もう一つ調べるのを忘れていた大事な史料に気付きました。それは押山さんが作成する試合のパンフレットです。ありました。やはり日本プロ・レスリング協会発行「第3回ワールド大リーグ戦」のパンフレットの中には、少ない記述ながら靖国神社での奉納プロレスについて書かれた箇所があり、そして神社でお参りをする力道山の写真もあったのです。続く「ワールドリーグ選抜戦」のパンフレットにも、同じ写真が使用されたページがありました。

このパンフレットは以前から手元にあったのですが、奉納プロレスについてはうっかり見落として

いたのですね。これは大きな手抜かりでした。ホッと一安心したのもつかの間、パンフレットで奉納プロレスの記述を発見した時は、嬉しさと同時に「シマッタ」という思いが複雑に交錯したものです。

この数日後、力道山の子息、百田義浩・光雄両氏が書いた「父・力道山」の中から、気掛りな写真を見つけました。

写真は、力道山が神社で御祓いを受けているものです。白黒写真ですから色は判りませんが、力道山は薄い色のスーツの下に、黒っぽい襟が付いたシャツのようなものを着ています。先のパンフレットの、力道山の後ろ姿が写る写真を見ると、やはり薄い色のスーツに黒っぽい襟が覗いて見えます。力道山の服装は同じように見えるのです。

御祓いを受ける力道山の右横には楢橋会長、左の隅には若き日の馬場、猪木、後方には平井光明の顔も見えます。楢橋会長の陰になっているのは遠藤幸吉でしょうか。力道山の陰にいるのは、小松リングアナウンサーと吉村義雄氏でしょうか？

さて、この写真はいつ、どこで撮ったものなのでしょう？力道山の服装、写真に写っている顔ぶれからして、もしかすると昭和36年4月23日、靖国神社での奉納プロレスの当日に撮った写真なのかもしれません。

さらには、力道山の後ろには岩田さんの姿も見えます。これはどうしても岩田さんに見てもらい、もう一度話を聞かなければなりません。

「写真を見て思い出していたんだけど、この写真は靖国神社で写したものだな。楢橋会長の横にいる神主の榊で顔が見えないのが、きっと玉井さんだろう。幹部連中を招集して、靖国神社にお参りに行った記憶があるんだけど、それが奉納プロレスだったのかなぁ。こちらは興行の仕事で忙しくて、

靖国神社奉納プロレスでの御祓い（百田義浩・光雄共著「父・力道山」より）

お参りが済んだら試合の前に仕事に戻ったのだと思う。だから奉納プロレスが記憶にないんだろうなぁ」

「当時は、小人レスラーをウチ（日本プロレス）が借りたり、ウチの選手を玉井さんに貸したりということがあったんだけど、奉納プロレスということですから、ノーギャラでチャリティー的なものですね。ウチも玉井さんのところも選手を出し合って、だからプロモーターがいないわけですよ」

「楢橋会長が、全国の戦没者の遺族会に関わっていて、その関係で奉納プロレスが行われたんじゃないのかな。まぁ、多分に政治的なこともあったのかもしれない。アントニオ猪木に奉納プロレスのことを話したら、覚えていると言ってたよ」

写真は、靖国神社で奉納プロレスの当日に撮った可能性が高くなってきました。写真を見て、岩田さんの記憶も甦ってきたようです。それにしても、猪木さんの記憶に残る奉納プロレスについても、是非一度聞いてみたいものです。

## ★神主の北沢氏が語る奉納プロレス挙行の理由

問題の写真を靖国神社の方にも見てもらったところ、「神社の建築様式となると、だいたいどこも同じですから、靖国神社に似ていると言えば似ているのですが」という答えが返ってきました。

それでは、当時のことを知っている人はどなたかおいでませんか、という問いに「神主の北沢さんなら知っているかもしれません」と言うのです。そしてついに、その北沢昇さん（当時67歳）から話を聞くことができたのです。

「この写真は当神社で撮ったものです。拝殿と本殿の間の中庭《ちゅうてい》で、清めの御祓いを受け、その後力道山が本殿でお参りをして試合に臨んだのです」

なぜ、奉納プロレスが行われたのでしょうか？

「先方の申し出により、そして楢橋渡日本プロ・レスリング協会会長の尽力によって、靖国神社での奉納試合はプロレスの精神的発展にも大きな意味があり、戦没者、遺族の方々にプロレスの試合を奉納したいということでしたね」

プロレスの精神的発展―これは楢橋会長のけだし名言です。

「私は仕事もありまして、試合はそんなに見られなかったのですが、入場は無料ということもあって、とにかく凄い人気でした。警官が出て規制し、相撲場に入れない人もいましたし、相撲より凄かったです。小人レスラーの出場もありました」

この日の奉納プロレスは、一部のマスコミでしか報道されていないのですが――

「そうですか…、どうなんでしょう。急に決まったとかで、マスコミに連絡が行き届かなかったのでしょうか？　神社で発行する新聞があるのですが、これには載せましたし、神社側で撮った写真があります。私も個人的にこの日の写真を何枚か所有しています。今年が靖国神社創立130年に当たり、記念に出版した写真集の中には奉納プロレスも掲載しています」

靖国神社の職員、神主の北沢さんから貴重な証言をいただくことができました。北沢さんの手元に今も残されているという、歴史を語る奉納プロレスの写真を是非とも拝見したいものです。また、写真集の中で奉納プロレスがどのように紹介されているのかも知りたいところです。

## ★なぜこの〝1回限り〟で終わってしまったのか

靖国神社の事歴年表に秘かに書き記され、パンフレットの中には記述が残されたものの、ごく一部のマスコミにしか報道されずに、プロレス史に書き留められることなく、歴史の中に埋もれるべくして埋もれてしまった、たった1回限りの靖国神社の奉納プロレス―この事実がだんだんと掘り起こされてきました。

毎夕の記事に、初の奉納プロレスはプロレス史上に新たな1ページを画することは間違いのない事実だと書かれ、歴史的な出来事だった奉納プロレスが、なぜ1回限りで終わってしまったのでしょうか？

靖国神社の相撲場といえば、その昔、大正10年3月にアド・サンテル、庄司彦雄らのプロレス対柔道の異種格闘技戦が行われた場所でもあり、また「靖国」の著者の言を借りれば、靖国神社という空間こそは、その種の見世物的興行にふさわしい場所であり、つまり、非日常的な空間であったのです。

おそらく、力道山にしても次回の奉納プロレスについては考えもあったでしょうし、パンフレットの中にも、こうした企画は今後もどしどしやりたいとも書いてありました。

靖国神社の春の例大祭は、毎年4月21日から23日の3日間行われます。奉納プロレスが開かれた翌昭和37年の第4回ワールド大リーグ戦は、4月21日から始まりました。昭和38年の第5回ワールド大リーグ戦は3月23日に開幕して5月17日が決勝戦でした。

となると、日程的に春の例大祭はちょうどワールド大リーグ戦の巡業と重なってしまうこととなります。

例大祭は、春の他に10月17日から19日までの秋にも行われますが、37、38年を調べてみると秋期国際戦のさ中でもありました。こうして、スケジュールの調整が付かずに37、38年と奉納プロレスは見送られたまま？38年の12月には、力道山はこの世を去っていきます。

そして、靖国神社での奉納プロレスも力道山の死とともに遠ざかり、忘れ去られていったのでしょうか？

## ★2試合に出場していたジャイアント馬場

昭和32年から日本プロ・レスリング協会会長を務めた楢橋渡も（昭和37年の1年間だけは賀屋興宣《かやおきのり》）、力道山の死後、39年には児玉誉志夫に交代し、40年からは平井義一が会長に就任するといった組織、路線の変更もありました。

しかし、力道山が死んだ翌年、東京オリンピックが行われた昭和39年には、靖国神社とは靖国通りの道一つを挟んだ皇居北の丸に日本武道館が建てられます。昭和41年12月3日に日本プロレスがインターナショナル選手権ジャイアント馬場対フリッツ・フォン・エリック戦で初使用して以来、日本武道館は今日ではプロレスの大会場としてすっかり定着しました。こうした歴史の流れを、力道山はあの世からどんな思いで見てきたことでしょう。

平成11年4月17日には、師匠力道山の元へと旅立った馬場さんのお別れの会が、その日本武道館で行われ2万8000人ものファン、関係者が参集しました。

靖国神社での奉納プロレスには、馬場さんも出場していますが、試合記録をみると馬場さんはこの日2試合を闘っています。

週プロ906号の「エッセー・ストリート」で、馬場さんの国内試合記録の謎として、昭和35年10月14日札幌中島スポーツセンターでの2試合出場の記録が正確なものかどうかを調べてみたいと書きましたが、その後の調査の結果、この日の試合を報じた東スポの記録で確認しても、やはり馬場さんは2試合出場したことになっていました。

で、今度は靖国神社での奉納プロレスの2試合の記録が新たに確認されたのですが、これは国内試合記録にカウントされてはいないものです。となると、馬場さんの記録は2試合増えるということになります。

デビュー当時、馬場さんには一日2試合が組まれたこともあったのでしょうか?

「まぁ、馬場君は体も大きいし、トレーニングのつもりで（笑）1日2試合やらされたことがあったかもしれないなぁ」（岩田氏談）

「ジャイアント馬場お別れの会『ありがとう』」に出席した私は、日本武道館で馬場さんを偲び、靖国通りの歩道橋を渡って、靖国神社の奥まった場所にある境内相撲場にまで足を運びました。

九段の桜も葉桜となった相撲場に佇み、歴史の中に埋もれ去ろうとした、今から38年前、ちょうど季節も同じ頃の遠いあの日の奉納プロレスに想いを巡らせ、馬場さんを偲び、そして力道山を偲んでまいりました。

〈週刊プロレスNo.９４０　平成11年10月12日号〉

## 20

# 世紀末に起きた力道山現象
# 眠れるお宝、貴重映像に特集記事も

### ★地下に眠っていた力道山の遺品がついに公開

平成12年（2000）1月21日に行われた、力道山OB会&プロレスが主催する3・11横浜アリーナ「第2回メモリアル力道山」の開催発表の記者会見には、力道山未亡人の田中敬子さんの姿がありました。

これまで、敬子さんがマスコミに登場したという記憶はあまりないのですが、1月2日にTBSのテレビ番組に敬子さんが出演して、力道山との結婚式の映像が放送されました。

力道山と敬子さんが暮らしたのは、赤坂にあったリキ・アパートでした。力道山の死後、ほとんどの財産が手放されていった中で、力道山の遺品の数々は二人が暮らした思い出の地赤坂を離れることなく、そのリキ・アパートに隣接するリキ・マンションの地下倉庫にずっと保管してあったと敬子さんは語りました。

敬子さんの案内で入った倉庫の中は、トロフィーや写真パネル、フィルムなどでギッシリと埋まり、力道山の記念館があれば、展示してほしいようなものばかりです。

そして、何本もあったフィルムの中からは、力道山と敬子さんの結婚式のインタビューが入ったフィルムが出てきたのです。

敬子さんが力道山と結婚式を挙げたのは、昭和38年6月5日、敬子さんが22歳になる誕生日の前日で、そのわずか半年後に力道山は急死します。敬子さんは身重の体でした。

力道山の死後には、多くの難問が降りかかってきます。手掛けていた事業の借入金返済、遺産相続、財産の処分などと大変なご苦労があったのですが、それにしても敬子さんの偉かったのは、日本プロレスが新たに別会社を設立して、力道山の跡を継いで社長になっていた敬子さんに一時身を引いてもらい、長男の義浩氏が成人に達したら百田家に会社を返すという約束を、いつまでたっても履行しないまま裁判沙汰にまで発展したこの問題を、一切外部に出さなかったことでしょう。

これが外部に出れば、プロレスのお家騒動としてマスコミの格好のネタにされて、恩を忘れた日本プロレスの弟子達のやり方は世間から叩かれ、プロレス自体が大きなイメージダウンに晒されたことでしょう。敬子さんは、それほどまでに力道山の残したプロレスを慮っていたのでしょう。

敬子さんとは平成11年4月17日、馬場さんのお別れの会が行われた日本武道館でお会いしたことがあります。あの時、「力道山の記念館ができたらいいですねぇ」と話したことを思い出しました。

今はもう田中姓に戻られている敬子さん。今後の人生に、どうか幸多かれと祈るばかりです。

## ★力道山の〝名参謀〟岩田氏が死去

力道山ＯＢ会といえば、最高顧問に名を連ねる岩田浩氏が平成11年12月11日午前0時26分、亡くなられました。77歳でした。

岩田さんは、力道山時代からの日本プロレスリング興業株式会社で営業部長、専務取締役を歴任。昭和47年からは新日本プロレスでその手腕を発揮し、アジアプロレスを設立して海外の興行も手掛けました。未知なるプロレスと取り組み、力道山を陰から支え、プロレス興行の礎を築き上げて、プロレスの発展に偉大な功績を残した人物です。

テレビ中継の解説を行い、外国人レスラーのファイトマネーに使うドル調達のための沖縄遠征を考案したのは、岩田さんならではのアイデアでした。

魚釣りが大好きで、よく釣りに出掛けていた岩田さんでしたが、7月に北海道を旅行した後、体調を崩して膵炎で入院しました。1週間で退院したのですが、歩行困難になり8月に再入院します。

平成2年12月、岩田さんは胃がんで胃、ひ臓、胆のうを摘出するという大手術をしています。1日に3箱も煙草を吸うほどのヘビースモーカーの岩田さんは、肺がんだったのです。このことは本人も知っていたのですが、年齢から進行は遅いだろうと思われていました。ところが、精密検査の結果、肺がんが脊髄に転移していたことが判ったのです。歩けなくなったのはこのためで、これが致命傷となりました。

文藝春秋から発売される力道山のビデオの監修を依頼されていて、病室のベッドの上で最終チェックを行ったそうです。しかし、この時には気管を切って肺に酸素を送り込むという状態になり、会話は筆談によって交わされたということでした。

生前の岩田さんは、豊登、馬場、芳の里と続いた訃報に「昔の仲間が亡くなっていくね。寂しくなっちゃうよ。まぁ、当事者が生きているうちは書けないようなこともあるのかなぁ」なんて笑って話していましたが、書き溜めていた力道山の原稿も未完のまま、岩田さん自身が天国に旅立ってしまわれました。

古くからのしきたりが残る興行の世界ですから、修羅場もくぐり抜けてきたことでしょう。おそらく岩田さんでなければ知り得ない、語られないような史実の数々があったでしょう。

岩田さんには、力道山時代の秘話、逸話を語っていただき、週プロ誌上でも紹介してきましたが、まだまだ知りたいこと、教えを乞いたいことはたくさんあったのですが…。

仕事がお好きで、話がお上手で、お元気だった頃の岩田さんが目に浮かんできます。真に惜しまれてなりません。慎んで心よりご冥福をお祈りいたします。合掌

## ★岩田氏の最後の仕事　〝天然色〟ビデオが発売

岩田さんの最後の仕事となり、岩田さんの死と時を同じくして発売されたNumber VEDEO「力道山まぼろしの名勝負」を見て、目がクギ付けになりました。

ビデオのジャケットには、「力道山の子息が秘蔵していたフィルム」と書いてありましたが、まさに秘蔵も秘蔵、力道山のショートタイツ姿での試合映像がいきなり目に飛び込んできたのです。それもカラー映像ではありませんか。

力道山は1952年（昭和27）2月、ハワイに渡り沖識名のコーチの下、本格的なプロレスのトレーニングに入り、ホノルルのシビック・オーデトリアムのリングに初登場し、アル・コステロ戦で初めて黒タイツをはいたと自伝に書いています。

そして6月には、アメリカ本土西海岸のサンフランシスコに転戦します。ここでまた、力道山はシ

ヨートタイツに戻るのですが、ビデオに出てくる力道山のショートタイツ姿の映像は、この頃のものではないでしょうか？

対戦する揃いのジャンパー姿のタッグチームは、当時の世界タッグチャンピオンチームのベンとマイクのシャープ兄弟です。力道山のタッグパートナーは、ロード・レイトンでしょうか。

驚いたことには、ビデオに出てくるハワイ空港に到着した力道山や、ダイヤモンドヘッドをバックにしたワイキキビーチでのトレーニング風景、坂の街サンフランシスコを散策する力道山、それにルー・テーズの自宅を訪問する映像は、すべて色彩も鮮やかな天然色（古い言い方ですが、あえて使います）なのです。いまから50年近く前の昭和20年代後半の時代でですよ。

そう言えば、アメリカが第二次世界大戦中に撮影した記録映像には、もう既にカラー映像も見かけます。それだけ技術が格段に進歩していたんですね。

これらの映像のうちのいくつかはモノクロ映像で、昭和46年8月24日に日本テレビから放送された「唸る！空手チョップ　日本プロレスの王者　力道山奮戦録」（昭和58年12月22日にも再編集されて放送されました）、日活映画「力道山物語　怒濤の男」（昭和30年12月）、「力道山の世界征服」（昭和31年5月）の中で見た記憶がありますが、こうした映像のオリジナルはカラー映像だったのですね。

ビデオにはこの他にも、１９５３年12月6日ホノルルでのＮＷＡ世界選手権ルー・テーズ対力道山戦のモノクロ映像も収録されていますが、監修された岩田さんには貴重なフィルムについて、もっと詳しく聞いておきたかったものです。

先に赤坂のリキ・マンションの地下倉庫の話を書きましたが、力道山のビデオに収録されていた秘蔵フィルムの映像とは、おそらくこの倉庫に保管してあったフィルムの中から出てきたものでしょう。

ビデオのジャケットには、数々のプライベートフィルムも収めたという解説がありましたが、倉庫に何本もあったフィルムには、果たしてどんな映像が秘録されているのでしょうか？何か、とんでもない貴重なものがあったりして…。

## ★歴史に埋もれた〝奉納プロレス〟の発掘作業

平成11年の12月から12年の年明けまでに起こった岩田さんの死去、秘蔵フィルムで企画制作された力道山のビデオの発売、赤坂の地下に眠る力道山の秘宝の公開と、これらの出来事はすべて繋がりのあるものでしたが、力道山に関する出来事はこの他にもまだ続くのです。

平成11年12月27日付読売新聞の都民版には、「東京伝説」と題して奉納プロレスが大きく取り上げられました。

坪内祐三著「靖国」に書かれた力道山の奉納プロレスでしたが、同書には東京の古本屋の倉庫で偶然見つけたスクラップ帳から、毎夕新聞が報道した奉納プロレスの記事を発見する件《くだり》が出てきます。ところが、そのスクラップ帳を手に入れたマニアがいたのです。

神戸在住の仲兼久忠昭氏は、おそらく国内でも指折りの資料コレクターだと思われます。仲兼久さんは、「靖国」の本に出てきた東京の古本屋を執念で探し出し、ついにあのスクラップ帳を手に入れたというのです。

スクラップ帳は全部で45冊。昭和29年から40年までの朝刊、夕刊スポーツ紙を主体とした新聞のプロレス記事が、それぞれの記事毎に新聞名、日付をスタンプで押印して整理されているそうです。それにしても、長い年月にわたり、これほどの資料を残したというのは一体どこの誰の仕業なのでしょうか？　スクラップ帳の作りからすると、ひょっとして業界に携わった名の知れたマスコミ関係者かもしれません。

そして、仲兼久さんはあの歴史に埋もれた奉納プロレスの発見に繋がった毎夕新聞の報道記事を、コピーして送ってくれました。

靖国神社が創立１３０年を記念して出版した写真集「やすくにの祈り」には、奉納プロレスが2点の写真を使って紹介されています。北沢神主には、無理をいって奉納プロレスを掲載した社報「やすくに」昭和36年5月15日付を送ってもらいました。

百田光雄選手にも話を伺いました。兄弟で書かれた「父・力道山」の中で使用された靖国神社での御祓いの写真について尋ねたところ、「この写真をなぜ使ったかって？　ウーン、どうだったかなぁ、これは兄貴の所にあったものじゃないかなぁ…。そうなの？　靖国神社で撮った写真なのか」といった答えが返ってきました。

そして話は赤坂のリキ・マンションの地下倉庫のことになりました。何本もあったフィルムは、いつ、どこで撮影したかというような書き込みがないものもあり、百田さん自身も何が写っているのか分からないそうで、映像をフィルムからビデオに落としているところだということでした。

こうして、奉納プロレスに関する資料が集まってきました。

## ★21世紀に向けて〝力道山伝説〟復活の予感

平成12年2月9日付毎日新聞夕刊には、発見された力道山の力士時代のアルバムの特集記事が掲載され、朝日新聞の平成11年11月27日付では、戦後に土俵を捨て一夜にして日本中にプロレス旋風を巻き起こした力道山を取り上げ、朝・毎・読の三大紙に力道山が次々に登場しました。近く、2冊の力道山本の刊行が予定されているといった情報もあります。そして、3・11横浜アリーナでの「第2回メモリアル力道山」と続きます。

それにしても、力道山に関する出来事が2000年を迎える前年の終わりからこうも続くということは、一体何を意味しているのでしょうか？

耳を澄ませば、21世紀に向けて新たな〝力道山伝説〟の鼓動が聞こえてくるような、そんな世紀の転換期でありますが、果たしてこれが一過性なのか、力道山復活に繋がる現象なのか、大いなる期待を込めて今後の展開に注目していきたいところです。

〈週刊プロレス№966　平成12年3月26日号〉

# 21 防衛回数に8回説と9回説

## 「アジア選手権史」徹底追跡調査

### ★シンガポールでのＫ・コング戦は防衛戦だったのか？

先に昭和30年（１９５５）11月に開催されたアジア選手権大会について書きましたが、アジア選手権者となった力道山の、その後のタイトル防衛戦史を丹念に紐解いていくと、これまた幾つもの謎にぶつかりました。

力道山が闘ったアジア選手権の防衛戦記録を、残されている文献史料で調べていくと8回説と9回説とに分かれ、その他に海外での防衛戦説もあるのですが、全体を通した再調査を行い、改めてその謎に迫ってみることにします。

昭和30年11月22日、アジア選手権大会の決勝戦で〝アジアの怪物〟キング・コングを延長戦の末に倒した力道山は、翌31年1月28日から4月19日までの約3カ月間、東南アジアから近東、ヨーロッパ、アメリカを回る世界遠征の旅に出発します。

その最初の目的地シンガポールで、力道山を待ち受けていたのがコングでした。力道山は世界遠征を終えた後、シャープ兄弟が再来日して開催された国際試合「世界選手権タッグチーム挑戦大試合」でのパンフレットに「82日間世界一周」と題した手記を寄せ、その中で「今遠征の初試合は昨年のアジア選手権試合に来日したキング・コングとのタイトル戦で、二月四日夜シンガポールのハッピー・ワールド・スタヂアムで行いました」「1―1で時間切れの引き分けで私はアジア選手権を防衛して参りました」と書いています。

また、自伝では東南アジアの各地を転戦して「コングとは四度対戦し二勝一引き分け一無勝負。この試合に私は保持するアジア選手権をかけたが、私は一度も奪取されることなくタイトルを防衛した」とも書き記しています。

同年（昭和31年）5月、力道山の世界遠征を記録した日活映画「力道山の世界征服」が公開されました。この映画は、力道山の伝記映画「力道山物語　怒濤の男」に続く日活のプロレス映画第2弾として「力道山空手チョップの嵐」（昭和31年4月、シャープ兄弟が再来日した「世界選手権タッグチーム挑戦大試合」東京大会の実況映画）と同時上映された映画です。

「力道山の世界征服」には、ローマでの和服姿の力道山や、ジュネーブ、パリ、ロンドンの街を歩く力道山、サンフランシスコの日本庭園で遊ぶ力道山など、リング外の力道山の魅力に溢れる映画でもありますが、東南アジアのシンガポールでの試合映像が収録されていました。

マライ半島の南端に位置するシンガポールは、現在はシンガポール共和国の首都ですが、当時はまだイギリスの植民地だった時代です。映像にはシンガポールの街中に貼り出された2月4日のハッピー・ワールド・スタヂアムでの、力道山対キング・コング戦の宣伝ポスターが映し出されます。英字で書かれたポスターには、タイトル戦という文字は見当たりません。リングに登場してきた力道山の腰には、アジア選手権のチャンピオンベルトはありません。そして、映画の解説を聞いてもタイトル戦といった言葉は出てきません。

自伝には、この後力道山は東南アジアの各地を転戦し、7日クチンでの対コング戦はコングの出血多量でドクターストップの無勝負、8日セリアでは中国チャンピオンのワンバリン、9日グルナイではクラウン・タイガー、10日ジャカルタではマライ・チャンピオンのタイガー・アマタにそれぞれKO勝ち、11日コロンボでのコング戦もKO勝ち、12日パトパクでのコング戦はフォール勝ちという記録が掲載されています。

映画には、これらの東南アジア各地での試合映像はなく、2月4日のシンガポールでの試合のみが収録されていたのですが、自伝の書き方からするとコングとのタイトル戦は複数回行われたように解釈され、謎を解明するまでには至りませんでした。

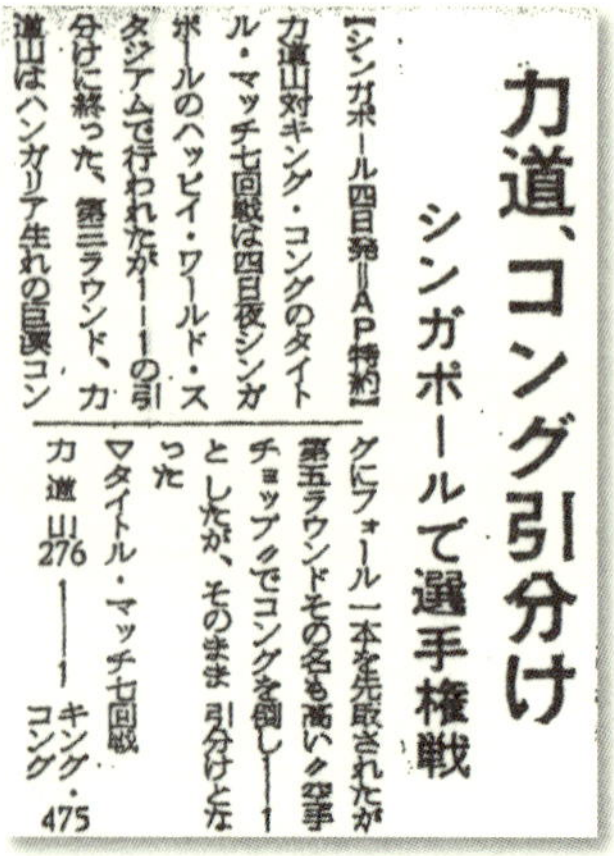

力道、コング引分け
シンガポールで選手権戦

【シンガポール四日発＝AP特約】力道山対キング・コングのタイトル・マッチ七回戦は四日夜シンガポールのハッピイ・ワールド・スタジアムで行われたが1―1の引分けに終った。第三ラウンド、力道山はハンガリア生れの巨漢コングにフォール一本を先取されたが第五ラウンドその名も高い〃空手チョップ〃でコングを倒し――1としたが、そのまま引分けとなった

▽タイトル・マッチ七回戦
力道山276 ―――1 キング・コング475

日刊スポーツ（昭和31年2月6日付）

ところが、調査を進めていくと昭和31年2月6日付日刊スポーツに「力道、コング引分け　シンガポールで選手権戦」【シンガポール四日発＝AP特約】という見出しの記事が発見されました。となると、シンガポールでの力道山対コング戦は、やはりアジア選手権が賭けられたタイトル戦だったのでしょうか。

当時のマスコミ報道でさらなる追跡調査を重ねていくと、プロレス1956年4月号ではシンガポールでの試合写真と力道山が綴った遠征便りが掲載されていましたが、ここにはタイトル戦の文字はありませんでした。

月刊ファイト1956年3月号のシンガポール特報でも、アジア選手権試合とは伝えてはいません。スポーツニッポン2月12日付には、シンガポールからの力道山の武者修行日記が載っていますが、これにもアジアのタイトル戦という話は出てきません。このように、力道山自身がタイトル戦と書いたものと、そうでないものとがあるのですが、残念ながら力道山のチャンピオンベルト姿の映像、写真がないため、タイトル戦の形跡が確認できず、どうしてもノンタイトル戦と結論付けざるを得ませんでした。

## ★沖縄タイムス紙に載っていたバイラジョン戦の真実

次に防衛戦記録として残っているのが、昭和32年1月14日沖縄での〝カナダの怪力男〟アデリアン・バイラジョン戦なのですが、防衛戦記録はこの試合を含める9回説と、含めない8回説とがあるのです。昭和32年の沖縄遠征を報道したのは、プロ＆ボク以外にはＲＩＫＩがありましたが、プロレスの後援新聞、毎日とスポニチも、その他スポーツ各紙の報道もありません。

力道山の自伝には、「那覇でタイトル・マッチを行い、2―1でバイラジョンを破り初のタイトル戦の防衛をなしとげた」と書かれています。

先のシンガポールでの対コング戦で、アジア選手権を賭けて闘いタイトルを防衛したと自伝で書いた力道山でしたが、この対バイラジョン戦を初防衛戦だとすると矛盾が生じます。

プロ＆ボクでは、グラビアと本文記事とでこの一戦を詳報し、力道山のチャンピオンベルト姿の写真もあり、対バイラジョン戦がタイトル戦であったことがこれで確認できたのですが、となると9回説が正しいということになります。

　しかし、自伝では2―1で力道山が勝ったと記されてありましたが、プロ&ボクの記事には一本目に力道山が26分過ぎに放った肩車投げでバイラジョンがフォールされ、失神したまま控室に担ぎ込まれたとの報道から、2―0のスコアで力道山がストレート勝ちしたようです。

　試合記録の掲載がなかったので、地元紙沖縄タイムスの調査を試みました。1月15日付夕刊には「力道タイトル防衛　プロ・レス最終日」の見出しが付いた記事があり、それによると体固め26分40秒で力道山が勝ちタイトルを守ったと報道されています。

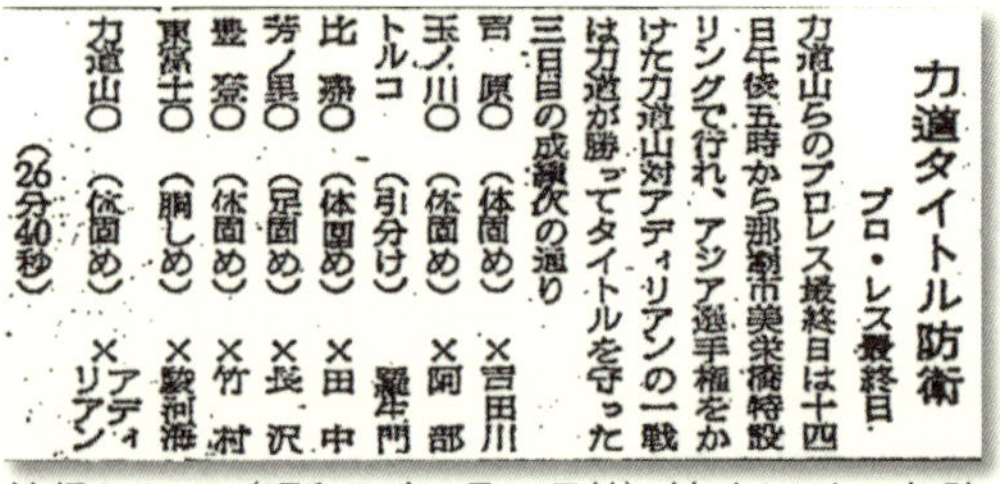
力道タイトル防衛
プロ・レス最終日
力道山らのプロレス最終日は十四日午後五時から那覇市美栄橋特設リングで行れ、アジア選手権をかけた力道山対アディ・リアンの一戦は力道が勝ってタイトルを守った三日目の成績次の通り
宮原○（体固め）×吉田川
玉ノ川○（体固め）×阿部
トルコ（引分け）羅生門
比嘉○（体固め）×田中
芳ノ里○（足固め）×長沢
豊登○（体固め）×竹村
東富士○（胴しめ）×駿河海
力道山○（体固め）×アディ・リアン（26分40秒）

沖縄タイムス（昭和32年1月15日付）対バイラジョン初防衛戦

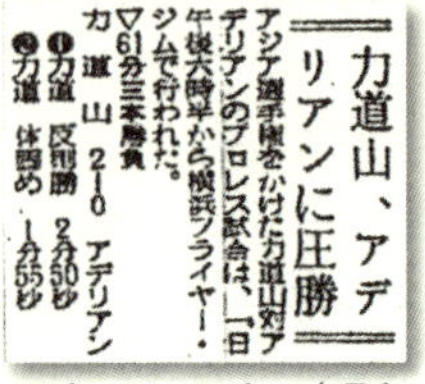
力道山、アデリアンに圧勝
アジア選手権をかけた力道山対アデリアンのプロレス試合は、「日午後六時半から横浜フライヤー・ジムで行われた。
▽61分三本勝負
力道山 2―0 アデリアン
❶力道 反則勝 23分50秒
❷力道 体固め 1分55秒

スポーツニッポン（昭和32年2月2日付）

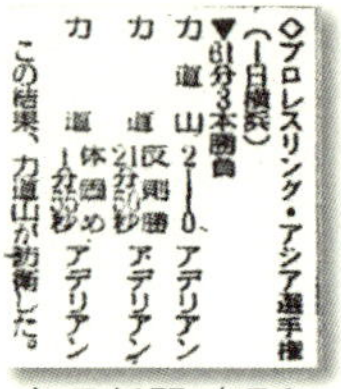
◇プロレスリング・アジア選手権（一日横浜）
▼61分3本勝負
力道山 2―0 アデリアン
力道 反則勝 21分50秒 アデリアン
力道 体固め 1分55秒 アデリアン
この結果、力道山が防衛した。

毎日新聞（昭和32年2月2日付）

　二本目にバイラジョンが試合続行不能となったため、こうした記録の書き方で終わっているのでしょうが、これで沖縄での対バイラジョン戦がアジア選手権試合であったこと、そしてその試合記録も判明しました。また、沖縄タイムスには「アジア選手権争奪戦」と題して「果して力道の空手チョップそれを守れるか？　強豪アディリアンにアジア選手権を奪われるか？」といった宣伝文句で、紙面の下3段を使った大きな広告も掲載され

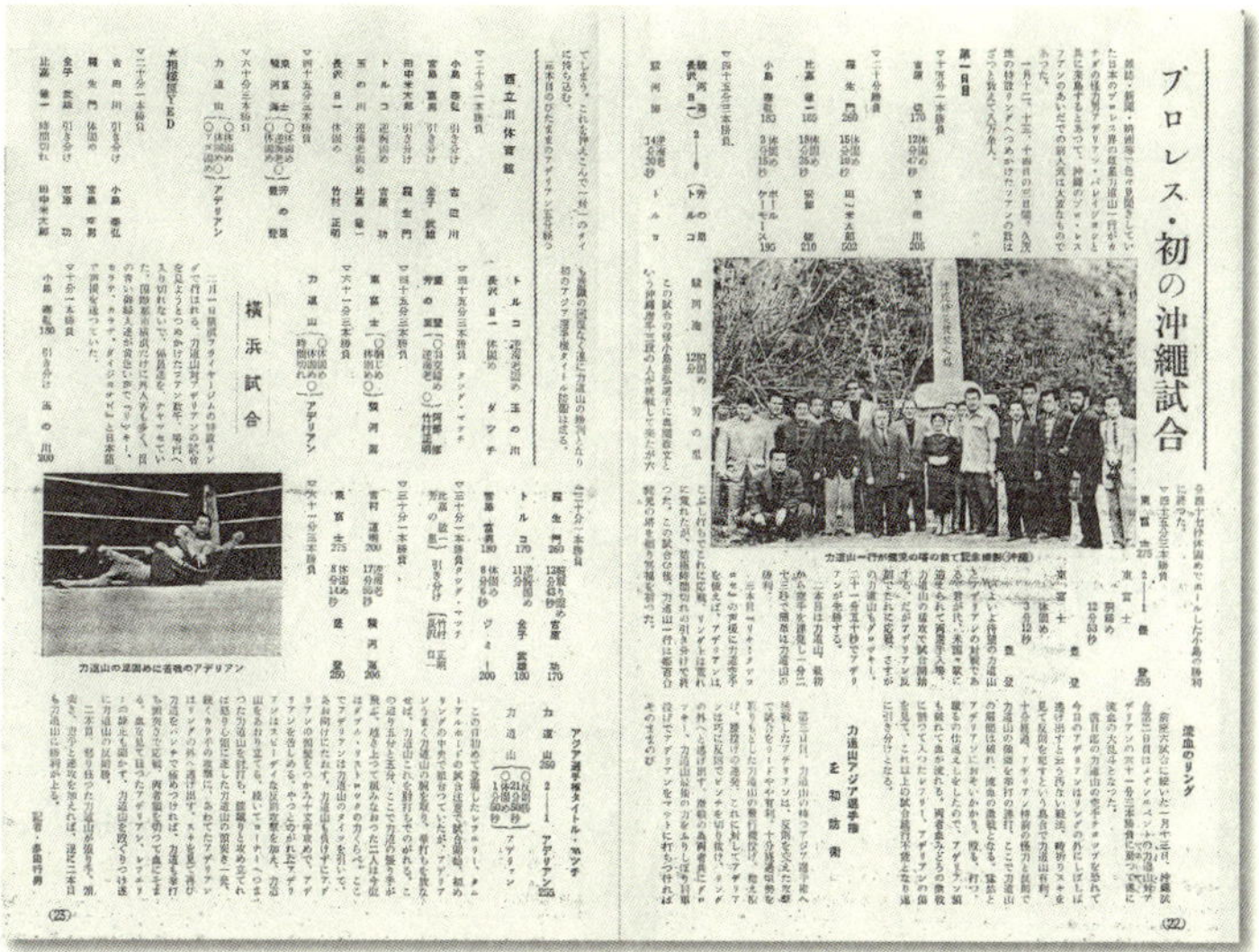
プロレス・初の沖縄試合

横浜試合

流血のリング

力道山一行が殉難の塔の前で記念撮影（沖縄）

力道山の逆固めに苦戦のアデリアン

RIKI（昭和32年3月号）では沖縄と横浜の2試合をアジア選手権戦と詳報

ていました。

## ★横浜でのノンタイトル戦を後援2紙がタイトル戦に

バイラジョンが来日して開催された国際試合（全8戦のメインはすべて力道山対バイラジョン戦）の最終戦は、2月1日横浜フライヤージムで行われたのですが、この日の力道山対バイラジョン戦を毎日とスポニチの後援新聞、そしてＲＩＫＩは、アジア選手権試合として報道しているのです。この試合がタイトル戦となると、9回説がさらに1回増えて10回ということになります。

ところが、他のスポーツ各紙を調べるとタイトル戦とは報じていません。プロ&ボクはグラビアと本文記事により詳報していますが、ここでもタイトル戦とは報道されていなく、力道山のベルト姿の写真もありません。一本勝負による試合は、バイラジョンの反則攻撃で流血した力道山が反則勝ちとなりましたが、いさぎよしとしない力道山は試合続行を主張し、二本目も取って2—0で勝利しました。

毎日、スポニチの後援2紙においては、なぜか試合記録だけを掲載した結果のみの報道で、特にスポニチがこうした報道姿勢を取ること自体非常に珍しいのですが、写真付きで詳報する他のマスコミなどで確認すると、すべてがノンタイトル戦として報道され、従って2月1日の横浜での対バイラジョン戦はノンタイトル戦という結論に至りました。

横浜の試合は1月18日を予定していたのですが、主催者側の準備の不手際から観客が集まらず、2月1日に延期とされた経緯があったのです。

なぜ、後援新聞でもある毎日とスポニチ、そしてＲＩＫＩは、ノンタイトル戦をタイトル戦と報道したのでしょうか？

1月18日は当初タイトル戦が組まれていたものの、興行そのものが取り止めとなり試合は延期され、15日の沖縄のタイトル戦でバイラジョンは失神してストレート負けを喫したという試合内容から、タイトル戦の再戦はなくなったのでしょうか。つまり、試合は延期となり、タイトル戦は中止とされたのですが、試合結果だけを伝える報道をみると、毎日、スポニチは都合で取材に出向けず、試合もタイトル戦も延期になったものとして試合結果だけを報道した、取材の有無が他紙との報道の違いとなったのでしょうか？

さて、こうして防衛戦記録を調査してきましたが、昭和30年11月に力道山がタイトルを獲得して以来、ここまでのところ防衛戦は32年1月14日の対バイラジョン戦の1回だけに止まり、翌33年にも防衛戦は全く行われてはいません。

昭和33年は、力道山がロサンゼルスで〝鉄人〟ルー・テーズからインターナショナル選手権を獲得

スポーツニッポン　(日刊)

力道の王座(アジア)揺がず

2－0 ミルスを一方的に破る

プロレスアジア選手権争奪戦チャンピオン力道山－挑戦者タニー・ミルスの試合はNTV、スポーツニッポン新聞社共催で九日午後六時半から後楽園ジムに観衆約二千五百を集めて挙行されたが、力道山はミルスの反則に対して空手チョップで対抗、これを2－0で下し三十年十一月二十二日東南アジアの強豪キングコング、ダラ・シンなどを倒してアジアの選手権を獲得、三十一年シンガポール遠征でジョージ・ジビスコの挑戦を退けて以来三年ぶりに二度目のタイトル防衛戦に成功した。

◇オールアジア選手権試合（61分3本）

力道山 2－0 T・ミルス

❶反則勝　20分15秒
❷体固め　4分9秒

力道、猛反撃　黒熊ミルスの反則攻撃をからくもかわした力道、逆にミルスを胴じめ落しの猛攻でマットにたたきつける

スキー用品はウナカミ

スポーツニッポン（昭和34年1月10日付）対ミルス　2度目の防衛戦

した年で、その防衛戦が優先されたのでしょうか。それにしても、コミッションのルールにある6カ月のタイトル戦防衛期限に関しては、当時あまり厳格ではなかったのでしょうか。

昭和34年1月、力道山は2年ぶりにアジア選手権のタイトル防衛戦を、それも2回立て続けに行います。まずは1月9日、東京・後楽園ジム（後楽園ホールとは別で、現在はありません）でタニー・ミルスと防衛戦を闘い、2―0のストレート勝ちを飾りタイトルを防衛します。

翌10日付スポニチでは、「三十一年シンガポール遠征でジョージ・ジビスコの挑戦を退けて以来三年ぶりに二度目のタイトル防衛に成功した」と報じたのですが、さて、ここでまた一つ新たな海外防衛戦説が出てきました。

しかし、調べてみると力道山の東南アジア各地での対戦相手の中には、該当するような名前のレスラーは見当たりません。東富士が昭和30年9月にシンガポールで対戦して、1―1で引き分け

たポーランド人のレスラーがジョージ・ジビスコ（ズビスコ）なのですが、スポニチはなぜか力道山と闘ったと誤認して記事にしたようです。

対ミルス戦をスポニチは2度目の防衛戦と報道しましたが、日刊、サンスポでは初防衛戦と報道しています。毎日、報知、東京中日、デイリーには防衛回数の報道はありませんでした。

沖縄での対バイラジョン戦は、前述のようにマスコミ各紙の取材報道もなかったため、このミルス戦が初防衛戦と報道されたのでしょうか。どの新聞も、正確な防衛回数を把握していません。

対ミルス戦から13日後の1月22日、名古屋の金山体育館（現在はありません）で、力道山は〝ユーゴの荒鷲〟ラッキー・シモノビッチを挑戦者に防衛戦を闘い、2―0のストレート勝ちでタイトル防衛に成功します。この一戦を報道したのは、毎日と東京中日ぐらいで、それも試合結果のみを掲載しています。文献史料によっては、試合スコアを2―1とするものがあるため、地元紙中部日本新聞も調査し2―0を確認しました。

昭和35年はアジア選手権防衛戦史の中でも、最も多くのタイトル戦が闘われた年となります。

6月25日、札幌中島スポーツセンター（現在はありません）で、ダン・ミラーがアジア選手権に挑

力道、選手権を防衛

対シモノビッチ　国際プロ・レス試合

アジア選手権＝力道山×シモノビッチ、力道山の体当りをうけて転倒するシモノビッチ

中部日本新聞社後援、プロ・レス国際試合オール・アジア選手権力道山―ラッキー・シモノビッチ戦は、[illegible]日午後六時三十分から観衆約九千を集めて名古屋市金山体育館で行われた。試合は61分三本勝負、両者スピードのある動きでリングをかけめぐり、観衆をわかせたが、開始後10分シモノビッチのにぶい打ちで力道山の額に血がにじむや、にわかに殺気立ち、力道山もシモノビッチの額を割って両者鮮血で顔をいろどるすさまじい流血戦となった。

力道山は再三シモノビッチの首、足を攻め、18分16秒片エビ固めで先勝した。このあと力道山の体当り攻撃をジャンプしてさけようとしたシモノビッチがさけそこね下腹部に力道山の頭が当って倒れたためレフェリー・ストップで力道山の勝利となり、選手権は防衛された。

中部日本新聞（昭和34年1月10日付）対シモノビッチ　3度目の防衛戦

夕刊 東京スポーツ　スポーツ夕刊
THE YUKAN TOKYO SPORTS
6月27日
力道山の二つの弱点
研究された空手打ち
業師に弱い？力道
出るか新しい空手攻撃法
力道、ミラーに圧勝
空手一撃、リング外へ
デタラメな公式記録

東京スポーツ（昭和35年6月27日付）対ミラー4度目の防衛戦

戦しますが、力道山はこれも2―0のストレート勝ちでタイトルを防衛します。この試合に関する報道も少ないのですが、記事を載せたスポニチと東スポの試合記録をみると、一本目13分36秒は同一のタイムなのですが、二本目はスポニチが15分46秒、東スポは1分46秒と大きく食い違います。試合内容の報道を読むと、力道山の空手攻撃でミラーがリングアウトしたファイトタイムは、短時間に決したと解されるところから、東スポの1分46秒が正確な記録だと思われます。

## ★ワルドー戦では4通りの試合記録と2通りの結果が

これで力道山は、4回の防衛戦すべてに2―0のストレート勝ち防衛を続けてきたことになるのですが、その力道山の前に大きく立ちはだかったのが〝黒い野牛〟リッキー・ワルドーでした。

9月30日、東京・台東体育館（現在はありません）での対ワルドーとのタイトル戦を調査すると、なんと異なった4通りもの試合記録と、2通りの試合結果が存在したのです。力道山時代には、一つの

日刊スポーツ（昭和35年10月1日付）対ワルドー　5度目の防衛戦

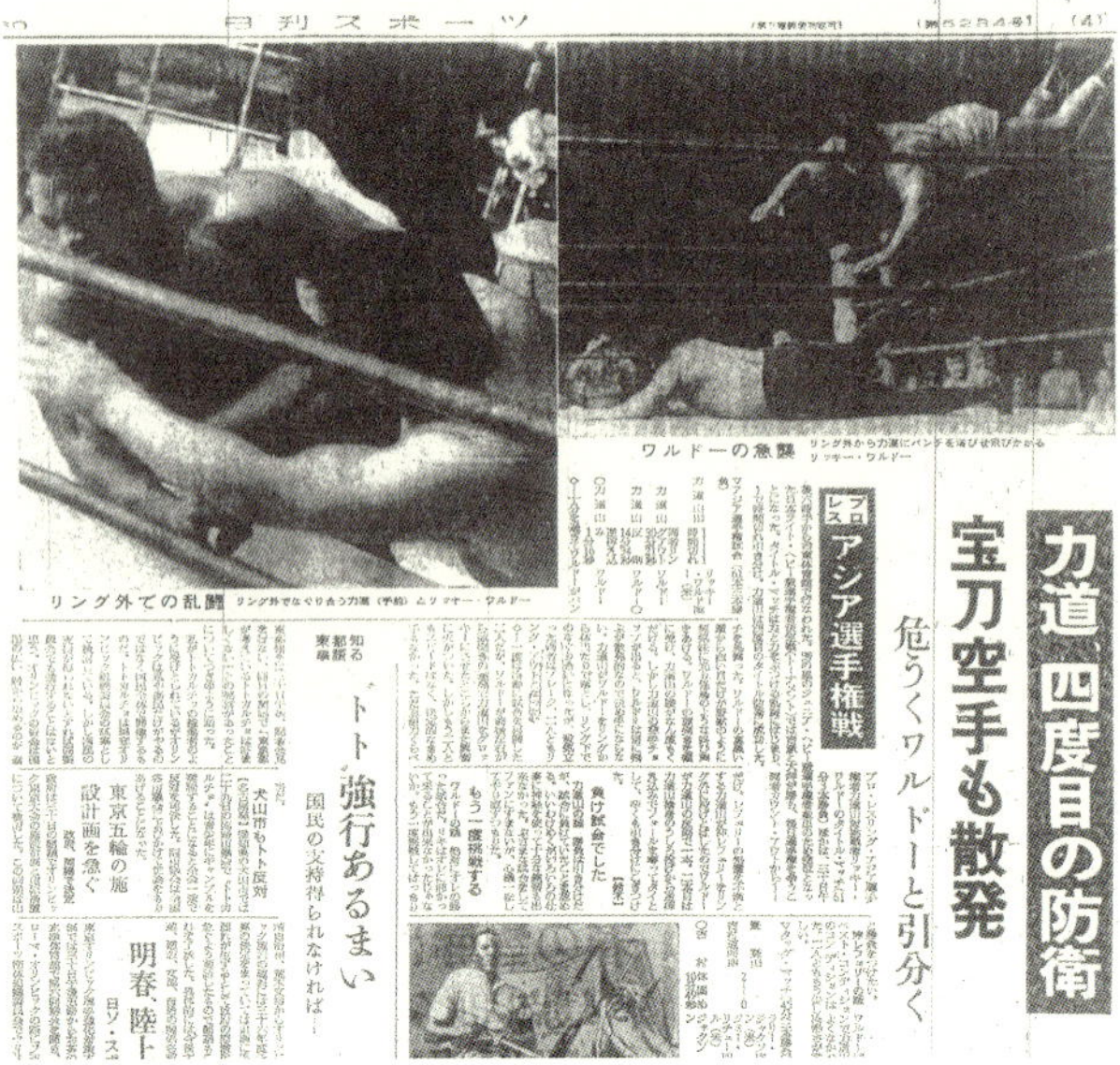
日刊スポーツ

力道、四度目の防衛

宝刀空手も散発

危うくワルドーと引分く

プロレス アジア選手権戦

ワルドーの急襲

リング外での乱闘

トト強行あるまい

国民の支持得られなければ

力道山、六度目の防衛

必殺のカラ手一発

20分10秒・ワルドのびる

プロレス・アジア選手権

力道山 1－0 ワルド

体固め20分10秒 ワルド負傷棄権

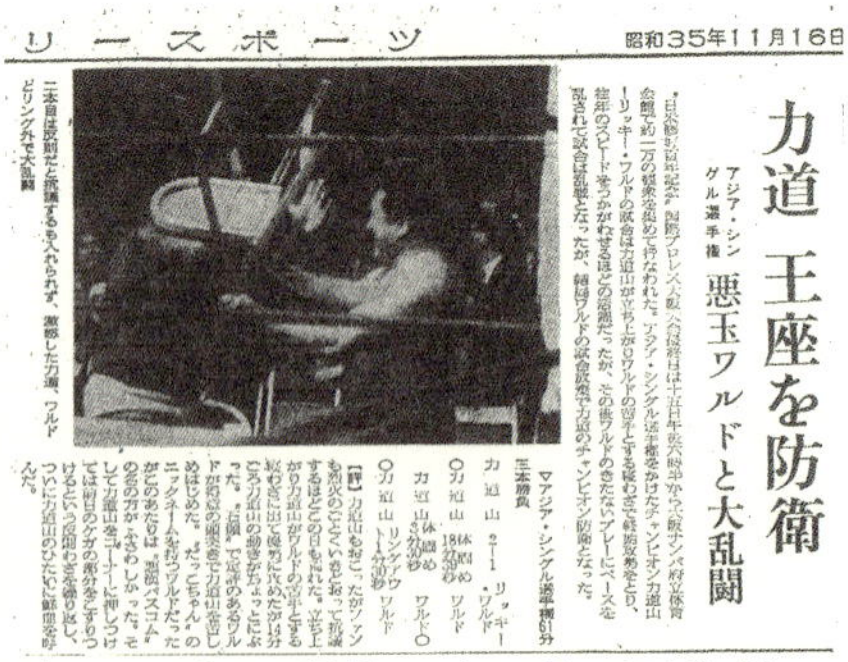
リースポーツ　昭和35年11月16日

力道 王座を防衛

アジア・シングル選手権 悪玉ワルドと大乱闘

二本目は反則だと抗議するも入れられず、激怒した力道、ワルドとリング外で大乱闘

デイリースポーツ（昭和35 年11月16日付）対ワルドー　6度目の防衛戦

東京中日新聞（昭和35 年12月4日付）対ワルドー　7度目の防衛戦

試合に複数の違った記録が出てくることはままあるのですが、しかしこれだけ多いのもちょっと珍しいことです。

ワルドーの頭突きと力道山の空手チョップで試合は荒れ模様の展開となり、不調の力道山は大苦戦、ようやく1―1に持ち込みアジア選手権を防衛したものの試合は負けていたと認める発言を行い、事実試合後のリング上では、チャンピオンベルトを付けるのを拒んだほどでした。

マスコミは引き分けによる4度目の防衛と報じましたが、正しくは5度目ということになります。

その後両者は11月15日、大阪府立体育会館で再戦を行います。力道山は流血戦と場外乱闘を制して2―1で勝利し、タイトルを防衛したのですが、負けたワルドーは試合がアンフェアだったとしてまたしても再戦を要求します。

12月3日、所は1回目と同じ台東体育館で3度目の対決となりました。20分10秒、力道山必殺の空手チョップでワルドーはマットに大の字に伸びたまま立てず、2―0で力道山が完全決着を付け久しぶりにストレート勝ち防衛も復活しました。

## ★ライト戦とエチソン戦でも各紙が〝不揃い〟の記録を

力道山が同じ挑戦者と連続して3回もアジア選手権のタイトル戦を闘ったのは、このワルドーだけですが、翌昭和36年7月19日、札幌中島スポーツセンターでアジア選手権に挑戦した〝アリゾナの殺人鬼〟ジム・ライトは、力道山の持つインターナショナル選手権に前年2回挑戦して、1度は勝った実績があり（反則勝ち）、インターとアジアの両タイトルを通しての3回の挑戦はライト一人ということになります。

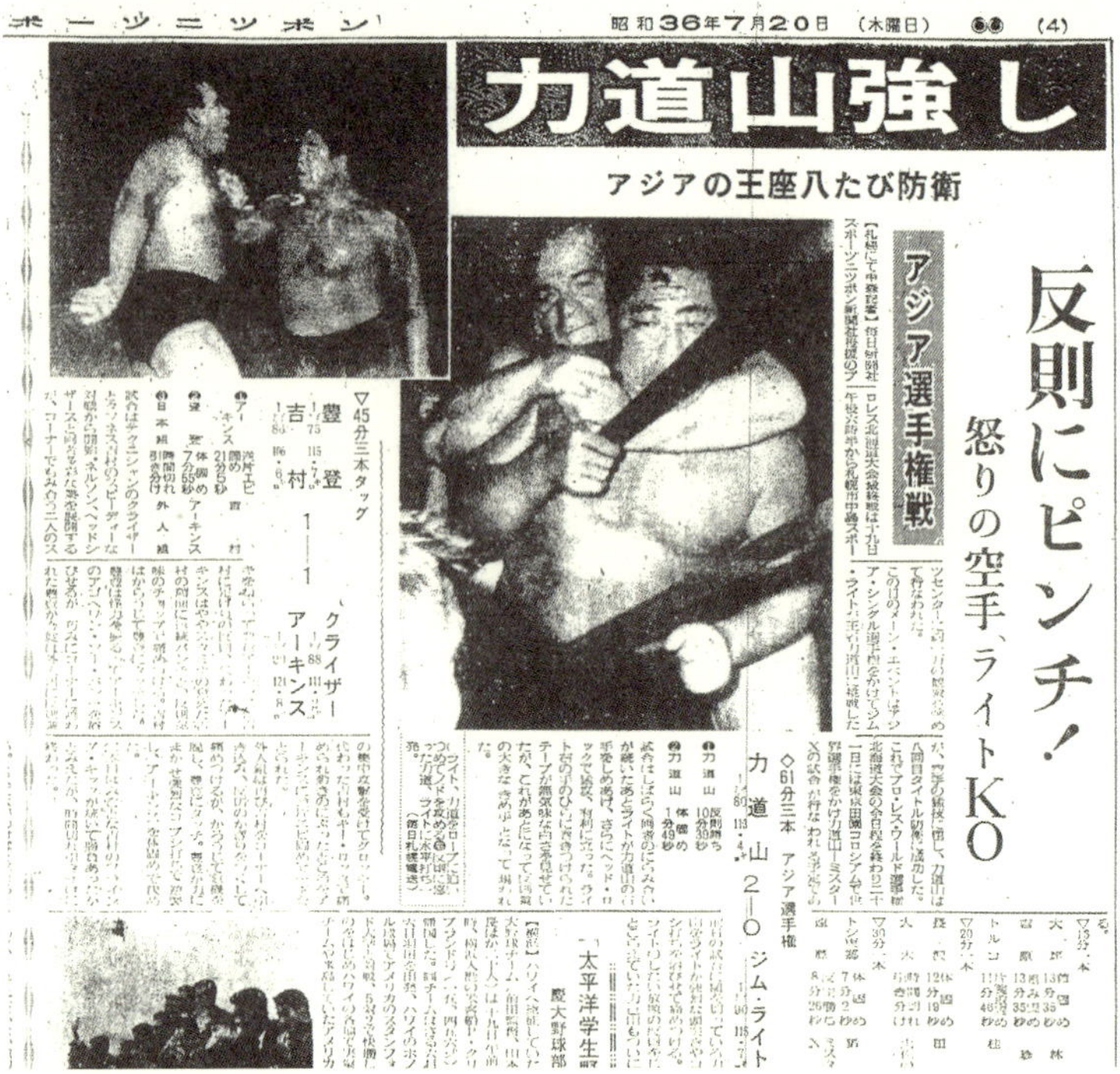
スポーツニッポン　昭和36年7月20日（木曜日）（4）

# 力道山強し

## アジアの王座八たび防衛

## 反則にピンチ！ 怒りの空手、ライトKO

アジア選手権戦

スポーツニッポン（昭和36年7月20日付）対ライト　8度目の防衛戦

力道山はライトの反則攻撃を空手チョップで降し、2―0のストレート勝ちを飾ります。マスコミの報道した防衛回数をみると、スポニチ、プロ&ボクは8度目、日刊、東スポは7度目と不揃いな記録を伝えています（東京中日は防衛回数の記載なし）。

昭和37年は、1月19日大阪府立体育会館で〝ミズーリの竜巻〟ロニー・エチソンとタイトル戦を行い、力道山は2―1で勝利しました。各マスコミの防衛回数は、先のライト戦を8度目と報道したスポニチが、この対エチソン戦でも8度目と報道。日刊も8度目として、対ミルス戦から対エチソン戦までの防衛戦記録を表にまとめて掲載しています。9度目とするのは、報知、東京中日、デイリー、東スポ、スポ毎とこれまた不揃いで、毎日、プロ&ボクには防衛回数の記載はありませんでした。

対エチソン戦以降はアジア選手権のタイ

トル防衛戦は行われず、これで昭和38年12月に力道山が死去するまでに闘った、すべてのアジア選手権のタイトル防衛戦をチェックしてきたのですが、昭和32年1月14日の対バイラジョン戦に始まり、昭和37年1月19日の対エチソン戦まで、計9回の防衛戦が行われたことになりました。従って、力道山のアジア選手権防衛戦記録は9回説が正しく、海外での防衛戦（沖縄を除く）は行われなかったという結論に達しました。

王座ガッチリ 力道強し！

こんどは黒人組が挑戦

9回目の防衛

力道の巧技

プロレス アジア選手権

"一発必倒"の空手

エチソンの逆襲はね返す

力道山 2—1 エチソン

好ファイトだ

意外の苦戦



報知新聞（昭和37年1月20日付）対エチソン　9度目の防衛戦

しかし、最後のタイトル戦となる対エチソン戦を9度目の防衛戦と報道した報知、東京中日、デイリー、東スポ、スポ毎が正しく9回説を唱えたとしても、その過程におけるタイトル戦報道での防衛回数の数字は繋がりません。

また、9回のタイトル戦中、各マスコミによって食い違った複数の試合記録が出てきたものが4戦あり、文献史料によって試合スコアが異なる記録も5戦ありました。

力道山が保持したタイトルの中で、防衛戦記録が最も不明瞭なのがこのアジア選手権ですが、当時の日本プロ・レスリング・コミッションにはどんな形で記録が保存されていたのかという疑問が生じてきました。実は、コミッション事務局長を務めた生前の門茂男氏の元を数回訪ねて、業界の動向、事情などの情報を伺った思い出があるのですが、あの時力道山時代のコミッション設立当時からのタイトルマッチ関連の資料の閲覧を願い出ればよかったと悔やみつつ、この原稿を書いています。

アジア選手権のタイトル戦が開催されたのは、東京、大阪、名古屋、札幌、那覇の5都市なのですが、東京、大阪、那覇のそれも大会場（那覇は野外）でしかタイトル戦開催のないインターナショナル選手権と比較すると、アジア選手権はどうしてもワンランク下の格付けとなっています。

挑戦者の顔ぶれを見ても、アジアとインターではそれぞれのタイトルに相応しい挑戦者を選定したのでしょうが、61分三本勝負で争われたアジア選手権の9回の防衛戦中、力道山は6回のストレート勝ち防衛を果たしています。インター19回の防衛戦中でも6回のストレート勝ち防衛、2回行われた日本選手権も2回ともにストレート勝ち、ここに力道山の勝負観が伝わってきます。

日本からアジア、そして世界へと、力道山にとってアジア選手権は世界への通過点にあったタイトルでした。日本選手権を返上したように、おそらくこの先アジア選手権も返上される公算は大きかったように思われます。

以上、謎多き力道山のアジア選手権防衛戦を徹底追跡調査した、真説「アジア選手権防衛戦史」の決定版を報告いたしました。

〈週刊プロレス№１３１５　平成18年5月24日号〉

# 22 “銀髪の吸血鬼”ブラッシー戦 WWA世界王座奪取の謎を解明

## ★「チャンピオン太」の中にも登場した歴史的対決

力道山が出演した「チャンピオン太《ふとし》」のビデオが発売され、さっそく購入しました。「チャンピオン太」とは、昭和37年（1962）から38年の2年間、週刊少年マガジン（講談社）に連載された梶原一騎が原作（デビュー作）、吉田竜夫が描いて大人気を誇ったプロレス漫画です。

力道山の元にプロレス入りした主人公大東太少年が、必殺技ノックアウトQを編み出し大活躍する物語は、フジテレビでドラマ化されました。当初、力道山役を演じる役者を探したのですが見つからず、ついに多忙なスケジュールの合間を抜って、力道山自身が特別出演することになりました。

ビデオに収録されているのは、全26話中の第1話「死神酋長」第23話「チャンピオンに敗北はない」最終話「たくましき前進」の3話です。

主題歌が流れるバックには、力道山の試合の実写フィルムが使用され、第1話に登場して力道山、太と闘う死神酋長に扮するは若き日のアントニオ猪木です。第23話でのジャガーのジョーなる覆面レスラーの正体？は大木金太郎です。他に遠藤幸吉、吉村道明、沖識名、九州山といった懐かしい顔ぶれや、力道山門下の若手も出演しています。

リキ・スポーツパレスで撮影されたシーンが使われたり、当時の興行の宣伝ポスターが画面の隅にチラッと見えたりして、結構楽しめました。

リキ・パレスは昭和36年7月30日、ホノルルのシビック・オーデトリアムをモデルとして、東京・渋谷の400坪の土地に15億円の巨費を投じて完成しました。地下1階地上9階建で力道山のネームを冠し、収容人員3000人のプロレス常設会場を設け、日本プロレスの殿堂、象徴といわれましたが、力道山の死後には売却されるという悲しい運命を辿ることとなります。力道山がプロレス百年の大計を立てて建設したリキ・パレスが、プロレス会場として使用されたのは昭和41年末までのわずか5年と少しの年月でした。

20億とも30億ともいわれた力道山の資産が雲散霧消していった中で、その後馬場、猪木を擁して栄華を誇った日本プロレスの歴史をみるとき、せめてリキ・パレスを残すといった手立てはできなかったものかと考えると残念でなりませんでした。

既に取り壊されてしまったリキ・パレスですが、建物の外観、玄関口や内部、プロレス会場、屋上のシンボルマークの王冠などが「チャンピオン太」の中で、映像として見ることができます。こうした点からもみても貴重な作品であり、また力道山の演技振り、猪木の死神酋長役も見ものです。

原作のストーリー展開では、現実のプロレス界の動きと同時進行する部分もあって、力道山と〝銀髪の吸血鬼〟フレッド・ブラッシーとのWWA世界選手権試合についても、漫画にも描かれています。

力道山がロサンゼルスのオリンピック・オーデトリアムにおいて、ブラッシーからWWA世界選手権（この時点では、団体名改称以前のAWA世界選手権と報道されています）を奪取したのは、1962年3月28日（現地時間）のことでした。

## ★力道山2―0の勝利　だが記録は各紙誌それぞれ

120分三本勝負で争われた試合は、2―0で力道山がストレート勝ちしたのですが、この一戦を報じた試合記録を調べてみると、これが各紙それぞれに異なった記録を掲載しているのです。

まずは、力道山時代のプロレス後援新聞社のスポーツニッポンによると、一本目ノックアウト16分25秒で力道山、二本目カウントアウト20分12秒で力道山。

日刊スポーツでは、一本目KO13分25秒、二本目リングアウト20分12秒。

報知新聞では、一本目カウントアウト8分27秒、二本目リングアウト21分。

東京中日新聞では、一本目リングアウト8分42秒、二本目レフェリー判定21分。

デイリースポーツでは、一本目空手13分、二本目リングアウト。

続いて、夕刊スポーツ紙の東京スポーツでは、一本目KO13分25秒、二本目リングアウト20分12秒。

スポーツ毎夕では、一本目カウントアウト10分35秒、二本目レフェリーストップノータイム。

またプロ&ボクでは、一本目KO13分25秒、二本目リングアウト20分12秒で、いずれの記録も2―0による力道山の勝ちとなっているのですが、これらの中で同一の記録を掲載しているのは、日刊、東スポ、プロ&ボクの一本目KO13分25秒、二本目リングアウト20分12秒で、この記録が最多な記録でもあります。

力道快勝の詳報

3月31日 夕刊 東京スポーツ 略称 トウスポ

プロレス特報

力道血だるまの栄冠

"空手"世界を制す

世界一を喜ぶ関係者

敗北に狂乱のブラッシー

力道世界一の微笑

"リキ"よくやった

水平打ち爆発 殺人パンチ鎧袖一触

▽AWA世界選手権試合

力道山 2−0 F・ブラッシー

試合経過

判定に抗議するブラッシー

力道バンザイ 吉報に歓声

解説

復讐戦はWリーグ直前

リキ・トルコセンター

力道タイトル奪取の記録

力道山が「2−0」で世界選手権を奪取と報じた東京スポーツ（昭和37年3月31日付）

それにしても、各紙によって試合記録がこうも違うとは、一体どうした訳なのでしょうか？スポニチ、東スポの報道は外国通信社ＵＰＩと、日刊、報知、東京中日はＡＰとの特約となっていますが、スポニチ、日刊、報知の３紙はロサンゼルスの力道山に、試合後に直接国際電話を入れて談話を取る取材も行っていました。

## ★現地取材の東京中日とスポーツ毎夕にも食い違いが

スポニチの国際電話によるやり取りで、力道山は次のように語っています（原文のまま）。

―お疲れさん、どうでした。

**力道**　取ったよ、２時間三本勝負で最初のヤツは十五、六分、あとのヤツは二十分でレフェリー・カウント・アウトだった。

―ストレートですね。

**力道**　それで決め業は一本目がノックアウト、二本目はカウントアウトだよ。

日刊の国際電話では、「試合はストレート勝ちでした。一本目にＫＯ、二本目はリングアウト」と力道山は語っています。

報知の国際電話では、「一本目にブラッシーがのびてカウント・アウトでとった。二本目はリング下でなぐりあいになったあげくブラッシーのリングアウトになった」と語っているのです。

ということは、スポニチ、日刊、報知の３紙は、それぞれに力道山が国際電話で喋った通りを、忠実に決まり手とした試合記録を掲載したことが分かりました。

なるほど、日刊の試合記録には〝（記録は国際電話）〟と、カッコ書きが添えられていました。

ファイトタイムに関して、報知では【注】として「AP電はこの試合の試合時間が何分であったか伝えていない」と書いています。

この一戦を、ロサンゼルスの現地で取材したのは東京中日とスポ毎でしたが、2紙の試合記録でさえも食い違っているのです。

試合経過を伝える各紙の記事を読んでみると、一本目にブラッシーが場外に落ちてリングアウトとなったと書くのが報知、東京中日、東スポです。

二本目は両者フォールがないまま、レフェリーが力道山の勝利を宣したと書くのは報知と東京中日で、デイリー、東スポによるとブラッシーのリングアウトとなっているのですが、スポニチ、日刊、スポ毎の記事を読んでみても、これがどうも曖昧でハッキリとしないのです。

## ★不可解な試合ストップ　突如力道山の手が上がる

こうなるとまた、1958年8月27日に同じくロサンゼルスで行われたインターナショナル選手権L・テーズ対力道山戦を調査した時のように、現地で発行された日系邦字新聞「羅府新報」を調査する必要性が出てきました。

羅府新報（1962年3月29日付）の報道によると、一本目はブラッシーが力道山の空手でリング下へ転落し、オートマチックフォールの判定を受けたと書いていますが、問題は二本目です。

タイムアップとなって、レフェリーが力道山の手を上げたと報じているのですが、120分もある試合時間が切れたのでもないでしょうし、果たしてどんな裁定が下ったのでしょうか？

この試合はアメリカでテレビ中継され、日本にもフィルムが送られ、日本テレビ金曜夜8時のプロ

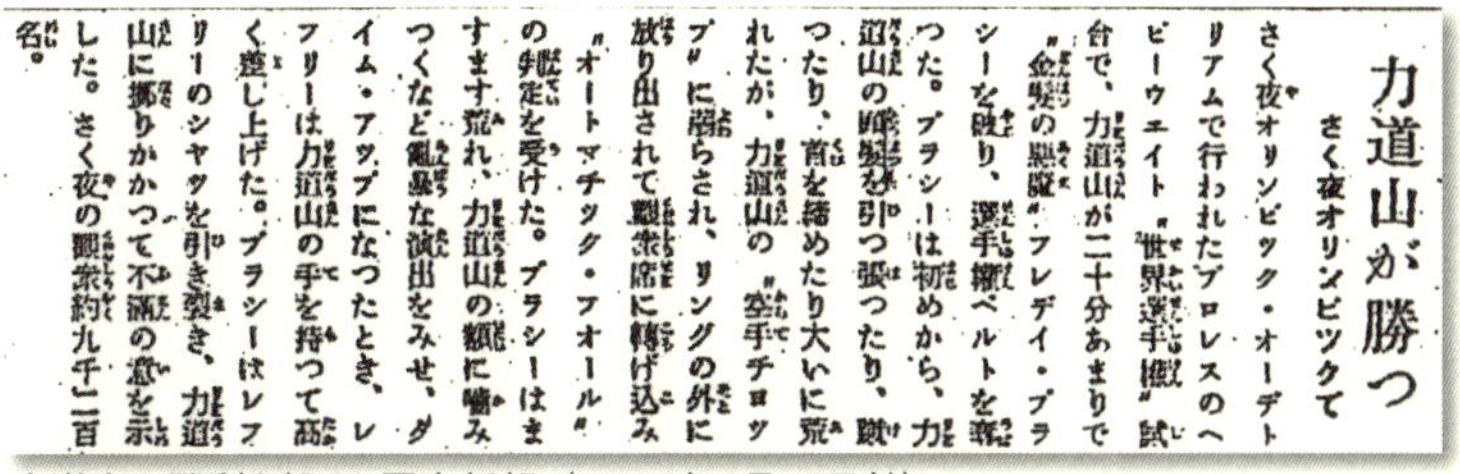

力道山が勝つ
さく夜オリンピックて

さく夜オリンピック・オーデトリアムで行われたプロレスのヘビーウエイト〃世界選手権〃試合で、力道山が二十分あまりで〃金髪の悪魔〃フレデイ・ブラシーを破り、選手権ベルトを奪つた。ブラシーは初めから、力道山の頭髪を引つ張つたり、蹴つたり、首を締めたり大いに荒れたが、力道山の〃空手チヨツプ〃に踊らされ、リングの外に放り出されて観衆席に轉げ込み〃オートマチック・フオール〃の判定を受けた。ブラシーはますます荒れ、力道山の額に噛みつくなど乱暴な演出をみせ、ダイム・アツプになつたとき、レフリーは力道山の手を持つて高く差し上げた。ブラシーはレフリーのシヤツを引き裂き、力道山に挑りかかつて不満の意を示した。さく夜の観衆約九千一百名。

力道山の勝利を報じた羅府新報（1962年3月29日付）

レス中継で放送されています。

そういえば「唸る！空手チョップ　力道山奮戦録」の中にも、このブラッシー戦の模様が収録されていた記憶があったので、さっそくビデオテープを取り出して見ました。

モノクロの映像は、力道山が通路を小走りに駆けて入場するところから始まります。よく見るとこの日着用していたガウンは、これまで展示会などで見た、月夜に竹林で虎が咆哮する絵柄の、あのガウンです。

一本目、力道山は空手チョップでエプロンにダウンするブラッシーを、なおも空手で攻撃すれば、ブラッシーは自ら鉄柱に頭を打ちすえ場外でダウン。リングアナウンサーのジミー・レノンがリングに上がり、力道山の勝ちをアナウンスします。

二本目、ブラッシーの噛みつきに力道山は流血。コーナーに詰めて力道山の首を絞めるブラッシーに、レフェリーのレッドシューズ・ズーガンがカウントを取るところでゴングが鳴って試合はストップ。ややあって、レフェリーが力道山の元に歩み寄り、力道山の手を上げます。これにブラッシーは猛然と抗議し、ズーガンのシャツを引き裂きます。

チャンピオンベルトが力道山に手渡され、リングアナのアナウンスがあり、再び力道山の手が上げられたのでした。

## ☆特異な規則にも助けられ力道山がベルトを奪取

フィルムを見ると、一本目はブラッシーのリングアウト負け。二本目はなぜか試合が途中で止められて、レフェリーが力道山の手を上げたことは分かったのですが、一本目、二本目とリングに上がったリングアナは、一体なんとアナウンスしているのでしょうか？

そこで流智美氏に依頼して、アナウンスを訳してもらうことにしました。

一本目終了時は「7分42秒、ブラッシーが場外に逃げたため自動フォールとなります。従って一本目は力道山」。

二本目終了時は「『カーフュー』のため、一本目を取っている力道山に王座が移ります」とリングアナは言っているというのです。

「カーフュー」（Curfew）とは、そもそも戒厳令下の夜間外出禁止令の意味です。航空用語で使う場合は、航空機の離着陸を禁止している時間帯を言います。

この場合、興行が条例で定められた時間を過ぎて中止となったのか、あるいはテレビ中継の時間が切れるところで試合が止められたのか定かではありませんが、流氏はおそらく後者だろうと推測しました。

ということで二本目はなく、1―0のスコアで力道山の勝ちと解説を付けて訳してくれました。

ジャイアント馬場が、ニューヨークのマジソン・スクエア・ガーデンにおいて、ブルーノ・サンマルチノの持つWWWF世界選手権に挑戦した試合で（1964年2月17日）、午後11時以降の興行は禁止というニューヨーク市の条例によって試合がストップされたというケースがありました。

羅府新報の記事にあったタイムアップとなったというのは、このカーフューのことだったのです。

一本目は7分42秒、リングアウトを取られたブラッシーはオートマチックフォール、つまり自動的にフォールと見做されて、まず力道山が一本先取します。

二本目のファイトタイムは、アナウンスの中にはなかったのですが、羅府新報の記事には20分あまりで力道山がブラッシーを破ったとなっていたので、おそらく一本目のタイムを差し引いた約13分闘ったところでタイムアップとなり、カーフューのルールが適用され1—0で力道山が勝ってタイトルが移動したということになります。これでこの試合の謎が解けました。

日本のマスコミでは、カーフューについて触れた記事はなく、ファイトタイム、試合経過と、海外での対ブラッシー戦に関する報道は、日本には正確に伝わってはいなかったのです。

試合から39年の月日が流れ、ようやくこの試合の真実が明らかになりました。

力道山はこの後、7月に再び同所でブラッシーと2度目のリターンマッチを闘うことになります。

そして、調べていくとその試合の記録には、またまた疑問点が…。

〈週刊プロレス№1041　平成13年7月17日号〉

# 23 伏魔殿の罠に嵌まり王座から転落

## ロスで2度目のブラッシー戦

### ★カーフューによりWWA世界王者に

昭和37年（1962）3月28日、ロサンゼルスで行われた力道山生涯の歴史的ビッグマッチ〝銀髪の吸血鬼〟フレッド・ブラッシーとの、WWA世界選手権試合の真相については前項で書きました。日本に伝えられていた試合報道は、実は正確なものではなく、一本目7分42秒ブラッシーのリングアウトで力道山が先取。2本目は、カーフューによって試合が途中でストップされ、1─0のスコアで力道山が勝ってタイトルが移動したというのが真実だったのです。

〝プロレスの味方〟村松友視氏は「力道山がいた」の中で、この試合について次のように書いています。

「空手をふるって攻めたてる力道山から、ブラッシーが逃げて逃げて逃げまくり、哀れみをこうように膝を折って坐りこみ、不意に急所打ちで反撃したあげく、ついに追い込まれた。さらに空手チョップをふりかざす力道山に対して、ブラッシーが放心したようにニヤリと笑う…そのとたん、レフェリーが力道山の右手を上げて勝ちを宣した。ブラッシーの戦意喪失によって力道山が勝った、これがのちに見たフィルム映像による私の記憶なのだが、資料によれば二本目は力道山のリングアウト勝ちというのが多く、記憶はほんとうにあてにならない。――」

村松さんもブラッシー戦を書くにあたっては、資料を調べて記憶を辿ったのでしょうが、資料にある二本目のリングアウトというのが間違いで、村松さんの記憶の方が正しかったのです。

カーフューのため、突然に中止された試合の結末については、村松さんはブラッシーが戦意を喪失したと見ています。

ブラッシーがコーナーで力道山の首を絞め、レフェリーがカウントを数えている時にゴングが鳴ったので、私はてっきりブラッシーが反則を取られたものだとばかり思っていました。

新聞を見ると、レフェリーストップやレフェリー判定と書いてあるところもありました。

## ★1フォールも取らずにブラッシーが王座奪還

WWA世界選手権を奪取した力道山は、その後同年4月23日に東京でブラッシーとリターンマッチを闘い、力道山が2―1で勝ち初防衛に成功。そして7月25日（現地時間）には、再び舞台をロサンゼルスのオリンピック・オーデトリアムに移して両者は相まみえます。

時間無制限三本勝負で争われた試合は、力道山が空手チョップから体固めで、まず一本を取ります。二本目は額を負傷し流血した力道山に対して、カリフォルニアルールなるものが適用され、ブラッシーに一本が与えられます。

この後は、力道山の負傷による試合放棄とされ、ベルトは一旦はコミッショナー預かりとなったものの、結局2―1のスコアでブラッシーの勝利となる判定が下り、力道山はタイトルを失います。

WWAカリフォルニア州コミッションのカリフォルニアルールには、その第5条にタイトルの移動は2フォールを奪った時のみで、ノックアウト、カウントアウトまたコミッションドクターの勧告によるレフェリーストップ、コミッションストップも1フォールに含まれるとあるのです。

このルールからすると、ブラッシーは二本目、三本目と負傷してレフェリーストップがかかった力道山からフォールを取ったことになり、タイトルも移動するというのです。

それにしても、一本目ブラッシーからクリーンフォールを奪っている力道山に対して、ただの1フォールも取ってはいない、噛みつき、急所打ち、首を絞めるといった目にあまる反則を繰り返すブラッシーが、反則負けにもならずに試合に勝って、おまけにタイトルまで移動するとは真にもって奇妙な裁定ではありませんか。

この一戦を報道した新聞各紙の試合記録を調べてみると、各紙によってバラバラだった3月の試合ほどではありませんが、やはり複数の記録の掲載がありました。ここからは、WWA世界選手権にまつわる〝謎〟の続編です。

## ★血が目に入り空を切る空手… 試合はストップ

一本目に関しては、スポニチ、日刊、東京中日、デイリー、東スポが体固め27分23秒で力道山の勝ちと報道している中で、スポーツタイムスだけは試合タイムを27分29秒としています。

二本目は力道山の負傷からレフェリーストップ（またはドクターストップ、あるいはコミッションストップ、負傷中止）となるのですが、試合タイムを16分41秒としているのがスポニチ、東京中日、スポ毎、スポタイ。28分としているのは日刊、デイリー、東スポでした（毎日、報知、サンスポには試合記録の掲載はなし）。

つまり、一本目の試合タイムは27分23秒と27分29秒があり、二本目も16分41秒と28分という記録があるのです。

この試合も3月の試合と同様に、各紙はUPI、AP特約、通信員、特派員の派遣、力道山への国際電話による取材を行って記事を構成しています。

東スポをみると、記録は日本プロレス協会発表と但し書きがあるところから、一本目体固め27分23秒、ドクターストップ28分というのは協会側が発表した公式記録のようです。

「唸る！空手チョップ　力道山奮戦録」（日本テレビ）には、3月の試合と一緒にこの試合も収録されていました。

映像は二本目から始まり、力道山のタックルがブラッシーにかわされて、ロープの外に飛び出した力道山は、この時額を負傷します。出血した力道山の傷口をレフェリーとドクターが診ますが、力道山はこれを嫌って試合を続行しようとするものの、血が目に入り空手は何度も空を切ります。

負傷のため試合はストップされ、ブラッシーの手が上がり、リングアナウンサーのジミー・レノンがリング上でアナウンスを行います。その隙に本部席にあったチャンピオンベルトのケースを鷲掴みにしたブラッシーは、中からベルトを取り出して腰に巻き、勝利をアピールします。

映像はカットされている部分もありますが、このフィルムは3月の試合とは違って、バックに歓声が聞こえるだけで音声は入っていません。ですから、リングアナがなんと言っているのかは残念ながら分かりません。

# ☆二本目は16分が正解だったが　なぜ28分説が出たのか

試合報道をみると、東京中日とプロ&ボクには時系列で捉えた記事が書かれていました。

東京中日では、二人がリングに出たのは午後10時10分、闘いが始まったのが12分。27分幾秒かの後、力道山が体当たりでブラッシーを押さえて勝ち、続いて10時32分からさらに激しい闘争が展開され、10時54分にベルが鳴り、レフェリーがブラッシーの勝ちを示したのが10時55分と書かれています。

プロ&ボクには、力道山、ブラッシーがリングに上がったのは10時10分、12分にゴング。一本目27分23秒力道山のフォール勝ち、10時53分医者がリングに上がり、傷を診て首を振り、その時試合終了を告げるベルが鳴り響いたと書かれています。

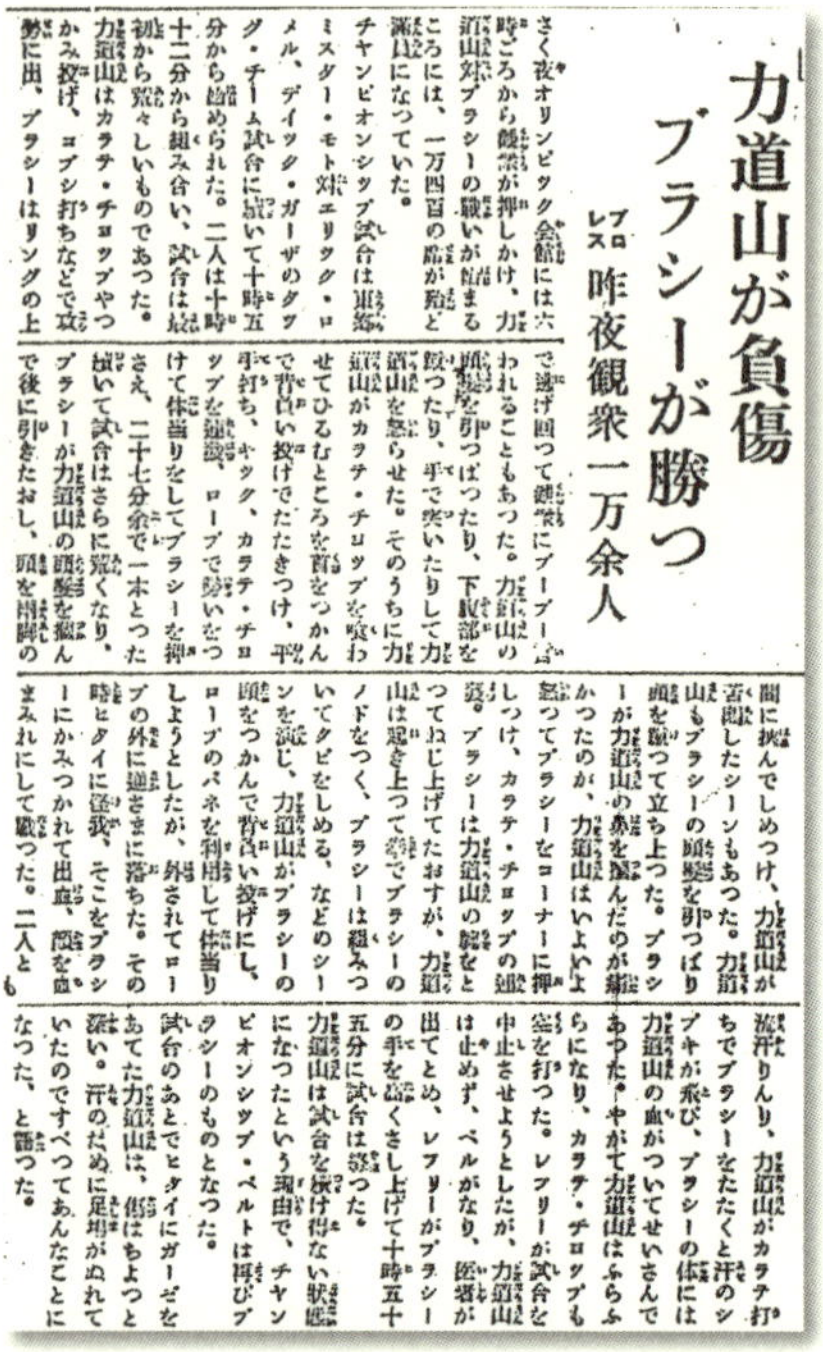
プロレス
昨夜観衆一万余人

## 力道山が負傷
## ブラッシーが勝つ

さく夜オリンピック会館には六時ごろから観衆が押しかけ、力道山対ブラッシーの闘いが始まるころには、一万四百の席が殆ど満員になっていた。

チャンピオンシップ試合は[illegible]ミスター・モト対エリック・ロメル、デイック・ガーザのタッグ・チーム試合に続いて十時五分から始められた。二人は十時十二分から組み合い、試合は最初から荒々しいものであった。

力道山はカラテ・チョップやつかみ投げ、コブシ打ちなどで攻勢に出、ブラッシーはリングの上で逃げ回って観衆にブーブーいわれることもあった。力道山の頭髪を引っぱったり、下腹部を蹴ったり、手で突いたりして力道山を怒らせた。そのうちに力道山がカラテ・チョップを喰わせてひるむところを首をつかんで背負い投げでたたきつけ、平手打ち、キック、カラテ・チョップを連続、ロープで勢いをつけて体当りをしてブラッシーを押さえ、二十七分余で一本とった。

続いて試合はさらに荒くなり、ブラッシーが力道山の頭髪を掴んで後に引きたおし、頭を両脚の間に挟んでしめつけ、力道山が苦闘したシーンもあった。力道山もブラッシーの頭髪を引っぱり頭を蹴って立ち上った。ブラッシーが力道山の鼻を掴んだのが痛かったのか、力道山はいよいよ怒ってブラッシーをコーナーに押しつけ、カラテ・チョップの連発。ブラッシーは力道山の腕をとってねじ上げてたおすが、力道山は起き上って[illegible]でブラッシーのノドをつく、ブラッシーは組みついてクビをしめる、などのシーンを演じ、力道山がブラッシーの頭をつかんで背負い投げにし、ロープのバネを利用して体当りしようとしたが、外されてロープの外に逆さまに落ちた。その時ヒタイに怪我、そこをブラッシーにかみつかれて出血、顔を血まみれにして戦った。二人とも流汗りんり、力道山がカラテ打ちでブラッシーをたたくと汗のシブキが飛び、ブラッシーの体には力道山の血がついていてせいさんであった。やがて力道山はふらふらになり、カラテ・チョップも空を打った。レフリーが試合を中止させようとしたが、力道山は止めず、ベルがなり、医者が出てとめ、レフリーがブラッシーの手を高くさし上げて十時五十五分に試合は終った。

力道山は試合を続け得ない状態になったという理由で、チャンピオンシップ・ベルトは再びブラッシーのものとなった。

試合のあとでヒタイにガーゼをあてた力道山は、傷はちょっと深い。汗のために足場がぬれていたのですべってあんなことになった、と語った。

ブラッシーの勝利を報じた羅府新報（1962年7月26日付）

3月の試合に引き続き、ロサンゼルスの現地で発行される日系邦字新聞羅府新報も調査すると、ここでも時間の経過を追った記事がありました。

羅府新報では、試合は10時5分から始められ、二人が組み合ったのが10時12分。力道山が27分余で一本を取り、レフェリーがブラッ

力道山がタイトルを死守したと報じた東京スポーツ（昭和37年7月28日付）。「外電は敗戦報ず」の記事も掲載

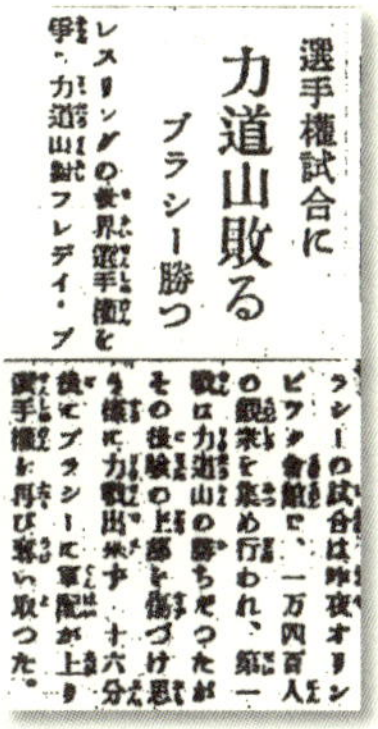
選手権試合に
力道山敗る
ブラッシー勝つ

レスリングの世界選手権を争う力道山対フレデイ・ブラッシーの試合は昨夜オリンピック会館で、一万四百人の観衆を集め行われ、第一戦は力道山の勝ちだったがその後験の上部を傷つけ思う様に力戦出来ず十六分後にブラッシーに軍配が上り選手権は再び奪い取った。

ブラッシーの勝利を報じた加州毎日新聞（1962年7月26日付）

シーの手を高く差し上げ、10時55分に試合は終わったと書かれています。

これらの報道を総合すると、試合開始は10時12分。一本目の試合タイムを1紙以外で一致している27分23秒として、試合が終了したのが10時55分。逆算すると二本目の試合時間は約16分となります。

さらにもう1紙、日系邦字新聞の加州毎日新聞も調べてみました。記事には、「第1戦（注・一本目）は力道山の勝ちだったがその後瞼の上部を傷つけ思う様に力戦出来ず、十六分後にブラシーに軍配が上がり」と書かれた箇所がありました。

となると28分説ではなく、16分41秒説が正しいということになり

7月30日（月）

東京スポーツ

トウスポ

プロレス特報

力道死闘の写真特集

力道敗戦の記録

ロス―本社空輸
UPI・サン特約

水平打ち

無念!!世紀の対決

―力道山の健闘むくわれず―

カリフォルニアルールに泣く

解説

写真観戦記

伊集院浩

声援・ヤジ

力道山敗戦の写真特集を掲載した東京スポーツ（昭和37年7月30日付）

ます。

力道山は、日刊との国際電話によるやり取りの中で、一本目は27分ちょっと、二本目は28分を過ぎた頃試合が中止されたと語っています。

また、東スポとの国際電話では、試合時間は全部で55分と語っています。

この一戦のプログラムを見ると、試合は午後10時開始の予定となっていました（プログラムではブラッシーはNAWAのチャンピオンとなっています）。おそらく力道山は、試合終了が10時55分だったと聞かされて、予定通り10時に試合が始まって、一本目が27分かかったのなら、二本目は28分と思い込んでマスコミのインタビューに受け答えをしたのではないでしょうか。二本目の28分説の根拠はおそらくこれでしょう。

## ☆ストロンボー代表の謀略　カリフォルニア・ルール

7月28日付スポニチでは、試合で力道山のセコンドを務めたグレート東郷が、カリフォルニアコミッショナーの正式判定は、一本目力道山の体固め、二本目レフェリーストップでブラッシー、三本目はコミッショナーストップでブラッシーと語っています。

こうしてみてくると、この試合の正式な記録は一本目体固め27分23秒で力道山、二本目レフェリーストップ16分41秒でブラッシー、三本目コミッショナーストップ（ルール第5条ではコミッションストップ）でブラッシー、2―1でブラッシーが勝ってタイトルが移動したということになります。

3月の試合は、午後9時半過ぎに始まり、テレビ中継の終わる10時でカーフューになったと推測します。2フォールがなくても、力道山にはカーフューが味方してタイトルが移動しましたが、今度はカリフォルニアルールがブラッシーの味方に回り、力道山はタイトルを失うのです。

一本目は力道山が取りましたが、WWAのジュリアス・ストロンボー代表は、ブラッシーの噛みつき攻撃を受ければ流血必至の試合に、とにかく力道山が負傷さえしてくれればそこで試合を終わらせてしまい、後はカリフォルニアルールを盾に力道山からタイトルを取り上げてしまおうという魂胆だったのでしょうか。

謀略の罠に嵌まった力道山―陰謀術数渦巻くWWAの本拠地ロサンゼルスの地が、〝天使の都〟から悪魔の潜む〝伏魔殿〟と化していくのはこの頃からでした。

〈週刊プロレス№1063　平成13年11月27日号〉

# 24 村松友視氏が我が家へ 天国の力道山が引き合わせてくれた

## ★興奮状態の我が家　手に付かぬ仕事

力道山が引き合わせてくれたのでしょう、ある訪問客が平成11年（1999）5月15日の夕刻、我が家を訪ねてくれました。

ある訪問客とは、あの〝プロレスの味方〟直木賞作家の村松友視さんです。村松さんをお迎えするということで、前日から我が家は既に興奮状態に陥り、私はといえばもう仕事も手に付かないような有様でした。

そして、ついに村松さんはいらっしゃいました。初めてお会いした村松さんは、さすがに噂に違わぬダンディー振りで、ダークグレーのワイシャツに同系色のネクタイを、黒いジャケット、黒いパンツに包み込んだシックな装い。着こなしの良さと物腰の柔らかさに、思わず引き付けられました。

村松さんは金沢が好きな街の一つだそうで、小説にも金沢を題材にした作品があり、平成9年には「鎌倉のおばさん」で金沢市制定の泉鏡花文学賞を受賞しています。

平成11年初めから、週刊朝日で「力道山がいた」の連載が始まり、それがこの日の訪問に繋がりました。

## ★村松さんの体験と文献基にした〝力道山伝説〟

村松さんがプロレス物を書かれなくなって、もうずいぶんと経ちますが、「村松さんに力道山を書いていただくのが僕の夢でした」という週刊朝日編集部のYさんが、村松さんをようやく口説き落として連載に漕着けたそうです。

「力道山がいた」には一つの大きな特徴がありました。従来の力道山物の出版物では、力道山の関係者や縁《ゆかり》の人達に取材を行って書いていましたが、村松さんはリアルタイムで体験し見聞きしてきた記憶と、残された文献を基にしての村松さん自身の〝力道山伝説〟を書き上げるスタイルを取ったのです。

これまでにも、村松さんの著書の中には力道山について書かれた文章はありましたが、「力道山がいた」の連載ではそれがたっぷりと読めるのですから、毎週発売日を楽しみにして待ちわびていました。

なにしろ、村松さんは昭和29年2月の中学1年生の時に、電気屋の暗がりで初めてテレビで見たプロレス以来、同年8月には東京体育館へプロレス現場への第一歩を印し、そして12月、あの〝伝説の試合〟力道山対木村政彦戦を生観戦するなど、プロレス史の始まりからをすべてその目でご覧になってきたのです。

おそらく、村松さんにとってもとても楽しい仕事でしたでしょうし、自然と筆も進んだことでしょう。連載の1回分が四百字詰原稿用紙で約15枚、これをふつうは1日で書き上げてしまうそうで、かなりの回数分を書き進んでしまい、ようやく引き受けたくせになんなのだ、なんて思われるんじゃあないかと笑って話しておられました。

それと、連載に添えられていた絵が良かったですね。題字・画を担当した伊藤方也氏は、村松さんと同じ学校の一年後輩だとか。力道山、テーズ、ブラッシーらが格調高く描かれていました。

## ★対木村戦や死の謎など尽きない力道山談義

たまたまこの日、週プロ編集部から私の書いた「力道山の海外版実況映画にまつわる謎」の記事の刷り出しがＦＡＸで届き、村松さんにも見てもらいました。

原稿の中には、昭和31年2月の東南アジア遠征における力道山対キング・コング戦でのアジア選手権試合について書いた箇所があったのですが、偶然にも村松さんの連載でも、この週は同じく東南アジア遠征時の話でした。

ところが、シンガポールで闘われた力道山対コング戦では、アジア選手権のタイトルが賭けられたかどうかは謎であると書いた私の原稿と、アジア選手権が争われたと書かれた村松さんの連載とでは、話が所々で食い違っていたのです。

村松さんとは、木村との〝伝説の試合〟や死の謎などの話もしました。

「力道山、力道山と皆さん当時の話をするのですが、あの頃、自分の周りでも力道山に関心を寄せていた人なんて、そんなにいなかったはずです。それを現在になって、さもみんな見てきたように話すというのはおかしいんですよね。そんな自分と同世代の人達に、アッと思わせるような結末を考えているところなんですよ」と村松さんは語っていました。

久方ぶりの村松さんの書くプロレス物とあって、懐かしい感触と村松さんならではの理論展開に頷かされ、感心させられた「力道山がいた」の連載も41回をもって終了。私の週に1度の楽しみも終わってしまいましたが、今度は連載が単行本になるのを楽しみに待っています。

最後に一緒に記念写真を撮り、週刊朝日の連載第1回のページにサインも入れていただき、こうして力道山の連載を通じて天国の力道山が引き合わせてくれた村松友視さんは、迎えの車に乗り込んで帰って行かれました。

〈週刊プロレス№９５２　平成11年12月21日号　エッセー・ストリート〉

# 25 門下生〝三羽烏〟の師を巡る系譜
# 猪木が「花」馬場は「実」大木は「根」

## ★リキ・マンションの地下倉庫で秘宝〝発掘調査〟

力道山の没後40年にあたった平成15年（2003）、7月には未亡人の田中敬子さんが夫・力道山との秘話を綴った本を出版し、11月には子息の義浩・光雄兄弟が書いた「父・力道山」が復刻されて話題を集めました。

そして、命日（12月15日）を迎える12月、11日にはNOAHが力道山追悼興行を開催、17日からは東京・日本橋の高島屋において「没後40年　力道山展」が催され、力道山の秘蔵品の数々が展示公開される予定となっています。

こうした準備につれて、赤坂のリキ・マンションの地下倉庫に保管してあった力道山の遺品、史料類の調査が行われ、その作業に私も協力させていただくことになりました。以前には、倉庫の中にTBSのカメラが入った映像が流されたことがありましたが、百田光雄さんの話では、倉庫の中にあるものを全部出して調べるのは今回が初めてだそうです。

果たして力道山縁《ゆかり》の地、赤坂の地下に眠る力道山の秘宝の発掘調査では、一体何が出てくるか？震える手で扉の鍵を開けて一歩中へ足を踏み入れると、そこには秘宝のお宝がギッシリと埋まっていました。

大小各種のトロフィーの中には、プロレス中継の番組スポンサー三菱電機や、後援新聞社の毎日新聞から贈られたもの、ワールド大リーグ戦、地方大会でのものと、とにかくおびただしい数のトロフィーがありました。

懐かしい名勝負、名場面を写した写真パネルも大量にあり、盾や台湾遠征（昭和32年10月）での記念品、海外の試合やプライベートを収めたフィルム、ファンから贈られた額や刺繍など、中にはなぜこんなものがここにあるのだろう？なんていうものも出てきたのですが、これらの遺品が力道山展では、チャンピオンベルトやガウンなどとともに公開される予定ですから、今から乞うご期待といったところです。

## ★条件付きで決定された大木金太郎力道山襲名

力道山が遺した最大の遺産はプロレスでしたが、力道山の弟子で大木金太郎、馬場正平、猪木完至（現寛至）の三人は、当時力道山門下生の三羽烏と言われ、その将来を大いに属望されました。そこでこの三人の、力道山を巡る系譜を紐解いていくことにします。

力道山死去の翌年昭和39年8月31日、日本プロレスでは豊登、芳の里、吉村道明、遠藤幸吉、ジャイアント馬場のメンバーで組織される幹部会において、大木の力道山襲名が今後の精進次第という条

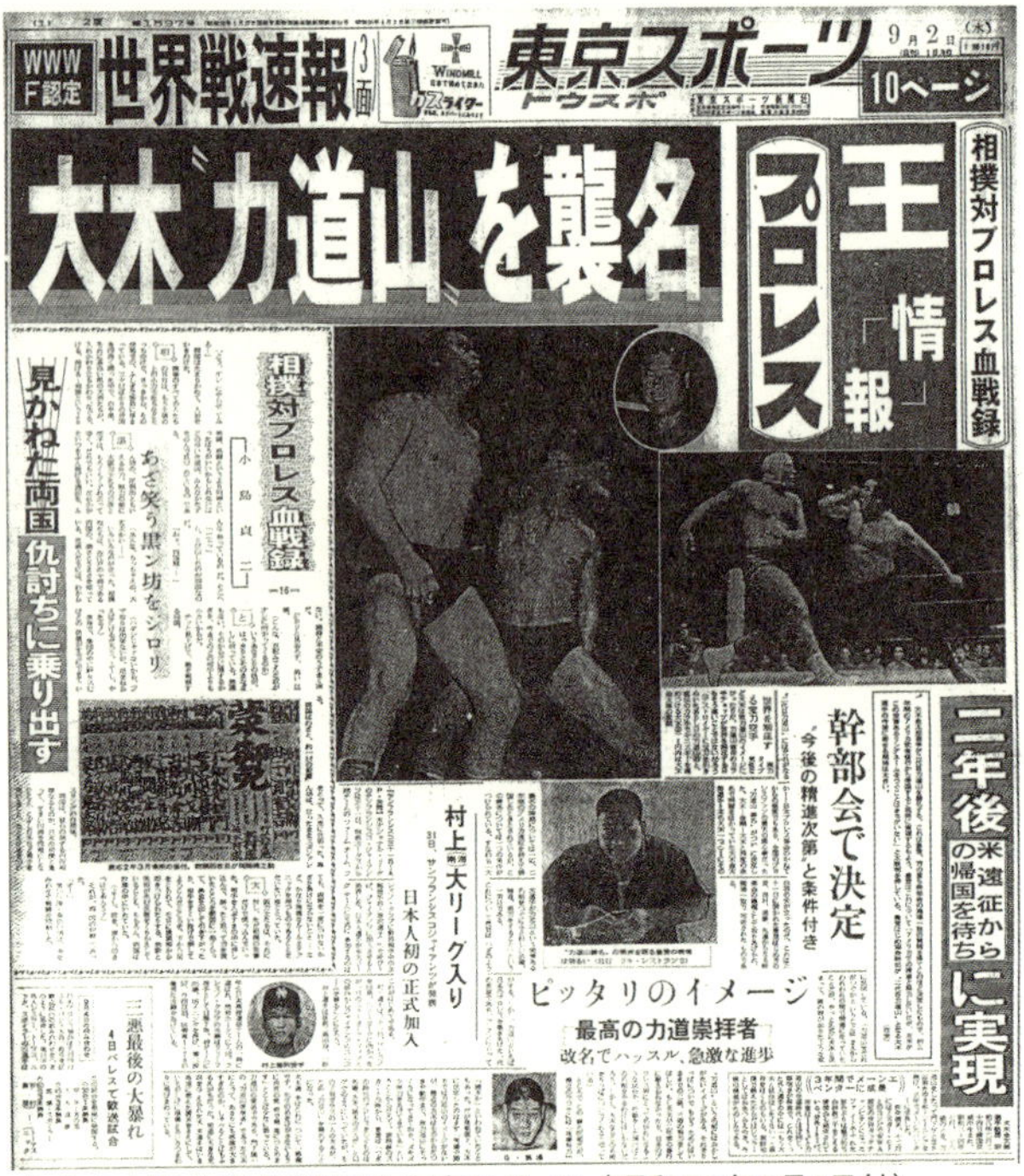
WWWF認定 世界戦速報 3面

東京スポーツ

9月2日

10ページ

大木〝力道山〟を襲名

プロレス「情報」

相撲対プロレス血戦録

見かねた両国 仇討ちに乗り出す

幹部会で決定

〝今後の精進次第〟と条件付き

二年後に実現 米遠征からの帰国を待ち

ピッタリのイメージ

最高の力道崇拝者

改名でハッスル、急激な進歩

村上 大リーグ入り

日本人初の正式加入

三悪最後の大暴れ

大木の力道山襲名を報じた東京スポーツ（昭和39年9月2日付）

件付きで決定されました。

馬場、猪木の二人も候補に上がったのですが、やはりイメージ的にも大木ということになったのでしょう。しかし、これは実現しないままに夢と消えてしまいます。

大木は、この夢の実現のため〝鉄人〟ルー・テーズの持つＮＷＡ世界選手権に挑戦しました。大木の渾身の頭突き攻撃を、テーズはナックルパンチで粉砕、大木は27針を縫う傷を負って惨敗を喫したという話は知られるところですが、力道山襲名の文書は、いまも大木の手元に大切に残されているそうです。

その後、大木は力道山が保持した縁《ゆかり》のタイトル、ＷＷＡ世界選手権（昭和42年4月29日）、アジアのシングル、タッグ選手権、日プロ末期にはインターナショナル選手権（昭和47年12月4日）も獲得しました。

猪木、馬場、坂口と抜けていった日プロに、「力道山先生の残した日プロの灯を守る」と最後まで立てこもった大木でしたが、ついに力尽き昭和48年4月20日に日プロは崩壊します。大木以下９人のレスラーは、百田家に身柄を預けることとなったのです。

力道山に憧れて、韓国から海峡を渡って来た金一《キムイル》こと大木金太郎は、現在でも力道山の興した日プロ復活の思いを胸に抱き続けているとか。

## ★“正統後継者”馬場、“精神受け継いだ”猪木

プロ野球読売巨人軍の投手だった馬場は、プロレスに転向しました。日プロ時代、復活した力道山縁《ゆかり》のインターナショナル選手権の王座に就き（昭和40年11月24日）、力道山が第1回から5連覇を飾ったワールド大リーグ戦では、馬場は通算6回の優勝を記録しました。

昭和47年9月、力道山先生の意志を継いで理想のプロレスを目指すという馬場は、日プロから独立して全日本プロレスを設立します。

力道山時代からプロレス中継を放映してきた日本テレビがバックアップし、力道山の百田家からは全面協力の申し出を受け、力道山未亡人の敬子さん、長男の義浩氏が経営に参画します。また、義浩氏はリングアナウンサー、次男の光雄氏はレスラーに、そして力道山の遺品で家宝でもあるインターナショナル選手権のチャンピオンベルトが馬場に寄贈されたのでした。

こうして馬場は、力道山以来の日本のプロレスの正統なる後継者は自分であるということをアピールし、全日プロを立ち上げたのです。

一方、昭和46年12月に日プロを追われたアントニオ猪木は、翌47年3月に力道山先生の精神から真のプロレスを受け継ぐとして、新日本プロレスを旗揚げします。

新日プロは力道山時代以来、日プロで毎年春に開催されていた伝統のワールド大リーグ戦を昭和49年に復活させ、大木も参加した翌50年の第2回大会では、力道山の時代から使用してきた優勝大トロ

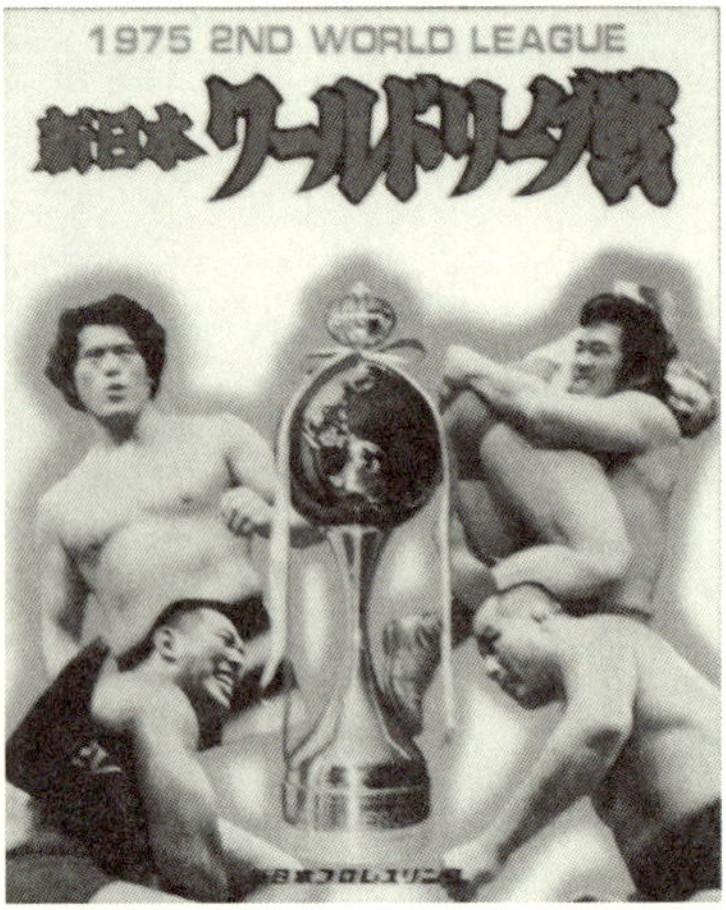

優勝大トロフィーが表紙を飾った新日プロのパンフレット

フィーが日プロから寄贈されることとなりました。

猪木が日プロ時代、第11回大会に1度だけ優勝して手中に収めたことがある優勝大トロフィーは、新日プロのパンフレットの表紙も飾ったのですが、結局この話は実現しませんでした。

### ★「十三回忌追善興行」で馬場〝力道山独占〟の観

この年（昭和50年）の12月11日、日本武道館で「力道山十三回忌追善特別大試合」が行われました。当初参加を表明していた猪木でしたが、同日蔵前国技館でビル・ロビンソンとのNWF世界選手権の防衛戦とがバッティングして出場を拒否します。

このため、百田家関係者の総意として、敬子さんは猪木に対し「今後は力道山門下生を名乗ってほしくありません」という声明文を発表しました。

力道山の十三回忌興行は、全日プロの「オープン選手権」のシリーズ中に開催されたものでしたが（大木は日プロ所属として出場）、前述のワールド大リーグ戦の優勝大トロフィーは「オープン選手権」を勝ち抜いた馬場に贈られることになり、力道山の遺品ともなるトロフィーは猪木の手をすり抜けて、これも馬場の手の中に入りました。

力道山とその門下生の三羽烏、大木、馬場、猪木の歴史を振り返ると、馬場が力道山を〝独占〟する形となるのですが、力道山の死後、多くの問題を抱え込んだ百田家に、経済的にも精神的にも援助

「力道山十三回忌追善特別大試合」のポスター、パンフレット、入場券

の手を差し伸べたのは、実は馬場だったのです。

しかし、その後猪木の巻き返しが開始されるのですが、それはずっと後のことで、それも意外なところからでした。

戦後50年の節目の年となった平成7年は、力道山の三十三回忌の年にも当たりました。また、没後40年の平成15年は、テレビ放送開始50年とも重なります。〝戦後最大のスーパーヒーロー〟力道山が戦後の節目、節目に関ってくるあたりは、さすがに不思議な縁なのでしょうか。

平成7年4月、猪木は北朝鮮で「平和のための平壌国際体育・文化祝典」のイベントを開催します。

力道山にブラジルでスカウトされて日本に来た猪木は、力道山の付け人として、力道山を間近に見て接してきたのですが、対立する馬場が力道山を〝独占〟していった中で、猪木が力道山との接点を見出そうとしたのです。

## ★馬場は平成11年他界、猪木は力道山を偲ぶ会開催

馬場、猪木の長年の対立は、力道山の遺産プロレスの骨肉相食む相続争いでもあったのですが、力道山の三十三回忌で発足した力道山OB会&プロレスでは、馬場、猪木の二人は最高顧

問に名を連ねました。

その馬場は平成11年1月30日、この世を去ります。猪木が馬場の死去に接して文藝春秋に綴った手記の中で、もしも力道山の遺伝子があるとすれば、入門当初から1度も殴られたことがない馬場さんではなく、常に殴られ続けた私にこそ受け継がれている。「力道山ならどうするだろう」といつも考えていた。馬場さんの行動原理に、力道山先生のような発想はないと断言すると書いています。私は生前馬場は、「力道山には花も実もあった。猪木が花を取ったので、自分は残った実を取ることになった」と語ったことがありましたが、さすがに馬場さん、言い得て妙な巧い表現だなぁと感心したものです。

猪木が〝花〟を取り、馬場が〝実〟を取ったとすると、三羽烏のあと一人、大木は何を取るのでしょうか？

日プロを最後まで守ろうとした大木は、〝根〟ということになるのでしょうか。

力道山を師と仰ぐ力道山門下生の三羽烏は、それぞれに一時代を築き上げましたが、力道山が作った日プロは既になくなって久しく、馬場は61歳で現役のまま他界、74歳の大木は韓国で病気療養中（平成18年10月26日死去、享年77歳）、5年前に引退した猪木は「1、2、3、ダァー」と元気な60歳の還暦。12月4日には、猪木が代表発起人となり田中敬子さんの出版を祝し、力道山を偲ぶ会を催すそうです。

力道山が死んで、この12月で40年になります。

〈週刊プロレス№１１８０　平成15年12月18日号〉

# 26

# 「唸る！空手チョップ 力道山奮戦録」名勝負の数々伝える映像を検証

没後50年を迎えた力道山ですが、これまでにテレビ各局が力道山を取り上げた番組は幾つかありました。そんな中でも、力道山プロレス史の決定版として評価が高く、秀作と呼ばれているのが、日本テレビが昭和46年（1971）8月24日の午後8時から1時間半にわたって放送した「唸る！空手チョップ　日本プロレスの王者　力道山奮戦録」です。

その後、同番組は昭和58年に力道山の没後20年目にして起こった〝力道山ブーム〟の中で、12月22日（力道山の命日12月15日の1週間後）に再編集された「唸る！空手チョップ　新・力道山奮戦録」として、午後7時30分から9時まで放送されました。

力道山時代からのプロレス放送の老舗局として、日テレに残る数々の秘蔵フィルムを基に制作された奮戦録は、当時完成すると放送に先駆けてレスラーや関係者を招いた試写会が催され（昭和46年8月9日）、放送当日の朝・毎・読の新聞テレビ番組欄でも大きく写真入りで紹介されました。テイチクレコードは奮戦録を「―怒涛の男―　力道山」のタイトルで実況録音LP盤としてレコード化して

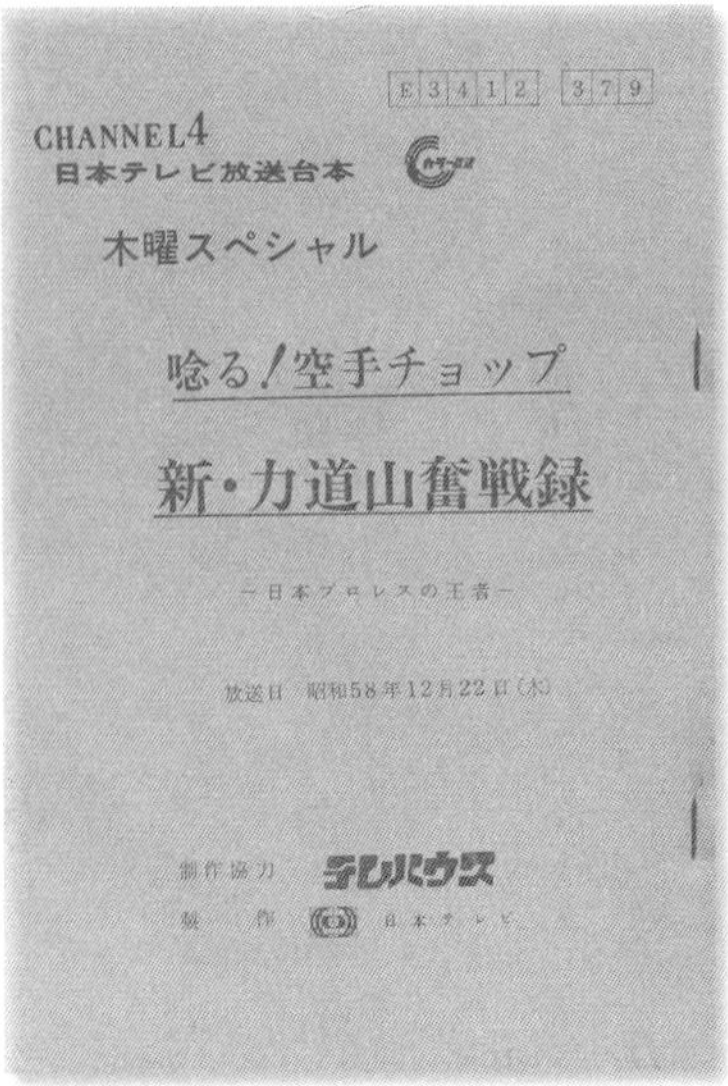

「唸る！空手チョップ　新・力道山奮戦録」の宣伝用チラシ（右）と放送台本（左）

います。

また日テレは、全日本プロレスが年末に開催する「１９８３世界最強タッグ決定リーグ戦」のパンフレットの裏表紙全面を使って新・力道山奮戦録を大宣伝し、同様のチラシも作成するという力の入り様で、放送当日の新聞テレビ欄には「ＮＴＶ秘蔵フィルムと独占取材でつづる戦後の英雄力道山の半生記」といったサブタイトルが注目を引きました。

それでは、力道山の名勝負・名場面の数々を散りばめて制作された新・力道山奮戦録から、その貴重なる秘蔵映像の素材、出所を探る検証を行い、新・旧奮戦録のすべてを徹底解剖していきたいと思います。

オープニングは、暗闇のリングに浮かぶ力道山の遺影を取り囲むジャイアント馬場、ジャンボ鶴田を始めとした全日プロ所属のレスラー達の映像が映し出され「力道山死して20

年、今ここに送る、力道山哀悼の挽歌、新・力道山奮戦録」とナレーションが入ります。画面は力道山対フレッド・ブラッシー戦のモノクロ映像に変わり、力道山の空手チョップがブラッシーに放たれるシーンをバックに「唸る！空手チョップ」「新・力道山奮戦録」の赤いタイトル文字が現れます。旧作では、テレビ画面でのタイトルがなぜか「力道山奮戦記」となっていましたが、手元にある新作の放送台本も旧作を基にして書き直されたものらしく、奮戦記の文字を奮戦録に訂正してあります。

## ◇力士時代（50秒）

スタートは力道山の力士時代の映像から始まり、画面には「昭和24年　大相撲春場所　千代の山対力道山」のテロップが現れます。新作では、力士時代の取組の映像はこの一番だけですが（すくい投げで力道山の負け）、旧作ではこの他にも備州山、羽黒山、増位山との取組が日本相撲協会映像部のフィルムによって収録されていました。これらの映像素材は相撲協会の古い貴重な映像が提供されたのですが、昭和30年5月に封切公開された松竹映画「力道山　勝利の記録」の中にも、これと同一の映像が使用されています。

## ◇プロレス転向（5分25秒）

画面は変わって昭和27年2月3日、ハワイのホノルル空港に到着したパン・アメリカン航空機のタラップから、紋付羽織袴姿に下駄履きの力道山が降りて来ます。奮戦録ではモノクロ映像ですが、平成9年（1997）12月に発売されたNumber VIDEO「力道山まぼろしの名勝負」の中に収録されている同一映像はカラーで、他にも試合やプライベートなシーンなどが、実に綺麗で色鮮やかに目に飛び込んできました。16ミリフィルムに収められている力道山の貴重な映像が、百田家には保管されてあり、これらがビデオ化されて世に出されたのでした。その一部が既に、28年前に奮戦録で使用されていたのです。

映像は力道山が沖識名コーチの下で、バーベルやダンベルでのトレーニングに取り組むシーンと続きます。ここで画面はカラーに変わり、ハワイのホノルルの風景が映し出され、穏やかな余生をハワイで送る沖識名が登場し、力道山との思い出を回顧します。沖縄のマキワラを叩き、椰子の実を割って鍛えたという空手チョップの誕生秘話、強敵は世界チャンピオンの〝鉄人〟ルー・テーズだと語ります。この沖識名へのインタビューは旧作にはなく、新作で新たに取材して追加されたものでしたが、沖は番組の放送日を待たずに、それも力道山の命日と同じ12月15日に逝去しました。

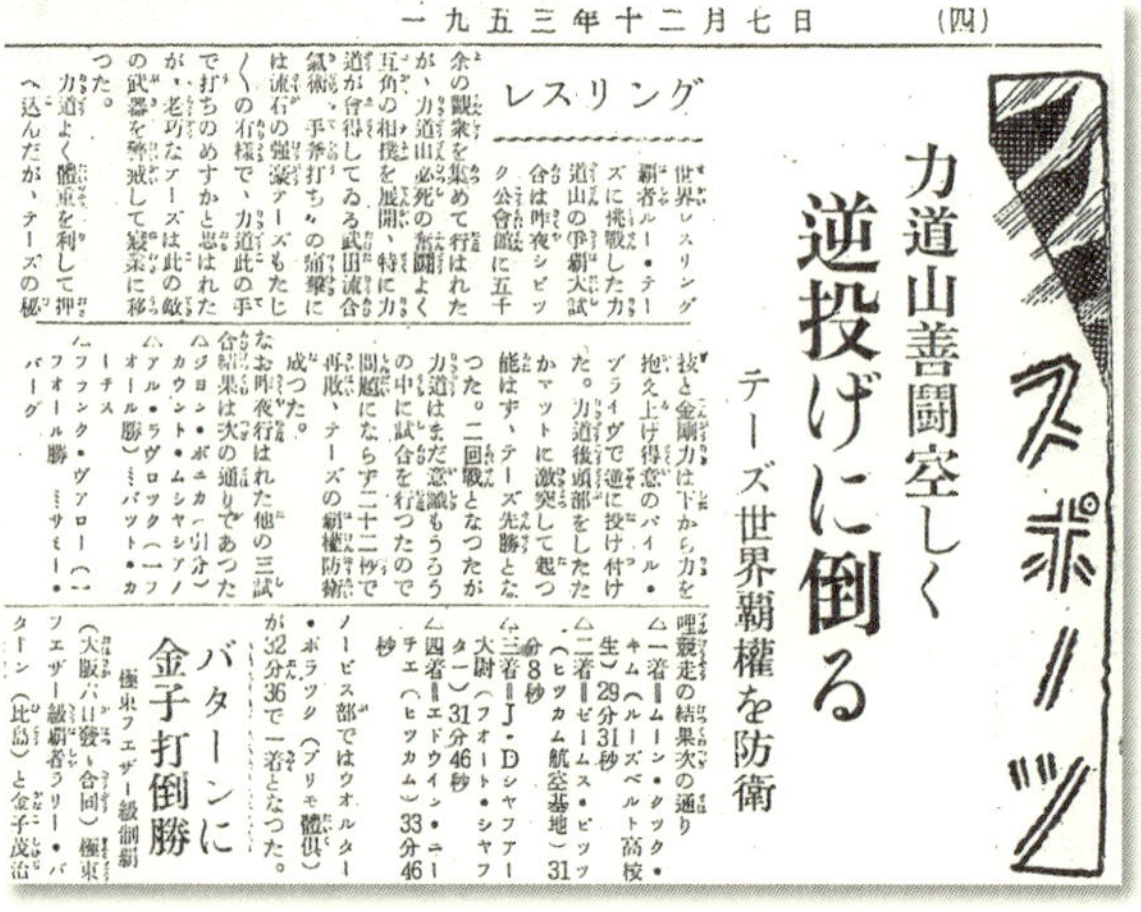
(四)　一九五三年十二月七日

スポーツ

力道山善闘空しく
逆投げに倒る
テーズ世界覇權を防衛

レスリング

世界レスリング覇者ルー・テーズに挑戦した力道山の争覇大試合は昨夜シビック公會館に五千余の觀衆を集めて行はれたが、力道山必死の奮闘よく互角の相撲を展開、特に力道が會得してゐる武田流合氣術〝手斧打ち〟の猛撃には流石の強豪テーズもたじ／＼の有樣で、力道此の手で打ちのめすかと思はれたが、老巧なテーズは此の敵の武器を粉減して寢業に移つた。

力道よく體重を利して押へ込んだが、テーズの秘技と金剛力は下から力を抱え上げ得意のパイル・ブライヴで逆に投げ付けた。力道後頭部をしたたかマットに激突して起つ能はず、テーズ先勝となつた。二回戰となつたが力道はまだ意識もうろうの中に試合を行つたので問題にならず二十二秒で再敗、テーズの覇權防衛成つた。

なお昨夜行はれた他の三試合結果は次の通りであつた
△ジョン・ボニカ（引分）カウント・ムシャシアノ
△アル・ラヴロック（一フオール勝）ミ・バット・カーチス
△フランク・ヴァロー（一フオール勝）ミサミー・バーグ

哩競走の結果次の通り
△一着＝ムーン・クック・キム（ルーズベルト高校生）29分31秒
△二着＝ゼームス・ピッツ（ヒッカム航空基地）31分8秒
△三着＝J・Dシャファー大尉（フォート・シャフター）31分46秒
△四着＝エドウイン・ニーチエ（ヒッカム）33分46秒
ノービス部ではウオルター・ボラック（プリモ體倶）が32分36で一着となつた。

バターンに
金子打倒勝

極東フエザー級制覇
（大阪六日發＝合同）極東フエザー級覇者ラリー・バターン（比島）と金子茂治

対テーズ戦を報じる THE HAWAII HOCHI（1953年12月7日付）

画面には、「昭和28年　ハワイ・ホノルル　世界ヘビー級選手権試合　ルー・テーズ対力道山」のテロップが出ます。12月6日、ハワイでテーズの持つNWA世界タイトルに初挑戦した試合の映像では、果敢にテーズに挑む力道山に、テーズの強烈なパイルドライバーが決まるシーンが映し出されます。こんな貴重な試合映像も残されていたとは、感激に値します。ハワイにおける映像は「力道山ま

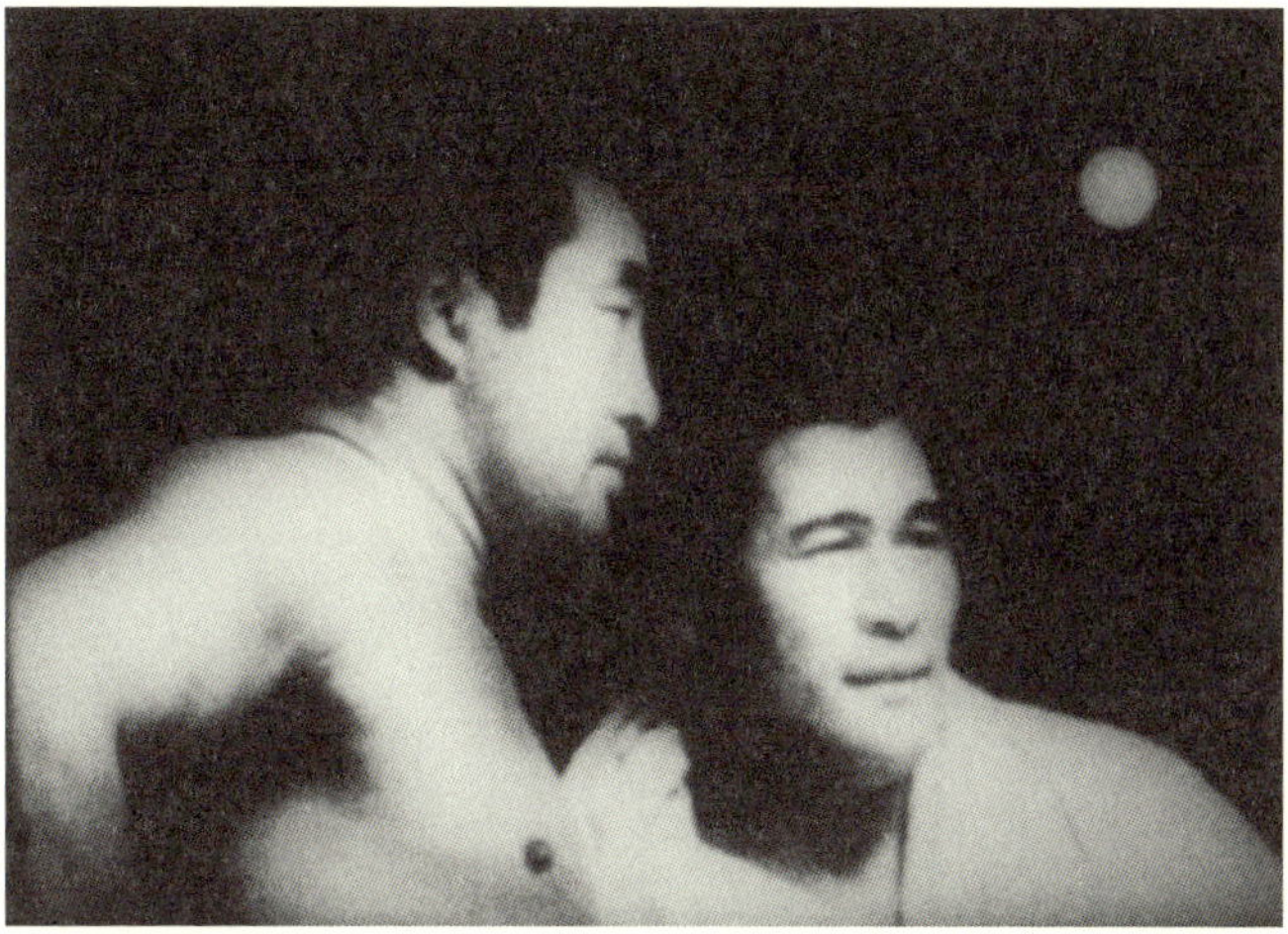
シャープ兄弟とタッグマッチを戦う力道山、木村組

ぼろしの名勝負」の中に収録されていたもので、これぞまさしく百田家の家宝、秘蔵中の秘蔵フィルムと言えます。

## ◇シャープ兄弟戦（5分44秒）

いよいよ国内での試合映像が登場してきます。画面には、「昭和29年　東京・蔵前国技館　世界タッグ選手権試合　シャープ兄弟対力道山、木村組」のテロップが現れます。この年の2月19日、力道山は世界タッグ選手権者のシャープ兄弟を招いて初の国際試合をスタートさせます。試合映像は2月21日のものですが、日テレはこの日の試合を午後3時から生中継しました。奮戦録での映像を見ると、タイトルマッチのセレモニーまでの映像は、昭和29年3月に公開された松竹映画「肉弾相搏つ」（力道山がシャープ兄弟と闘った「世界選手権争奪」国際試合を記録した実況映画）に収録されている映像と同一なのですが、試合になると映像は異なります。試合映像に関しては特定できなかったのですが、映像の出所はやはり日テレ秘蔵のフィルムなのでしょうか。シャープ兄弟に空手チョップを放つリング上の溌剌とした力道山、柔道技を駆使する木村、二人がタッグを組んで闘う映像は歴史的にも貴重です。この試合映像に実況音声を入れるのが清水一郎アナウンサーで、馬場、猪木、大木、吉村、坂口と揃った日本プロレス全盛時代の金曜夜8時三菱電機提供「日本プロレス中継」での清水アナの名調子が、懐かしく思い出されます。

ここでベンとマイクのシャープ兄弟のインタビューが入り、62歳になるベンは、羽田空港に着くと映画女優に出迎えられ、東京の街を紙吹雪の中オープンカーでパレードした時は、弟のマイクに最初で最後の出来事になるから忘れるなと言った思い出を語ります。このシャープ兄弟へのインタビューは旧作にはなく、新作用にサンフランシスコで取材したものでカラー映像です。

続いて画面には、25秒と短い時間ながら街頭テレビに集まった大群衆が映し出されますが、このシーンは旧作にはなかったもので、昭和53年8月5日に日テレから放送されて大好評を博した「激動!! テレビプロレス25年史」の中で使用された映像でした。

## ◇木村政彦戦（1分52秒）

画面には、「昭和29年　東京・蔵前国技館　日本ヘビー級選手権者決定戦　力道山対木村政彦」のテロップが出ます。12月22日に行われたこの一戦の映像は、調印式の模様から試合へと移っていきますが、日本テレビはこの日の試合を午後7時30分から9時40分まで生中継を行いました。試合開始が遅れたため、他局（ラジオ2局とＮＨＫテレビ）は放送時間枠にさえ試合が始まらなかったという事態が発生したのですが、日テレは試合の終了までを放送することができました。

試合は凄惨なセメントマッチに発展し、力道山が15分49秒で木村を倒して勝利しました。奮戦録に収録されている試合映像を見ると、昭和29年12月に公開された松竹映画「力道山に挑む木村」からの映像だと思われたのですが、よく見ると木村の急所蹴り？に怒った力道山が、木村に張り手、蹴りの猛攻撃を仕掛けるシーンがカットされています。「力道山　勝利の記録」の中には、木村戦での部分的にカットされた同一の試合映像がありました。となると力士時代、そして木村戦の映像は「力道山　勝利の記録」の映画映像を素材としたものと推察します。この試合映像に、実況音声を入れるのは徳光和夫アナウンサーです。プロレス史上に残る〝伝説の試合〟を力のこもった徳光節で実況しています。

## ◇ルー・テーズ戦（9分29秒）

昭和31年1月、東南アジアを振り出しにヨーロッパ、アメリカへの遠征に旅立った力道山は、セントルイスにテーズを訪ね、来日交渉と世界タイトルへの挑戦を申し入れます。続いて、奮戦録ではこのシーンが出てきます。昭和31年5月に公開された日活映画「力道山の世界征服」でも、力道山とテーズとの交渉場面が出てくるのですが、奮戦録とは違った映像でした。奮戦録での映像は「力道山まぼろしの名勝負」のビデオの中に、カラー映像で収録されていたものです。試合以外でも、こんな珍しい貴重な映像も残されているのですね。ビデオでは、セントルイスではなく、アリゾナにあるテーズの自宅に招かれたと解説が入っていました。

奮戦録は、そのまま対テーズ戦へと移行します。画面には、「昭和32年　大阪・扇町プール　世界ヘビー級選手権試合　ルー・テーズ対力道山」のテロップと試合会場が映し出されます。10月7日の東京でのタイトルマッチ第1戦に続き、13日の第2戦も日テレでは午後8時から9時まで生中継を行っています。一本目はテーズのバックドロップ、二本目は力道山の空手チョップで1－1となり、決勝の三本目はテーズが力道山をエアープレンスピンに担ぎ上げましたが、二人は同体でリング下に転落して両者リングアウトの引き分けとなります。力道山がバックドロップをかわず掛けで防ぐ、あの有名な場面が見られますが、テーズの老獪な試合運びにはさすがの力道山も勝機を見出せず、打倒テーズは果たせませんでした。実況の担当は清水アナで、この試合映像も「力道山まぼろしの名勝負」のビデオに収録されていました。

ここでテーズへのインタビューが入り、力道山の空手チョップの威力はジャック・デンプシー（ボクシング世界ヘビー級チャンピオン）のショートパンチのように、短いチョップが凄く効いたことや、私は力道山の対戦相手だったので、まるで人気がなかったと笑いながら語ります。この後映像は、鶴

昭和32年(1957年)10月14日 (月曜日)

スポーツニッポン
THE SPORTS NIPPON

# 力道山〝世界選手権〟を逸す

## 大熱戦1－1でついに引分け

テーズ〝脳天逆落し〟 力道〝空手で体固め〟

テーズ先制の必殺技決まる

力道すかさず雪辱

激しい攻防戦
テーズ多彩な技を連発
力道も速攻で応酬

力道の空手うなる

確実・有利な
貯蓄は一断然！
日本興業銀行 ワリコー

世界選手権テーズ対力道山戦を報じるスポーツニッポン（昭和32年10月14日付）

田にバックドロップを伝授するシーンに変わりますが、テーズのトレーニングパートナーを務めるのは三沢光晴です。このカラー映像の部分は、新作用に新たに全日プロの道場で取材されたものです。

## ◇ワールド大リーグ戦開催（8分52秒）

ここからは、ワールド大リーグ戦の映像が続きます。画面には、「昭和34年　東京体育館　第1回ワールド大リーグ戦」のテロップが現れます。人気の低迷から、落ち込んだ観客動員数を一気に挽回したといわれた企画が「ワールド大リーグ戦」でした。試合会場でのファンの長蛇の列、会場入りする力道山の後方にはNTVのマークが入ったテレビ中継車が見えます。ワールド大リーグ戦で恒例となった参加出場レスラーの名前入りタスキを掛けての選手入場シーンでは、力道山の他に豊登、遠藤幸吉といった懐かしい顔ぶれが並びます。

第1回ワールド大リーグ戦のポスター、パンフレット、入場券

リーグ戦最終戦は6月15日に東京体育館で開催されましたが、調

べてみると日テレではこの日は生中継を行わず、当時2週に1度の金曜夜8時からの通常放送枠での録画放送もありませんでした。

奮戦録では、まず決勝トーナメントの力道山対ミスター・アトミック戦の映像が映し出されます。アトミックの反則パンチ攻撃に怒り心頭の力道山は、アトミックのマスクをはぎ取り、空手の乱れ打ち。アトミックは大量の流血に追い込まれ、レフェリーのダニー・プレチェスは力道山の反則負けを宣告し、力道山の決勝戦進出は断たれました。ところが、深手を負ったアトミックは試合出場を辞退し、優勝決定戦は力道山対ジェス・オルテガ戦となる予想外の展開となりました。力道山の唸る空手チョップが、オルテガのぶ厚い胸板からついには喉元を捉えて、カウントスリーが入り力道山が勝利するのですが、その後に力道山がオルテガの顔面を踏みつけるシーンに注目！一体何があったのでしょうか？

対アトミック戦の実況音声担当は清水アナ、対オルテガ戦の担当は徳光アナです。こうして、力道山は第1回大会を制覇し表彰式では優勝大トロフィーが授与されます。奮戦録でのテーズを訪問する力道山、大阪での対テーズとのNWA世界戦、第1回ワールド大リーグ戦での対アトミック戦、対オルテガ戦までは日テレ秘蔵の映像です。これらの映像は、日テレグループのバップビデオから、昭和59年7月に発売された「必殺！空手チョップ（3）力道山対ルー・テーズ」にすべて収録され、ビデオ映像の最後には試合会場に据え付けられたNTVのマークが入った取材用テレビカメラが映し出されます。

## ◇グレート・アントニオ戦（2分23秒）

第３回ワールド大リーグ戦のポスター、パンフレット、入場券

ワールド大リーグ戦の映像は、この後第3回大会にと変わります。旧作では、ここで第2回大会の優勝戦力道山対レオ・ノメリーニの試合映像が入っていたのですが、新作ではカットされました。ミスターX、カール・クラウザー、グレート・アントニオら参加選手のオープンカーによる街頭パレードの模様に続いて、アントニオが神宮外苑で満員バス4台を引っ張ったデモンストレーションの映像が流れます。こんな映像も残っているのですね。大勢の見物人の中で、頭一つ飛び出して見えるのは若き日のジャイアント馬場です。第3回ワールド大リーグ戦は、〝密林王〟アントニオの怪物人気に沸きました。画面には、「昭和36年　蔵前国技館　インターナショナル選手権試合　力道山対グレート・アントニオ」のテロップが出ます。6月2日に行われたこの試合は、金曜夜8時のプロレス中継で生中継されました。

首に鎖を下げたアントニオがリングに登場、顔面血塗られた力道山の怒りの空手チョップが唸り、キックが飛び、場外戦となった試合は2―0のストレート勝ちにより、力道山がタイトル防衛に成功しました。この実況担当は徳光アナです。

この後、前年の昭和35年に入門した馬場正平、猪木寛至のスチール写真が画面に出て、倉持隆夫アナウンサーによる馬場へのインタビューにと変わり、野球を辞めて力道山道場に行ったのがきっかけで、その場でレスラーにさせられたという思い出に、力道山先生から教わったスランプ脱出法を語り、力道山は素晴らしい気力、根性の持主だったと話しました（1分50秒）。このインタビューも新作用に取材されたものです。

続いて画面には、15秒と短いながらリキ・スポーツパレスの完成式典の映像が映し出されます。このシーンは旧作にはなかったもので、「テレビプロレス25年史」の中で使用された映像でした。

## ◇フレッド・ブラッシー戦1（11分25秒）

画面には、「昭和37年　アメリカ・ロサンゼルス　WWA世界ヘビー級選手権試合　ブラッシー対力道山」のテロップが現れます。3月28日、ロサンゼルスのオリンピック・オーデトリアムで行われた一戦の模様を伝えるフィルムは日本に送られ、4月13日金曜夜8時のプロレス中継で放送されました。

一本目は力道山の空手チョップでブラッシーが場外にダウンして、まずは力道山が先取。二本目になると、いよいよブラッシーが〝銀髪の吸血鬼〟の本性を剥き出しにしてきます。力道山の額を噛み破り流血、力道山は空手チョップで反撃に出ますが、ブラッシーは空手に対して意外なほどのタフさを発揮します。ブラッシーは力道山をコーナーに詰めて首絞め、レフェリーのレッドシューズ・ズーガンがカウントを取るところでゴングが鳴り試合は終了します。力道山の手が上げられ、リング上で小躍りする力道山にチャンピオンベルトが渡され、新チャンピオンが誕生しました（これが前に紹介したカーフューによって終了となる試合です）。力道山が、敵地で世界のタイトルを奪取した記念すべき映像です。ブラッシーは試合後のインタビューで判定に不服を唱え、WWAの会長やコミッショナーに訴えてやる、親友のケネディ大統領にも言い付けてやるとまくし立て、ブラッシーのトークが冴えわたる場面は見ものです。このフィルムで、ブラッシーは日本のファンの前に初めてその姿を現したのです。ブラッシー戦は清水アナが実況音声を担当しています。

画面はモノクロからカラー映像に変わります。新作用の取材のため、テレビのスタッフがニューヨークに住むブラッシーの自宅を訪ねると、日本人妻のみやこさんが出迎えてくれました。既に引退したブラッシーですが、取り出したヤスリで歯を研ぎながら、今までに千人以上のレスラーに噛みついた、俺のジャマをする奴は母親だって噛みつく、俺が力道山に負けたという証拠はない、あれはインチキフィルムだとインタビューに答えます。

## ◇フレッド・ブラッシー戦２（４分10秒）

ブラッシーは奪われた世界タイトル奪回を期して来日、飛行機のタラップを降りてくる第4回ワールド大リーグ戦参加のディック・ハットン、ラリー・ヘニング、ディーク・ホフマン、キラー・オースチンの姿が見えます。画面には、「昭和37年　東京体育館　WWA世界選手権リターン・マッチ力道山対ブラッシー」のテロップが出ます。タイトル戦の4月23日は月曜日でしたが、日テレは特番を組んで、午後8時から生中継を行いました。試合の映像は決勝の三本目からで、ブラッシーの噛み

第4回ワールド大リーグ戦のパンフレットと入場券（下）　WWA世界選手権　力道山対F・ブラッシー戦の入場券（上）

つき、急所打ちの反則攻撃に力道山の空手チョップが唸ります。リング下からの体当たりでフォールを奪い、力道山はタイトル初防衛に成功したのですが、とんでもない事件が起きたのです。テレビに映し出されたブラッシーの残忍な噛みつきシーンを見た老人のショック死が、全国で相次いで発生したのでした。プロレス史に残るテレビショック死事件が起きたこの試合は、バップビデオから昭和58年12月に「必殺！空手チョップシリーズ（2）力道山対フレッド・ブラッシー」として発売されました。約40分の試合映像は日テレが試合当日に放送したもので、実況を清水アナ、解説は日刊スポーツの鈴木庄一氏が行っています。奮戦録ではこの試合映像を使用して、実況は徳光アナが担当し、オープニングの映像にも使われています。力道山がWWAのチャンピオンベルトを逆さまに付けたのがこの試合で、それは映像でも確認できます。

画面は再びブラッシーのインタビューにと変わり、ショック死事件は俺のせいではない、事前にテレビのチャンネルを換えればよかったのだ、死んだ人の冥福なんぞ祈るものかと毒付きます。

## ◇フレッド・ブラッシー戦3（4分14秒）

画面には、「昭和37年　アメリカ・ロサンゼルス　WWA世界ヘビー級選手権　力道山対ブラッシー」のテロップが現れます。力道山はWWAの謀略の罠に嵌まり、タイトルを失います。7月25日にロサンゼルスで行われた試合の模様は、8月3日金曜夜8時のプロレス中継で放送されました。奮戦録での映像は二本目からで、力道山がブラッシーにタックルをかわされてエプロンに飛び出し、この時力道山は額を負傷し出血します。血が目に入るのか、力道山の空手は空を切り、レフェリーとドクターが力道山の傷口を診て試合はストップされます。力道山はこれを嫌い、試合続行の意思表示をするのですが受け入れられず、ブラッシーはチャンピオンベルトのケースを鷲掴みにしてベルトを取り出すと、腰に巻き勝利を訴えます。力道山は空手チョップで一本目を取っているものの、不可解な判定によりタイトルを取り上げられてしまうのですが、こうした問題の場面の一部始終が収められています。リングサイドで試合を見詰める不気味な覆面姿の人物を映像が捉えているのをお見逃しなく、後に力道山と死闘を展開することとなるザ・デストロイヤーです。この一戦の実況を担当するのは清水アナです。

ブラッシーのインタビューが続き、汚い手なんか使わない、あれは陰謀じゃない、俺が力道山より強かったということだ、ブラッシーがナンバーワンだとがなり立てます。

## ◇結婚式インタビュー（2分40秒）

画面には「昭和38年　力道山結婚」のテロップが現れ、結婚記者会見の模様が映し出されます。力道山の肉声が聞ける貴重な映像で、あの力道山が照れながら語る場面は、なかなかお目にかかることができないものでしょう。これは見ものです。敬子さんと一緒に特大のウエディングケーキにナイフを入れるシーン、大勢の招待客でごった返す会場が映し出されます。旧作では記者会見の映像だけでしたが、新作ではその他の映像も新たに付け加えられています。これらは百田家、日テレ秘蔵のフィルムによる映像なのでしょうが、平成12（2000）年1月2日、TBSのテレビ番組に敬子さんが出演して放送された力道山の結婚式の映像とは別の映像です。

ここで力道山の長男百田義浩、次男光雄が登場し父力道山を語ります。カミナリ親父だったと話す義浩、光雄は初めて滑らされたスキーで骨折してしまい、一晩中看病してくれた優しかった父との思い出話を披露します。このインタビューは新作用に全日プロの道場で取材されたものです。

## ◇力道山死去（20秒）

画面はモノクロに変わり、「昭和38年12月15日　力道山死去」のテロップが現れ、リキ・アパートの自宅応接間に安置された力道山の遺体に僧侶の読経、突然の死に悲痛な表情の義浩、光雄兄弟―この映像は旧作にはなかったもので、「テレビプロレス25年史」の中で使用された映像でした。

## ◇ザ・デストロイヤー戦（10分52秒）

リング上から、スーツ姿のザ・デストロイヤーが力道山に呼び掛けます。日本に来る度にお前の顔を思い出す。空手で俺の歯が折れ、足四の字固めとスープレックスで俺達は1勝1敗1引き分けだ。最後に会った日、お前に付き合っていたら、お前はまだ生きていたかもしれないと語ります。これも新作のために新たに取材された映像です。

画面には、「昭和38年　東京体育館　インターナショナル選手権試合　力道山対デストロイヤー」のテロップが出ます。12月2日に行われたこの試合は、11日後の13日金曜午後10時30分からのプロレス中継で放送されました。この2日後に力道山は死亡、このテレビ放送が、力道山が生前闘った試合の最後の放送となりました。

リング上で〝白覆面の魔王〟デストロイヤーは腕組みのポーズ。力道山がチャンピオンベルトを返還して小松敏夫リングアナウンサーが両選手を紹介した後、試合の映像は三本目開始の場面から入ります。ロープ際での4の字固めの攻防が見所で、この後場外戦へと試合はもつれていき、力道山のバックドロップでデストロイヤーはリングアウトとなり、2―1で力道山が18度目のタイトル防衛に成功します。力道山の珍しいバックドロップの映像はもう一つの見所です。リング上には大野伴睦コミッショナー、楢橋渡日本プロレス協会長、工藤雷介コミッション事務局長らが揃い、その他岩田浩営業部長、押山保明宣伝部長の力道山の日本プロレスを支えた懐かしい顔ぶれも見え、力道山のセコンドにはグレート東郷、豊登、吉村道明もいます。

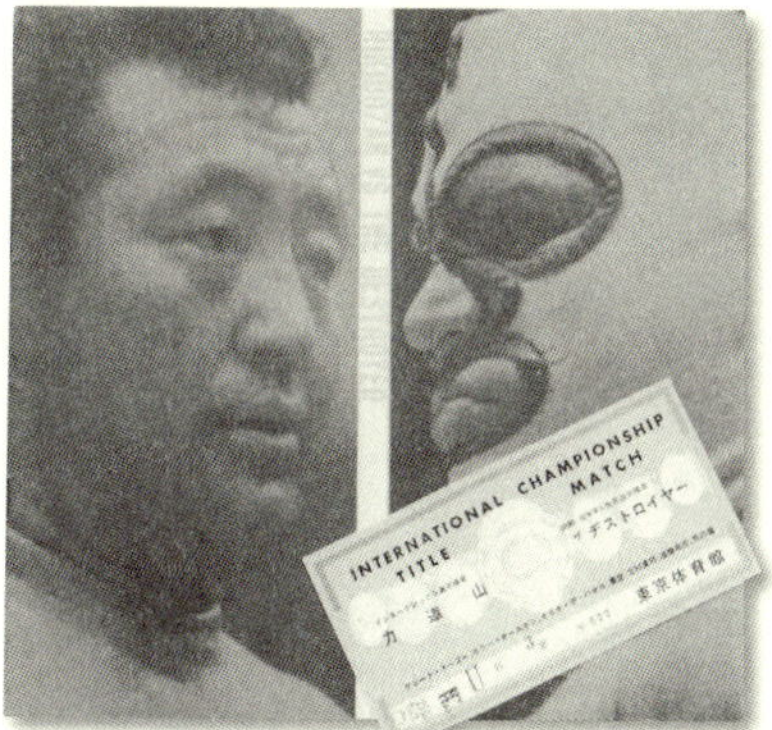

インター選手権 力道山対ザ・デストロイヤー戦のパンフレットと入場券（昭和38年12月2日 東京体育館）

力道山を支える内外の関係者、レスラーが勢揃いしているのですが、いかにこのデストロイヤーとの一戦が注目の大一番だったかが分かる、貴重な映像でもあります。力道山がインターのチャンピオンベルトを逆さまに付けたのはこの試合で、大野コミッショナーから授与されたベルトを、力道山が上下を確認せずにそのまま付けようとする場面は、映像をよく注意して見ると分かります。

実況は清水アナが担当していますが、日テレ秘蔵の貴重な映像は、バップビデオから昭和58年8月に「必殺！空手チョップシリーズ（1）力道山対ザ・デストロイヤー」として発売されました。その解説をみると、収録されている試合映像はフィルムから編集したものとは違い、日テレに保存されているVTRテープをビデオ化したものであると書いています。

画面はチャンピオンベルトを腰に、両手を上げて観衆の声に応える力道山の静止画像から、菊の花で縁取られた力道山の遺影に変わります。

「根性溢れるその目、ファイトの固まりのようなその顔、そして相手を一発のもとにマットに沈める空手チョップ　力道山は最も日本人好みの、日本人らしいファイターであった。今力道山死して二十年、しかし彼が残していった遺産、日本のプロレスは今も変わらず多くの日本人を熱狂させ続けている」というナレーションが入り、テンカウントゴングが打ち鳴らされ「新・力道山奮戦録」は終了します。


以上、奮戦録に収められた力道山のシングルマッチ10戦、タッグマッチ1戦、相撲の取組1番の映像は、百田家に伝わる秘蔵のフィルムと日テレ秘蔵の映像、そして当時の映画の記録映像、日本相撲協会映画部に残るフィルムがその映像素材であり、出所であることが分かりました。力道山の名勝負をリストアップし、映像を探し出すという作業を行い、これらを編集して、新作においては対戦したレスラーや関係者のインタビューが追加されています。

奮戦録に選出された力道山の名勝負に関しては、ファンそれぞれの思い入れもあるところでしょうが、対デストロイヤー戦については、力道山のベストバウトと呼び声の高い昭和38年5月24日のWWA世界選手権試合の映像ではありません。デストロイヤーがインタビューの中でも語っていましたが、力道山の空手でデストロイヤーの歯が折れ、白覆面が血に染まり、4の字固めの大攻防戦が展開され、

64・0％というテレビ歴代視聴率第4位を記録しているこの試合の映像は、残念ながら残されていません。

ゴング誌では、力道山ブームが巻き起こった昭和58年に「甦る怒濤の空手チョップ Super Hero力道山」を発行しました。その中で、関係者8人による力道山の名勝負ベスト10を選出する企画があり、東京スポーツ新聞社の山田隆、桜井康雄、評論家の石川輝、田鶴浜弘、菊池孝、作家の小島貞二、ゴング誌の竹内宏介ら7氏と、そして僭越ながら私、石田順一の8人による投票の結果、第1位に選ばれたのがデストロイヤーとのWWA世界選手権試合でした。私も第1位に推したのはこの一戦で、4の字固めが決まってからの両者の攻防の凄さは、今も記憶に鮮明に残っています。

また、8人それぞれの力道山体験を執筆しました。「私自身の力道山ブームは永遠に続く」と題して私の力道山の思い出を綴り、あの頃は今のような多彩で派手なテクニックなどはなかったが、それでも空手チョップという一発必倒のシンプルな過激さは、見る者をして唸らせたものである。昨今のプロレスブームの中での力道山ブームだが、私にはずっと以前から、そして今後も永遠に力道山はブームであり続けるだろう――と結びました。

力道山の名勝負は、他にもアジア選手権の王座を賭け延長戦となったキング・コングとの闘い（昭和30年11月22日）や、タッグマッチではアジア・タッグ選手権をリッキー・ワルドー、ルーター・レンジの黒人コンビに奪われ、会場の日大講堂ではファンの暴動事件が起きた試合（昭和37年2月3日）など、まだまだ記憶に残る名勝負、名場面の数々があります。

昭和29年2月のシャープ兄弟戦に始まる試合の映像については、昭和32年あたりまでは映画各社がかなりの数を実況記録映画に収めて残されているのですが、映画からテレビの時代へと移行されていく過程で、33年以降の試合映像となると、ＶＴＲ技術が普及されるまでの間、極端に少なくなっていきます。奮戦録で見られた昭和37~38年における対ブラッシー戦、対デストロイヤー戦は保存された数少ない貴重な試合映像であり、前記のようにビデオ化され、平成15年（２００３）11月にはさらに「必殺の空手チョップ　今甦る！　力道山　伝説の格闘王」のタイトルでＤＶＤ化もされています。

いま新作を改めて見直すと、既にこの世を去った馬場、鶴田、三沢、テーズ、豊登、吉村の姿が目に留まり、その数が増していくことに少なからずショックを受けています。レスラーの他にも、関係者の方々も亡くなられています。力道山が死んで、50年という年月が経過しました。

# 力道山国内試合記録

## 【昭和29年（1954）】

| 試合日 | 試合地 | 戦績 | | |
|---|---|---|---|---|
| 2・19 | 東京 | シャープ兄弟（ベン&マイク） | 1—1 | 力道山・木村政彦 |
| 2・20 | 東京 | 力道山 | 2—1 | シャープ兄 |
| 2・21 | 東京 | NWA世界タッグ選手権 | | |
| | | シャープ兄弟 | 1—1 | 力道山・木村政彦 |
| 2・23 | 熊本 | シャープ兄弟 | 2—1 | 力道山・木村政彦 |
| 2・24 | 小倉 | シャープ兄弟 | 2—1 | 力道山・木村政彦 |
| 2・26 | 大阪 | 力道山・山口利夫 | 2—1 | シャープ兄弟 |
| 2・27 | 大阪 | NWA世界タッグ選手権 | | |
| | | シャープ兄弟 | 1—0 | 力道山・木村政彦 |
| 2・28 | 神戸 | 力道山・木村政彦・山口利夫 | 2—1 | シャープ兄弟・B・ブランズ |
| 3・1 | 岐阜 | 力道山 | 2—0 | B・ブランズ |
| 3・2 | 名古屋 | シャープ兄弟 | 1—1 | 力道山・B・ブランズ |
| 3・3 | 静岡 | シャープ兄弟 | 2—1 | 力道山・B・ブランズ |
| 3・4 | 宇都宮 | シャープ兄弟 | 1—1 | 力道山・山口利夫 |
| 3・6 | 東京 | NWA世界タッグ選手権 | | |
| | | シャープ兄弟 | 1—0 | 力道山・木村政彦 |
| 3・7 | 横浜 | シャープ兄弟 | 2—1 | 力道山・遠藤幸吉 |
| 3・9 | 東京 | シャープ兄弟 | 1—1 | 力道山・B・ブランズ |
| 8・6 | 東京 | H・シュナベル・L・ニューマン | 1—0 | 力道山・駿河海 |
| 8・7 | 東京 | 力道山 | 2—0 | H・シュナベル |
| 8・8 | 東京 | 太平洋岸タッグ選手権 | | |
| | | H・シュナベル・L・ニューマン | 2—1 | 力道山・遠藤幸吉 |
| 8・10 | 札幌 | H・シュナベル・L・ニューマン | 1—1 | 力道山・遠藤幸吉 |
| 8・11 | 札幌 | 力道山 | 2—0 | L・ニューマン |
| 8・12 | 札幌 | 力道山・遠藤幸吉・駿河海 | 2—1 | H・シュナベル・L・ニューマン・J・クラーク |
| 8・13 | 旭川 | 力道山・遠藤幸吉 | 2—0 | H・シュナベル・L・ニューマン |
| 8・15 | 青森 | 力道山・遠藤幸吉 | 2—1 | H・シュナベル・L・ニューマン |
| 8・16 | 秋田 | H・シュナベル・L・ニューマン | 2—0 | 力道山・遠藤幸吉 |

| | | | | |
|---|---|---|---|---|
| 8・17 | 山形 | 力道山・遠藤幸吉 | 2-0 | H・シュナベル・L・ニューマン |
| 8・19 | 福島 | 力道山・遠藤幸吉 | 2-1 | H・シュナベル・L・ニューマン |
| 8・20 | 仙台 | H・シュナベル・L・ニューマン | 2-1 | 力道山・遠藤幸吉 |
| 8・21 | 水戸 | 力道山・遠藤幸吉 | 2-0 | H・シュナベル・L・ニューマン |
| 8・22 | 宇都宮 | H・シュナベル・L・ニューマン | 2-1 | 力道山・遠藤幸吉 |
| 8・23 | 高崎 | H・シュナベル・L・ニューマン | 1-1 | 力道山・遠藤幸吉 |
| 8・25 | 東京 | 力道山・遠藤幸吉・沖識名 | 2-1 | H・シュナベル・L・ニューマン・D・オルソン |
| 8・27 | 岡山 | H・シュナベル・L・ニューマン | 2-1 | 力道山・遠藤幸吉 |
| 8・29 | 福岡 | 力道山・遠藤幸吉 | 2-1 | H・シュナベル・L・ニューマン |
| 8・30 | 佐世保 | H・シュナベル・L・ニューマン | 2-1 | 力道山・遠藤幸吉 |
| 8・31 | 長崎 | 力道山・遠藤幸吉 | 2-0 | H・シュナベル・L・ニューマン |
| 9・1 | 大分 | 力道山・遠藤幸吉・駿河海 | 2-0 | H・シュナベル・L・ニューマン・Y・トルコ |
| 9・3 | 小倉 | H・シュナベル・L・ニューマン | 2-1 | 力道山・遠藤幸吉 |
| 9・4 | 広島 | 力道山・遠藤幸吉 | 1-0 | H・シュナベル・L・ニューマン |
| 9・5 | 松山 | 力道山・遠藤幸吉 | 2-0 | H・シュナベル・L・ニューマン |
| 9・6 | 高松 | 力道山・遠藤幸吉 | 2-0 | H・シュナベル・L・ニューマン |
| 9・8 | 大阪 | H・シュナベル・L・ニューマン | 2-0 | 力道山・駿河海 |
| 9・9 | 大阪 | H・シュナベル・L・ニューマン・D・オルソン | 1-1 | 力道山・遠藤幸吉・駿河海 |
| 9・10 | 大阪 | 太平洋岸タッグ選手権 | | |
| | | 力道山・遠藤幸吉 | 2-0 | H・シュナベル・L・ニューマン |
| 9・11 | 神戸 | H・シュナベル・L・ニューマン | 2-0 | 力道山・遠藤幸吉 |
| 9・12 | 京都 | H・シュナベル・L・ニューマン | 2-1 | 力道山・遠藤幸吉 |
| 9・14 | 名古屋 | 力道山・遠藤幸吉・沖識名 | 2-1 | H・シュナベル・L・ニューマン・D・オルソン |
| 9・15 | 豊橋 | 力道山・遠藤幸吉 | 2-0 | H・シュナベル・L・ニューマン |
| 9・16 | 浜松 | H・シュナベル・L・ニューマン | 2-0 | 力道山・遠藤幸吉 |
| 9・19 | 横浜 | H・シュナベル・L・ニューマン・D・オルソン | 2-1 | 力道山・遠藤幸吉・駿河海 |

| 試合日 | 試合地 | 戦績 |
|---|---|---|
| 9・20 | 木更津 | 力道山・遠藤幸吉 2−0 H・シュナベル・L・ニューマン |
| 9・21 | 東京 | 太平洋岸タッグ選手権 |
| | | 力道山・遠藤幸吉 2−1 H・シュナベル・L・ニューマン |
| 9・22 | 福井 | 力道山・遠藤幸吉 2−0 H・シュナベル・L・ニューマン |
| 9・23 | 金沢 | 力道山・遠藤幸吉・駿河海 2−0 H・シュナベル・L・ニューマン・Y・トルコ |
| 9・24 | 富山 | 力道山・遠藤幸吉 2−0 H・シュナベル・L・ニューマン |
| 9・27 | 新潟 | 力道山・遠藤幸吉 2−0 H・シュナベル・L・ニューマン |
| 9・28 | 立川 | 力道山・遠藤幸吉 2−0 H・シュナベル・L・ニューマン |
| 9・29 | 甲府 | 力道山・遠藤幸吉 2−0 H・シュナベル・L・ニューマン |
| 10・1 | 東京 | 力道山 3−0 芳の里・駿河海・遠藤幸吉 |
| 12・22 | 東京 | 日本選手権 力道山 2−0 木村政彦 |

## 【昭和30年(1955)】

| 試合日 | 試合地 | 戦績 |
|---|---|---|
| 1・28 | 大阪 | 日本選手権 力道山 2−0 山口利夫 |
| 7・15 | 東京 | 力道山・東富士 2−1 P・カルネラ・H・クルスカンプ |
| 7・16 | 東京 | 力道山・駿河海 2−1 B・オートン・H・クルスカンプ |
| 7・17 | 東京 | 力道山 2−0 P・カルネラ |
| 7・19 | 名古屋 | 力道山・東富士 2−0 P・カルネラ・B・オートン |
| 7・22 | 大阪 | 力道山・東富士 2−0 B・オートン・H・クルスカンプ |
| 7・23 | 大阪 | 力道山・遠藤幸吉 1−0 B・オートン・B・カーチス |
| 7・24 | 大阪 | 力道山 2−1 P・カルネラ |
| 7・28 | 東京 | ハワイ・タッグ 中米タッグ選手権 |
| | | 力道山・東富士 1−1 J・オルテガ・B・カーチス |
| 7・31 | 大宮 | 力道山・東富士 2−0 B・オートン・B・カーチス |
| 8・1 | 大阪 | ハワイ・タッグ 中米タッグ選手権 |
| | | 力道山・東富士 1−1 J・オルテガ・B・カーチス |
| 8・3 | 徳島 | 力道山・東富士 2−0 J・オルテガ・B・カーチス |
| 8・4 | 高松 | 力道山・遠藤幸吉 1−1 J・オルテガ・B・カーチス |

| | | | | |
|---|---|---|---|---|
| 8・5 | 高松 | 力道山・東富士 | 2—1 | J・オルテガ・B・カーチス |
| 8・6 | 高知 | 力道山・東富士 | 2—1 | J・オルテガ・B・カーチス |
| 8・8 | 松山 | 力道山・東富士 | 2—1 | J・オルテガ・B・オートン |
| 8・10 | 宮崎 | 力道山・遠藤幸吉 | 2—1 | J・オルテガ・B・カーチス |
| 8・11 | 鹿児島 | 力道山・東富士 | 2—0 | J・オルテガ・B・オートン |
| 8・12 | 福岡 | 力道山・東富士 | 2—0 | J・オルテガ・B・オートン |
| 8・13 | 熊本 | 力道山・遠藤幸吉 | 2—1 | J・オルテガ・B・オートン |
| 8・15 | 佐世保 | | （不明） | |
| 8・16 | 小倉 | 力道山・遠藤幸吉 | 引分け | J・オルテガ・B・オートン |
| 8・17 | 大分 | 力道山・東富士 | 2—1 | J・オルテガ・B・カーチス |
| 8・18 | 徳山 | J・オルテガ・B・オートン | 2—1 | 力道山・遠藤幸吉 |
| 8・19 | 広島 | 力道山・東富士 | 2—0 | J・オルテガ・B・カーチス |
| 8・20 | 福山 | 力道山・遠藤幸吉 | 2—1 | J・オルテガ・B・オートン |
| 8・22 | 姫路 | 力道山・遠藤幸吉 | 2—1 | J・オルテガ・B・オートン |
| 8・23 | 神戸 | 力道山・東富士 | 2—0 | J・オルテガ・B・カーチス |
| 8・24 | 和歌山 | 力道山・遠藤幸吉 | 2—1 | J・オルテガ・B・オートン |
| 8・25 | 岐阜 | 力道山・東富士 | 2—1 | J・オルテガ・B・カーチス |
| 8・26 | 松阪 | 力道山・遠藤幸吉 | 1—0 | J・オルテガ・B・カーチス |
| 8・29 | 横浜 | 力道山・遠藤幸吉 | 2—0 | J・オルテガ・B・オートン |
| 8・30 | 静岡 | 力道山・東富士 | 2—0 | J・オルテガ・B・カーチス |
| 8・31 | 宇都宮 | 力道山・遠藤幸吉 | 2—1 | J・オルテガ・B・カーチス |
| 9・1 | 会津若松 | 力道山・東富士 | 2—0 | J・オルテガ・B・オートン |
| 9・2 | 福島 | 力道山・豊登 | 2—0 | J・オルテガ・B・オートン |
| 9・4 | 川崎 | 力道山・東富士 | 2—1 | J・オルテガ・B・カーチス |
| 9・5 | 水戸 | 力道山 | 2—0 | B・オートン |
| 9・7 | 東京 | 力道山 | 2—1 | J・オルテガ |
| 9・8 | 富山 | 力道山・H坂田 | 1—1 | K・コング・T・ジョキンダー |
| 11・9 | 名古屋 | ハワイ・タッグ選手権 | | |
| | | 力道山・東富士 | 2—1 | S・S・シャーリー・T・ジョキンダー |

| | | |
|---|---|---|
| 11・10 | 名古屋 | 力道山 1―0 S・S・シャー |
| 11・11 | 京都 | 力道山 2―1 T・ジョキンダー |
| 11・12 | 平塚 | 太平洋岸タッグ選手権 |
| | | 力道山・遠藤幸吉 2―1 K・コング・S・S・シャー |
| 11・14 | 東京 | 力道山・H坂田 2―1 D・シン・S・S・シャー |
| 11・15 | 東京 | K・コング・T・ジョキンダー 2―1 力道山・H坂田 |
| 11・19 | 大阪 | 力道山 1―0 D・シン |
| 11・20 | 大阪 | ハワイ・タッグ選手権 |
| | | 力道山・東富士 1―1 K・コング・D・シン |
| 11・22 | 東京 | アジア選手権 |
| | | 力道山 1―0 K・コング |

## 【昭和31年（1956）】

| 試合日 | 試合地 | 戦績 |
|---|---|---|
| 4・24 | 東京 | シャープ兄弟 0―0 力道山・遠藤幸吉 |
| 4・25 | 東京 | 力道山 2―1 M・シャープ |
| 4・26 | 東京 | NWA世界タッグ選手権 |
| | | シャープ兄弟 1―1 力道山・遠藤幸吉 |
| 4・28 | 静岡 | シャープ兄弟 1―1 力道山・東富士 |
| 4・30 | 伊勢 | シャープ兄弟 2―1 力道山・遠藤幸吉 |
| 5・2 | 大阪 | NWA世界タッグ選手権 |
| | | シャープ兄弟 1―1 力道山・東富士 |
| 5・3 | 大阪 | 力道山 2―1 L・シモノビッチ |
| 5・4 | 大阪 | NWA世界タッグ選手権 |
| | | 力道山・遠藤幸吉 1―0 シャープ兄弟 |
| 5・5 | 姫路 | 力道山・東富士 2―1 シャープ兄弟 |
| 5・7 | 神戸 | 力道山・遠藤幸吉 2―1 シャープ兄弟 |
| 5・8 | 名古屋 | シャープ兄弟 2―1 力道山・東富士 |
| 5・11 | 宇都宮 | 力道山・遠藤幸吉 1―1 シャープ兄弟 |
| 5・12 | 郡山 | 力道山 1―0 L・シモノビッチ |
| 5・13 | 秋田 | 力道山・東富士 1―1 シャープ兄弟 |
| 5・15 | 盛岡 | 力道山 2―1 L・シモノビッチ |
| 5・16 | 函館 | シャープ兄弟 2―1 力道山・東富士 |
| 5・18 | 札幌 | 力道山 2―1 M・シャープ |

| | | | | |
|---|---|---|---|---|
| 5・19 | 札幌 | NWA世界タッグ選手権 | | |
| | | シャープ兄弟 | 1－0 | 力道山・遠藤幸吉 |
| 5・20 | 旭川 | 力道山・東富士 | 1－1 | シャープ兄弟 |
| 5・23 | 千葉 | シャープ兄弟 | 2－1 | 力道山・東富士 |
| 5・24 | 川崎 | 力道山・遠藤幸吉 | 2－1 | シャープ兄弟 |
| 5・25 | 大津 | シャープ兄弟 | 2－1 | 力道山・東富士 |
| 5・26 | 広島 | 力道山・遠藤幸吉 | 2－1 | シャープ兄弟 |
| 5・29 | 大分 | シャープ兄弟 | 2－1 | 力道山・東富士 |
| 5・30 | 熊本 | シャープ兄弟 | 1－1 | 力道山・遠藤幸吉 |
| 5・31 | 久留米 | 力道山・東富士 | 2－1 | シャープ兄弟 |
| 6・2 | 福岡 | NWA世界タッグ選手権 | | |
| | | シャープ兄弟 | 1－0 | 力道山・遠藤幸吉 |
| 6・3 | 小倉 | シャープ兄弟 | 2－1 | 力道山・東富士 |
| 6・4 | 萩 | シャープ兄弟 | 1－1 | 力道山・遠藤幸吉 |
| 6・6 | 横浜 | シャープ兄弟 | 1－1 | 力道山・遠藤幸吉 |
| 6・7 | 東京 | NWA世界タッグ選手権 | | |
| | | シャープ兄弟 | 1－1 | 力道山・遠藤幸吉 |
| 7・23 | 東京 | 力道山 | 1－1 | T・ライス |
| 7・25 | 八戸 | 力道山・東富士 | 2－1 | T・ライス・I・マイク |
| 7・26 | 福島 | 力道山・東富士 | 2－1 | T・ライス・I・マイク |
| 7・27 | 山形 | 力道山・遠藤幸吉 | 2－1 | T・ライス・I・マイク |
| 7・28 | 酒田 | 力道山・遠藤幸吉 | 2－0 | T・ライス・I・マイク |
| 7・31 | 富山 | 力道山・遠藤幸吉 | 1－0 | T・ライス・I・マイク |
| 8・1 | 金沢 | 力道山・遠藤幸吉 | 2－1 | T・ライス・I・マイク |
| 8・2 | 和歌山 | 力道山・遠藤幸吉 | 2－1 | T・ライス・I・マイク |
| 8・4 | 京都 | 力道山 | 2－1 | T・ライス |
| 8・5 | 橿原 | 力道山 | 2－1 | T・ライス |
| 8・6 | 岡山 | 力道山・東富士 | 2－1 | T・ライス・I・マイク |
| 8・8 | 徳島 | 力道山・遠藤幸吉 | 2－1 | T・ライス・I・マイク |

| | | | | |
|---|---|---|---|---|
| 8・9 | 丸亀 | 力道山、東富士 | 2-1 | T・ライス、I・マイクス |
| 8・11 | 松山 | 力道山、遠藤幸吉 | 2-1 | T・ライス、I・マイクス |
| 8・13 | 大村 | 力道山、東富士 | 2-0 | T・ライス、I・マイクス |
| 8・14 | 中津 | T・ライス、I・マイクス | 2-1 | 力道山、遠藤幸吉 |
| 8・15 | 飯塚 | 力道山、東富士 | 2-1 | T・ライス、I・マイクス |
| 8・16 | 大牟田 | 力道山、遠藤幸吉 | 2-1 | T・ライス、I・マイクス |
| 8・17 | 八幡 | 力道山、遠藤幸吉 | 2-1 | T・ライス、I・マイクス |
| 8・19 | 下関 | T・ライス、I・マイクス | 2-1 | 力道山、遠藤幸吉 |
| 8・22 | 牧岡 | 力道山、東富士 | 2-1 | T・ライス、I・マイクス |
| 8・23 | 四日市 | 力道山、遠藤幸吉 | 2-1 | T・ライス、I・マイクス |
| 8・24 | 岐阜 | 力道山、東富士 | 2-0 | T・ライス、I・マイクス |
| 8・25 | 浜松 | 力道山、遠藤幸吉 | 2-1 | T・ライス、L・シモノビッチ |
| 8・26 | 前橋 | 力道山、東富士 | 2-1 | T・ライス、L・シモノビッチ |
| 8・27 | 横浜 | 力道山、遠藤幸吉 | 1-0 | T・ライス、L・シモノビッチ |
| 8・29 | 平塚 | 力道山、東富士 | 2-0 | T・ライス、L・シモノビッチ |
| 8・31 | 川崎 | 力道山、東富士 | 2-0 | T・ライス、L・シモノビッチ |
| 9・1 | 東京 | 太平洋岸選手権 | | |
| | | 力道山 | 2-1 | T・ライス |
| 9・2 | 仙台 | 力道山、東富士 | 2-0 | T・ライス、L・シモノビッチ |
| 9・3 | 横須賀 | 力道山、遠藤幸吉 | 2-1 | T・ライス、L・シモノビッチ |

## 【昭和32年（1957）】

| 試合日 | 試合地 | 戦績 | | |
|---|---|---|---|---|
| 1・4 | 大阪 | 力道山 | 1-1 | A・バイラジョン |
| 1・5 | 大阪 | 力道山 | 1-0 | A・バイラジョン |
| 1・12 | 那覇 | 力道山 | 1-1 | A・バイラジョン |
| 1・13 | 那覇 | 力道山 | 0-0 | A・バイラジョン |
| 1・14 | 那覇 | アジア選手権 | | |
| | | 力道山 | 2-0 | A・バイラジョン |
| 1・25 | 相模原 | 力道山 | 1-1 | A・バイラジョン |
| 1・31 | 立川 | 力道山 | 2-1 | A・バイラジョン |
| 2・1 | 横浜 | 力道山 | 2-0 | A・バイラジョン |

| | | | | |
|---|---|---|---|---|
| 6・15 | 東京 | 6人掛け練習試合 | 力道山 | 吉田川 羅生門 田中米太郎 生田 玉の川 竹村正明 長沢日一 |
| 6・22 | 東京 | 5人掛け練習試合 | 力道山 | 吉田川 金子武雄 吉原功 田中米太郎 羅生門 |
| 8・13 | 名古屋 | B・ブラジル D・プレチェスル | 2—0 | 力道山 遠藤幸吉 |
| 8・14 | 東京 | 力道山 | 2—0 | B・ブラジル |
| 8・15 | 東京 | 力道山 豊登 | 1—0 | B・ブラジル L・レイトン |
| 8・16 | 高崎 | 力道山 東富士 | 2—0 | B・ブラジル D・プレチェスル |
| 8・20 | 大阪 | 力道山 遠藤幸吉 | 1—1 | B・ブラジル D・プレチェスル |
| 8・21 | 大阪 | 力道山 | 1—0 | B・ブラジル |
| 8・22 | 鳥取 | | （不明） | |
| 8・23 | 松江 | 力道山 遠藤幸吉 | 1—1 | B・ブラジル L・レイトン |
| 8・24 | 広島 | | （不明） | |
| 8・25 | 小倉 | 力道山 | 2—0 | B・ブラジル |
| 8・26 | 唐津 | | （不明） | |
| 8・27 | 吉井 | | （不明） | |
| 8・28 | 福江 | 力道山 豊登 | 2—0 | B・ブラジル D・プレチェスル |
| 8・30 | 八代 | | （不明） | |
| 8・31 | 鹿児島 | 力道山 豊登 | 2—0 | B・ブラジル D・プレチェスル |
| 9・2 | 人吉 | | （不明） | |
| 9・3 | 水俣 | | （不明） | |
| 9・4 | 本渡 | | （不明） | |
| 9・6 | 福岡 | 力道山 豊登 | 1—0 | B・ブラジル D・プレチェスル |
| 9・7 | 大分 | | （台風で中止か） | |
| 9・8 | 小郡 | | （予告記事のみ確認） | |
| 9・9 | 宇部 | | （不明） | |
| 9・10 | 岩国 | | （予告記事のみ確認） | |
| 9・11 | 太田 | 力道山 豊登 | 1—0 | B・ブラジル D・プレチェスル |
| 9・12 | 浜田 | | （不明） | |
| 9・14 | 呉 | | （不明） | |
| 9・15 | 玉島 | | （不明） | |
| 9・17 | 津山 | | （不明） | |
| 9・18 | 岡山 | | （不明） | |

| 試合日 | 試合地 | 戦績 |
|---|---|---|
| 9・19 | 徳島 | 力道山・豊登（スコア不明）B・ブラジル・D・プレチェス |
| 9・20 | 姫路 | （不明） |
| 9・21 | 西脇 | （不明） |
| 9・22 | 神戸 | （不明） |
| 9・25 | 川崎 | 力道山・豊登 2—0 B・ブラジル・D・プレチェス |
| 10・7 | 東京 | NWA世界選手権<br>L・テーズ 0—0 力道山 |
| 10・13 | 大阪 | NWA世界選手権<br>L・テーズ 1—1 力道山 |
| 10・15 | 福岡 | L・テーズ 1—1 力道山 |
| 10・16 | 広島 | L・テーズ 2—1 力道山 |
| 10・17 | 神戸 | L・テーズ 2—1 力道山 |
| 10・19 | 名古屋 | L・テーズ 1—1 力道山 |
| 10・21 | 仙台 | L・テーズ 1—1 力道山 |
| 10・24 | 那覇 | 力道山・豊登 1—1 L・テーズ・D・プレチェス |
| 10・25 | 那覇 | L・テーズ 1—1 力道山 |
| 12・8 | 鹿屋 | （予告記事のみ確認） |
| 12・10 | 宮崎 | 力道山・豊登 2—1 B・サベージ・H・坂田 |
| 12・12 | 佐伯 | （予告記事のみ確認） |
| 12・13 | 日田 | （予告記事のみ確認） |
| 12・15 | 大牟田 | 力道山・豊登（スコア不明）B・サベージ・H・坂田 |
| 12・21 | 東京 | 力道山 1—0 B・サベージ |

## 【昭和33年（1958）】

| 試合日 | 試合地 | 戦績 |
|---|---|---|
| 9・5 | 東京 | 力道山・J・バレンド 1—1 D・L・ジョナサン・S・H・リー |
| 9・6 | 東京 | 力道山 2—0 S・H・リー |
| 9・7 | 宇都宮 | 力道山・J・バレンド 2—1 D・L・ジョナサン・S・H・リー |
| 9・8 | 仙台 | 力道山・J・バレンド 2—1 D・L・ジョナサン・S・H・リー |
| 9・10 | 宮古 | 力道山・J・バレンド 1—1 D・L・ジョナサン・S・H・リー |
| 9・11 | 十和田 | D・L・ジョナサン・S・H・リー 2—1 力道山・J・バレンド |
| 9・13 | 帯広 | 力道山・J・バレンド 2—1 D・L・ジョナサン・S・H・リー |
| 9・19 | 川崎 | D・L・ジョナサン・S・H・リー 1—0 力道山・J・バレンド |
| 9・20 | 福島 | 力道山・J・バレンド 1—1 D・L・ジョナサン・S・H・リー |
| 9・21 | 横手 | 力道山・J・バレンド 2—1 D・L・ジョナサン・S・H・リー |

| | | | | |
|---|---|---|---|---|
| 9・22 | 新庄 | D・L・ジョナサン　S・H・リー | 2—1 | 力道山　J・バレンド |
| 9・23 | 秋田 | 力道山　J・バレンド | 1—0 | D・L・ジョナサン　S・H・リー |
| 9・24 | 山形 | D・L・ジョナサン　S・H・リー | 2—1 | 力道山　J・バレンド |
| 9・26 | 水戸 | 力道山　J・バレンド | 2—0 | D・L・ジョナサン　S・H・リー |
| 9・27 | 上田 | D・L・ジョナサン　S・H・リー | 2—1 | 力道山　J・バレンド |
| 9・28 | 高崎 | D・L・ジョナサン　S・H・リー | 2—1 | 力道山　J・バレンド |
| 9・29 | 諏訪 | 力道山　J・バレンド | 1—1 | D・L・ジョナサン　S・H・リー |
| 10・1 | 甲府 | （不明） | | |
| 10・2 | 東京 | インターナショナル選手権　力道山 | 1—0 | D・L・ジョナサン |
| 10・3 | 大阪 | 力道山　J・バレンド | 2—0 | D・L・ジョナサン　S・H・リー |
| 10・4 | 大阪 | 力道山 | 1—1 | D・L・ジョナサン |
| 10・5 | 小野 | （不明） | | |
| 10・6 | 徳島 | 力道山　J・バレンド | 2—1 | D・L・ジョナサン　S・H・リー |
| 10・7 | 高知 | D・L・ジョナサン　S・H・リー | 2—1 | 力道山　J・バレンド |

| | | | | |
|---|---|---|---|---|
| 10・11 | 大分 | 力道山　豊登 | 2—1 | D・L・ジョナサン　S・H・リー |
| 10・14 | 久留米 | 力道山　豊登 | 2—0 | D・L・ジョナサン　S・H・リー |
| 10・15 | 長崎 | 力道山　豊登 | 2—1 | D・L・ジョナサン　S・H・リー |
| 10・17 | 福岡 | 力道山　東富士　豊登 | 1—0 | D・L・ジョナサン　S・H・リー　J・バレンド |
| 10・18 | 小倉 | 力道山　豊登 | 2—0 | D・L・ジョナサン　J・バレンド |
| 10・19 | （中国・四国・近畿地方を転戦か） | | | |
| 10・26 | | | | |
| 10・27 | 京都 | 力道山　豊登 | 2—0 | D・L・ジョナサン　S・H・リー |
| 10・28 | 岐阜 | 力道山　豊登 | 2—0 | D・L・ジョナサン　S・H・リー |
| 10・29 | 富山 | 力道山　豊登 | 2—0 | S・H・リー　J・バレンド |
| 10・30 | 金沢 | 力道山　豊登 | 2—0 | S・H・リー　J・バレンド |
| 10・31 | 東京 | インターナショナル選手権　力道山 | 2—0 | D・L・ジョナサン |
| 11・1 | 藤沢 | 力道山　豊登 | 2—0 | D・L・ジョナサン　S・H・リー |

| 試合日 | 試合地 | 戦績 |
|---|---|---|
| 11・2 | 八街 | (予告記事のみ確認) |
| 11・3 | 横浜 | (不明) |
| 11・4 | 須賀川 | (予告記事のみ確認) |
| 12・17 | 名古屋 | 力道山・豊登 2—0 T・ミルス S・コワルスキー |
| 12・19 | 東京 | 力道山・豊登 2—0 T・ミルス S・コワルスキー |
| 12・20 | 大阪 | 力道山・豊登 1—0 T・ミルス S・コワルスキー |
| 12・26 | 東京 | 力道山・豊登 2—0 T・ミルス S・コワルスキー |

## 【昭和34年(1959)】

| 試合日 | 試合地 | 戦績 |
|---|---|---|
| 1・9 | 東京 | アジア選手権 力道山 2—0 T・ミルス |
| 1・10 | 宇都宮 | ハワイ・タッグ選手権 力道山・豊登 2—0 T・ミルス S・コワルスキー |
| 1・21 | 大阪 | ハワイ・タッグ選手権 力道山・豊登 2—0 T・ミルス L・シモノビッチ |
| 1・22 | 名古屋 | アジア選手権 力道山 2—0 L・シモノビッチ |
| 1・23 | 東京 | 力道山・豊登 2—1 T・ミルス L・シモノビッチ |
| 2・6 | 東京 | 力道山 2—1 L・シモノビッチ |
| 5・8 | 室蘭 | 力道山・豊登 2—0 M・アトミック D・プレチェス |
| 5・10 | 旭川 | 力道山・遠藤幸吉 2—1 M・アトミック D・プレチェス |
| 5・11 | 帯広 | 力道山・豊登 2—0 M・アトミック D・プレチェス |
| 5・13 | 釧路 | 力道山・遠藤幸吉 2—1 M・アトミック D・プレチェス |
| 5・15 | 札幌 | 力道山・豊登 2—0 M・アトミック D・プレチェス |
| 5・16 | 札幌 | 力道山 2—1 D・プレチェス |
| 5・21 | 東京 | 力道山 0—0 J・オルテガ |
| 5・22 | 東京 | 力道山・豊登 2—1 J・オルテガ K・コング |
| 5・24 | 岐阜 | 力道山 1—0 T・シン |
| 5・25 | 名古屋 | 力道山・遠藤幸吉 1—1 E・トーレス L・ブレアース |
| 5・26 | 大阪 | 力道山・豊登 2—1 D・プレチェス L・ブレアース |
| 5・27 | 大阪 | 力道山・遠藤幸吉 1—1 M・アトミック L・ブレアース |
| 5・28 | 大阪 | 力道山 1—0 K・コング |
| 5・29 | 神戸 | 力道山 0—0 M・アトミック |

| | | | | |
|---|---|---|---|---|
| 5・31 | 熊本 | 力道山・E・トーレス | 2-0 | D・プレチェス・L・ブレアース |
| 6・1 | 鹿児島 | 力道山 | 1-0 | D・プレチェス |
| 6・4 | 大分 | 力道山・遠藤幸吉 | 2-1 | M・アトミック・D・プレチェス |
| 6・5 | 福岡 | 力道山・豊登 | 2-0 | D・プレチェス・L・ブレアース |
| 6・6 | 小倉 | 力道山 | 1-0 | L・ブレアース |
| 6・7 | 呉 | 力道山・E・トーレス | 2-1 | J・オルテガ・M・アトミック |
| 6・9 | 岡山 | 力道山 | 0-0 | E・トーレス |
| 6・11 | 松阪 | 力道山・遠藤幸吉 | 2-1 | J・オルテガ・K・コング |
| 6・12 | 京都 | 力道山・豊登 | 2-1 | J・オルテガ・D・プレチェス |
| 6・13 | 富山 | 力道山・遠藤幸吉 | 2-0 | J・オルテガ・M・アトミック |
| 6・15 | 東京 | M・アトミック | 1-0 | 力道山 |
| | 第1回ワールド大リーグ戦優勝戦 | 力道山 | 1-0 | J・オルテガ |
| 6・16 | 甲府 | 力道山・豊登・E・トーレス | 1-1 | J・オルテガ・M・アトミック・D・プレチェス |
| 6・17 | 上諏訪 | | (不明) | |
| 6・19 | 金沢 | 力道山・豊登 | 2-0 | J・オルテガ・D・プレチェス |

| | | | | |
|---|---|---|---|---|
| 6・21 | 長野 | 力道山・豊登 | 2-0 | J・オルテガ・M・アトミック |
| 6・23 | 長岡 | 力道山・遠藤幸吉 | 2-1 | J・オルテガ・M・アトミック |
| 6・24 | 秋田 | 力道山・豊登 | 2-0 | J・オルテガ・M・アトミック |
| 6・26 | 仙台 | 力道山・E・トーレス | 2-1 | J・オルテガ・M・アトミック |
| 6・27 | 山形 | 力道山・遠藤幸吉 | 2-0 | J・オルテガ・M・アトミック |
| 6・28 | 宇都宮 | 力道山・豊登 | 2-0 | J・オルテガ・M・アトミック |
| 6・30 | 青森 | 力道山・豊登 | 2-1 | J・オルテガ・M・アトミック |
| 7・2 | 札幌 | 力道山・豊登 | 2-1 | J・オルテガ・M・アトミック |
| 7・3 | 札幌 | 力道山 | 1-1 | E・トーレス |
| 7・7 | 新潟 | | (不明) | |
| 7・8 | 高田 | | (不明) | |
| 7・10 | 平塚 | 力道山・豊登・E・トーレス | 1-1 | J・オルテガ・M・アトミック・D・プレチェス |
| 7・11 | 水戸 | 力道山・豊登 | 2-0 | J・オルテガ・M・アトミック |
| 7・12 | 多賀 | | (不明) | |
| 7・13 | 原ノ町 | | (不明) | |

| | | | | |
|---|---|---|---|---|
| 7・15 | 立川 | 力道山、豊登、遠藤幸吉 | 1—1 | J・オルテガ、M・アトミック、E・トーレス |
| 7・16 | 熊谷 | | （不明） | |
| 7・18 | 静岡 | 力道山、豊登 | 2—0 | J・オルテガ、M・アトミック |
| 7・20 | 姫路 | | （不明） | |
| 7・21 | 大阪 | インターナショナル選手権 | | |
| | | 力道山 | 1—1 | E・トーレス |
| 7・24 | 徳島 | 力道山 | 2—1 | J・オルテガ |
| 7・25 | 丸亀 | 力道山、豊登 | 2—0 | J・オルテガ、M・アトミック |
| 7・26 | 新居浜 | 力道山、豊登 | 2—0 | J・オルテガ、M・アトミック |
| 7・27 | 高知 | 力道山、豊登 | 2—1 | J・オルテガ、M・アトミック |
| 7・29 | 宇和島 | 力道山、豊登 | 2—0 | J・オルテガ、M・アトミック |
| 8・1 | 徳山 | | （不明） | |
| 8・2 | 宇部 | | （不明） | |
| 8・3 | 広島 | 力道山、豊登 | 2—0 | J・オルテガ、M・アトミック |
| 8・5 | 福山 | | （不明） | |
| 8・7 | 東京 | インターナショナル選手権 | | |
| | | 力道山 | 2—0 | M・アトミック |
| 8・8 | 川越 | | （不明） | |
| 10・2 | 東京 | 力道山 | 0—0 | M・パドーシス |
| 10・6 | 東京 | 力道山、遠藤幸吉 | 1—1 | M・パドーシス、G・東郷 |
| 10・16 | 東京 | 力道山、遠藤幸吉、芳の里 | 2—0 | L・ジャクソン、J・ソーレンセン、G・東郷 |
| 10・23 | 勝浦 | | （不明） | |
| 10・30 | 東京 | 力道山 | 0—0 | G・東郷 |
| 11・21 | 東京 | 力道山、遠藤幸吉 | 2—0 | J・ライト、G・東郷 |
| 11・27 | 高松 | 力道山、遠藤幸吉 | 1—0 | J・ライト、G・東郷 |
| 11・28 | 岡山 | 力道山、遠藤幸吉 | 2—0 | J・ライト、G・東郷 |
| 11・30 | 神戸 | 力道山、遠藤幸吉 | 2—0 | J・ライト、G・東郷 |
| 12・5 | 富山 | 力道山、遠藤幸吉 | 2—0 | J・ライト、G・東郷 |
| 12・9 | 大阪 | 力道山、遠藤幸吉 | 2—1 | J・ライト、G・東郷 |
| 12・11 | 一宮 | J・ライト、G・東郷 | 2—0 | 力道山、遠藤幸吉 |
| 12・12 | 京都 | 力道山、遠藤幸吉 | 2—0 | J・ライト、G・東郷 |

## 【昭和35年（1960）】

| 試合日 | 試合地 | 戦績 | | |
|---|---|---|---|---|
| 1・15 | 大阪 | インターナショナル選手権 | | |
| | | G・ライト | 2－1 | 力道山 |
| 1・22 | 東京 | 力道山<br>遠藤幸吉<br>芳の里 | 2－0 | J・ライト<br>R・ミラー<br>B・ブッチャー |
| 1・23 | 名古屋 | 日本タッグ選手権 | | |
| | | 力道山<br>遠藤幸吉 | 2－0 | J・ライト<br>A・ヤコビデス<br>（R・ジャクソンと交代） |
| 1・30 | 東京 | インターナショナル選手権 | | |
| | | 力道山 | 2－1 | J・ライト |
| 4・15 | 東京 | 力道山<br>豊登 | 2－1 | B・オートン<br>H・ヘルマン |
| 4・16 | 東京 | 力道山 | 1－0 | F・バロア |
| 4・17 | 東京 | L・ノメリーニ<br>S・マイヤース | 2－1 | 力道山<br>吉村道明 |
| 4・18 | 浜松 | 力道山<br>遠藤幸吉 | 1－1 | D・ミラー<br>F・バロア |
| 4・20 | 名古屋 | 力道山<br>豊登 | 2－0 | S・マイヤース<br>F・バロア |
| 4・21 | 大阪 | L・ノメリーニ<br>H・モンタナ | 1－0 | 力道山<br>遠藤幸吉 |
| 4・22 | 大阪 | 力道山 | 1－0 | H・モンタナ |
| 4・23 | 大阪 | 力道山 | 0－0 | L・ノメリーニ |
| 4・24 | 岡山 | 力道山<br>G東郷<br>吉村道明 | 2－0 | H・モンタナ<br>S・リソワスキー<br>H・ヘルマン |
| 4・26 | 呉 | 力道山 | 1－0 | S・リソワスキー |
| 4・27 | 福岡 | 力道山<br>豊登<br>吉村道明 | 1－0 | D・ミラー<br>F・バロア<br>H・モンタナ |
| 4・29 | 小倉 | 力道山<br>豊登 | 0－0 | L・ノメリーニ<br>F・バロア |
| 4・30 | 熊本 | 力道山 | 1－0 | H・ヘルマン |
| 5・1 | 大分 | 力道山 | 1－0 | D・ミラー |
| 5・3 | 玉島 | 力道山 | 1－0 | L・キム |
| 5・4 | 宇部 | 力道山 | 1－0 | B・オートン |
| 5・5 | 神戸 | 力道山<br>遠藤幸吉 | 2－0 | S・マイヤース<br>D・ミラー |
| 5・6 | 津 | 力道山<br>豊登<br>G東郷 | 1－0 | L・ノメリーニ<br>S・マイヤース<br>S・リソワスキー |
| 5・8 | 富山 | 力道山 | 0－0 | S・マイヤース |
| 5・9 | 福井 | L・ノメリーニ<br>S・マイヤース | 1－0 | 力道山<br>吉村道明 |
| 5・10 | 金沢 | 力道山 | 1－0 | G東郷 |
| 5・11 | 京都 | 力道山<br>遠藤幸吉<br>芳の里 | 1－1 | L・ノメリーニ<br>D・ミラー<br>F・バロア |

| 日付 | 場所 | 試合 | | |
|---|---|---|---|---|
| 5・13 | 東京 | 第2回ワールド大リーグ戦優勝戦 | | |
| | | 力道山 | 2－1 | L・ノメリーニ |
| 5・14 | 宇都宮 | 力道山 豊登 吉村道明 | 0－0 | L・ノメリーニ D・ミラー F・バロア |
| 5・16 | 東京 | インターナショナル選手権 | | |
| | | 力道山 | 1－1 | S・マイヤース |
| 5・17 | 岐阜 | 力道山 豊登 | 1－0 | S・マイヤース F・バロア |
| 5・27 | 徳島 | 力道山 豊登 | 2－0 | S・マイヤース D・ミラー |
| 6・2 | 大阪 | 力道山 吉村道明 | 1－0 | S・マイヤース G・東郷 |
| | | アジア・タッグ選手権 | | |
| | | D・ミラー F・バロア | 2－1 | 力道山 吉村道明 |
| 6・7 | 名古屋 | アジア・タッグ選手権 | | |
| | | 力道山 豊登 | 2－1 | D・ミラー F・バロア |
| 6・9 | 静岡 | 力道山 豊登 | 2－0 | S・マイヤース D・ミラー |
| 6・10 | 平塚 | 力道山 | 2－0 | F・バロア |
| 6・11 | 草津 | 力道山 豊登 吉村道明 | 2－0 | S・マイヤース D・ミラー G・東郷 |

| 日付 | 場所 | 試合 | | |
|---|---|---|---|---|
| 6・12 | 千葉 | 力道山 豊登 遠藤幸吉 | 2－0 | S・マイヤース D・ミラー F・バロア |
| 6・15 | 石巻 | 力道山 豊登 | 2－0 | S・マイヤース D・ミラー |
| 6・16 | 秋田 | 力道山 豊登 | 2－0 | S・マイヤース D・ミラー |
| 6・17 | 福島 | 力道山 豊登 | 2－0 | D・ミラー F・バロア |
| 6・19 | 青森 | D・ミラー F・バロア G・東郷 | 2－0 | 力道山 豊登 吉村道明 |
| 6・20 | 仙台 | 力道山 豊登 遠藤幸吉 | 1－1 | D・ミラー F・バロア G・東郷 |
| 6・22 | 函館 | 力道山 豊登 | 2－0 | D・ミラー F・バロア |
| 6・24 | 札幌 | 力道山 豊登 吉村道明 | 2－1 | S・マイヤース F・バロア G・東郷 |
| 6・25 | 札幌 | アジア選手権 | | |
| | | 力道山 | 2－0 | D・ミラー |
| 6・26 | 旭川 | S・マイヤース F・バロア G・東郷 | 2－1 | 力道山 豊登 遠藤幸吉 |
| 6・28 | 東京 | 力道山 豊登 遠藤幸吉 | 1－1 | D・ミラー F・バロア G・東郷 |

| | | | | | |
|---|---|---|---|---|---|
| 6・29 | 水戸 | | | (不明) | |
| 7・1 | 大宮 | | 力道山・豊登・吉村道明 | 2-1 | S・マイヤース、D・ミラー、G・東郷 |
| 7・2 | 高崎 | | 力道山・豊登・遠藤幸吉 | 2-0 | S・マイヤース、F・バロア、G・東郷 |
| 7・3 | 佐原 | | 力道山・豊登・吉村道明 | 2-0 | S・マイヤース、D・ミラー、G・東郷 |
| 7・4 | 東京 | アジア・タッグ選手権 | 力道山・豊登 | 2-1 | S・マイヤース、D・ミラー |
| 7・5 | 古河 | | 力道山・豊登・遠藤幸吉 | 2-1 | S・マイヤース、F・バロア、G・東郷 |
| 7・6 | 銚子 | | | (不明) | |
| 7・9 | 東京 | インターナショナル選手権 | 力道山 | 2-1 | S・マイヤース |
| 9・30 | 東京 | アジア選手権 | 力道山 | 1-1 | R・ワルドー |
| 10・14 | 札幌 | | 力道山・吉村道明 | 2-1 | T・マッケンジー、C・イヤウケア |
| 10・15 | 札幌 | | 力道山・豊登・吉村道明 | 2-0 | T・マッケンジー、C・イヤウケア、R・ワルドー |

| | | | | | |
|---|---|---|---|---|---|
| 10・17 | 都留 | | 力道山・豊登・吉村道明 | 2-0 | T・マッケンジー、C・イヤウケア、R・ワルドー |
| 10・19 | 東京 | アジア・タッグ選手権 | 力道山・豊登 | 2-0 | T・マッケンジー、R・ワルドー |
| 10・20 | 宇都宮 | | T・マッケンジー、C・イヤウケア、R・ワルドー | 2-0 | 力道山・豊登・吉村道明 |
| 10・21 | 谷田部 | | 力道山・豊登 | 2-0 | C・イヤウケア、R・ワルドー |
| 10・22 | 岐阜 | | 力道山・豊登・吉村道明 | 2-0 | T・マッケンジー、C・イヤウケア、R・ワルドー |
| 10・23 | 四日市 | | 力道山・豊登 | 2-0 | T・マッケンジー、C・イヤウケア |
| 10・25 | 呉 | | 力道山・豊登 | 1-0 | T・マッケンジー、C・イヤウケア |
| 10・27 | 岡山 | | 力道山・豊登・吉村道明 | 2-0 | T・マッケンジー、C・イヤウケア、R・ワルドー |
| 10・28 | 小倉 | | 力道山・豊登 | 2-0 | T・マッケンジー、R・ワルドー |
| 10・29 | 熊本 | | 力道山・豊登・吉村道明 | 2-0 | T・マッケンジー、C・イヤウケア、R・ワルドー |
| 10・30 | 鹿児島 | | 力道山・豊登 | 2-1 | C・イヤウケア、R・ワルドー |

| | | | | |
|---|---|---|---|---|
| 11・3 | 田川 | 力道山 豊登 | 2－0 | T・マッケンジー C・イヤウケア |
| 11・4 | 山口 | 力道山 豊登 | 2－0 | R・ワルドー C・イヤウケア |
| 11・5 | 姫路 | 力道山 豊登 | 2－0 | T・マッケンジー R・ワルドー |
| 11・6 | 神戸 | 力道山 豊登 吉村道明 | 1－1 | T・マッケンジー C・イヤウケア R・ワルドー |
| 11・8 | 名古屋 | アジア・タッグ選手権 力道山 豊登 | 2－0 | C・イヤウケア R・ワルドー |
| 11・10 | 京都 | 力道山 豊登 | 2－0 | T・マッケンジー C・イヤウケア |
| 11・11 | 福井 | 力道山 豊登 吉村道明 | 2－1 | T・マッケンジー C・イヤウケア R・ワルドー |
| 11・13 | 高岡 | 力道山 豊登 吉村道明 | 2－1 | T・マッケンジー C・イヤウケア R・ワルドー |
| 11・14 | 大阪 | アジア・タッグ選手権 力道山 豊登 | 2－1 | T・マッケンジー C・イヤウケア |
| 11・15 | 大阪 | アジア選手権 力道山 | 2－1 | R・ワルドー |
| 11・16 | 東京 | インターナショナル選手権 力道山 | 2－0 | C・イヤウケア |
| 11・17 | 大宮 | 力道山 豊登 吉村道明 | 2－1 | T・マッケンジー C・イヤウケア R・ワルドー |
| 11・19 | 吉原 | 力道山 豊登 吉村道明 | 2－0 | T・マッケンジー C・イヤウケア R・ワルドー |
| 12・3 | 東京 | アジア選手権 力道山 | 2－0 | R・ワルドー |
| 12・9 | 東京 | 力道山 吉村道明 | 2－0 | S・シン R・ワルドー |

## 【昭和36年（1961）】

| 試合日 | 試合地 | 戦績 | | |
|---|---|---|---|---|
| 1・6 | 東京 | L・ブレアース L・シモノビッチ | 2－1 | 力道山 豊登 |
| 1・7 | 名古屋 | 力道山 豊登 | 1－0 | L・ブレアース L・シモノビッチ |
| 1・8 | 名古屋 | 力道山 豊登 遠藤幸吉 | 2－1 | L・ブレアース L・シモノビッチ S・シン |
| 1・18 | 岐阜 | 力道山 豊登 | 2－0 | L・ブレアース L・シモノビッチ |
| 1・19 | 高松 | 力道山 豊登 | 2－1 | L・ブレアース L・シモノビッチ |

| | | | | |
|---|---|---|---|---|
| 1・20 | 高知 | L・ブレアース　L・シモノビッチ　S・シン | 2−1 | 力道山　豊登　遠藤幸吉 |
| 1・21 | 徳島 | 力道山　豊登 | 2−0 | L・ブレアース　L・シモノビッチ |
| 1・23 | 防府 | 力道山　豊登 | 2−0 | L・ブレアース　L・シモノビッチ |
| 1・25 | 熊本 | 力道山　豊登 | 2−0 | L・ブレアース　L・シモノビッチ |
| 1・26 | 福岡 | L・ブレアース　L・シモノビッチ | 2−0 | 力道山　豊登 |
| 1・27 | 唐津 | 力道山　豊登 | 2−0 | L・ブレアース　L・シモノビッチ |
| 1・28 | 佐世保 | 力道山　豊登 | 2−0 | L・ブレアース　L・シモノビッチ |
| 1・29 | 八幡 | 力道山　豊登 | 2−0 | L・ブレアース　L・シモノビッチ |
| 1・31 | 岡山 | 力道山　豊登 | 2−0 | L・ブレアース　L・シモノビッチ |
| 2・1 | 大阪 | アジア・タッグ　ハワイ・タッグ選手権 | | |
| | | L・ブレアース　L・シモノビッチ | 2−1 | 力道山　豊登 |
| 2・2 | 大阪 | 力道山　豊登　遠藤幸吉 | 2−0 | L・ブレアース　L・シモノビッチ　S・シン |
| 2・3 | 神戸 | 力道山 | 2−0 | L・シモノビッチ |
| 2・5 | 東京 | アジア・タッグ選手権 | | |

| | | | | |
|---|---|---|---|---|
| | | 力道山　豊登 | 2−0 | L・ブレアース　L・シモノビッチ |
| 3・3 | 東京 | バトルロイヤル出場（優勝・豊登） | | |
| 5・1 | 東京 | 力道山　豊登 | 2−0 | J・ライト　H・ロメロ |
| 5・2 | 東京 | 力道山　豊登 | 1−1 | ミスターX　I・アーキンス |
| 5・4 | 名古屋 | R・エチソン　I・アーキンス | 2−1 | 力道山　吉村道明 |
| 5・5 | 四日市 | 力道山　豊登　遠藤幸吉 | 0−0 | ミスターX　J・ライト　R・エチソン |
| 5・6 | 神戸 | 力道山　豊登　吉村道明 | 2−0 | J・ライト　R・エチソン　I・アーキンス |
| 5・7 | 奈良 | ミスターX　J・ライト | 2−0 | 力道山　豊登 |
| 5・9 | 呉 | 力道山　豊登　吉村道明 | 2−1 | J・ライト　K・クラウザー　I・アーキンス |
| 5・11 | 小倉 | 力道山　豊登 | 2−0 | R・エチソン　I・アーキンス |
| 5・12 | 福岡 | 力道山 | 1−1 | ミスターX |
| 5・13 | 熊本 | 力道山　豊登　T東郷 | 2−1 | J・ライト　I・アーキンス　H・ロメロ |

| | | | | |
|---|---|---|---|---|
| 5・14 | 鹿児島 | 力道山・豊登・吉村道明 | 2－1 | ミスターX・J・ライト・I・アーキンス |
| 5・16 | 唐津 | ミスターX・R・エチソン・I・アーキンス | 2－0 | 力道山・豊登・T東郷 |
| 5・17 | 佐世保 | 力道山・豊登・遠藤幸吉 | 2－0 | ミスターX・J・ライト・I・アーキンス |
| 5・18 | 宇部 | 力道山・遠藤幸吉・吉村道明 | 2－1 | ミスターX・J・ライト・K・クラウザー |
| 5・19 | 広島 | ミスターX・R・エチソン・H・ロメロ | 2－0 | 力道山・T東郷・芳の里 |
| 5・21 | 岡山 | 力道山・豊登・遠藤幸吉 | 2－1 | ミスターX・J・ライト・R・エチソン |
| 5・22 | 大阪 | 力道山・豊登・吉村道明 | 2－0 | J・ライト・R・エチソン・I・アーキンス |
| 5・23 | 大阪 | 力道山 | 1－1 | ミスターX |
| 5・24 | 京都 | 力道山・T東郷・吉村道明 | 2－1 | ミスターX・J・ライト・I・アーキンス |
| 5・25 | 富山 | ミスターX・J・ライト・I・アーキンス | 2－1 | 力道山・T東郷・吉村道明 |
| 5・26 | 福井 | 力道山 | 1－1 | K・クラウザー |
| 5・27 | 岐阜 | 力道山・遠藤幸吉・吉村道明 | 2－0 | ミスターX・R・エチソン・I・アーキンス |
| 5・28 | 宇都宮 | 力道山・豊登・吉村道明 | 2－0 | J・ライト・I・アーキンス・H・ロメロ |
| 6・1 | 下館 | 力道山・豊登・遠藤幸吉 | 2－1 | ミスターX・J・ライト・I・アーキンス |
| 6・2 | 東京 インターナショナル選手権 | 力道山 | 2－0 | G・アントニオ |
| 6・3 | 成田 | 力道山・豊登・吉村道明 | 2－0 | ミスターX・J・ライト・I・アーキンス |
| 6・4 | 野田 | 力道山・豊登・G東郷 | 2－0 | J・ライト・K・クラウザー・I・アーキンス |
| 6・6 | 大垣 | 力道山・豊登・G東郷 | 2－0 | ミスターX・J・ライト・K・クラウザー |
| 6・7 | 名古屋 アジア・タッグ選手権 | 力道山・豊登 | 1－1 | J・ライト・I・アーキンス |
| 6・9 | 高松 | 力道山・G東郷 | 2－0 | J・ライト・I・アーキンス |
| 6・10 | 徳島 | ミスターX・J・ライト・I・アーキンス | 2－1 | 力道山・G東郷・吉村道明 |

| | | | | |
|---|---|---|---|---|
| 6・11 | 高知 | 力道山 遠藤幸吉 | 2−0 | J・ライト I・アーキンス |
| 6・12 | 今治 | 力道山 吉村道明 | 2−1 | ミスターX J・ライト |
| 6・13 | 徳山 | 力道山 豊登 遠藤幸吉 | 2−0 | ミスターX J・ライト I・アーキンス |
| 6・14 | 山口 | 力道山 豊登 | 2−1 | J・ライト I・アーキンス |
| 6・15 | 田川 | 力道山 豊登 | 2−0 | ミスターX I・アーキンス |
| 6・16 | 八幡 | ミスターX J・ライト I・アーキンス | 2−0 | 力道山 豊登 吉村道明 |
| 6・18 | 熊本 | 力道山 T東郷 | 1−0 | ミスターX K・クラウザー |
| 6・20 | 別府 | 力道山 豊登 | 2−1 | J・ライト I・アーキンス |
| 6・22 | 福岡 | 力道山 豊登 吉村道明 | 2−0 | ミスターX J・ライト I・アーキンス |
| 6・23 | 福山 | 力道山 吉村道明 | 2−1 | ミスターX I・アーキンス |
| 6・24 | 米子 | 力道山 豊登 | 2−1 | J・ライト I・アーキンス |
| 6・25 | 鳥取 | 力道山 豊登 | 2−0 | J・ライト I・アーキンス |

| | | | | |
|---|---|---|---|---|
| 6・27 | 姫路 | J・ライト I・アーキンス | 2−0 | 力道山 吉村道明 |
| 6・28 | 大阪 | 力道山 豊登 | 2−0 | J・ライト I・アーキンス |
| 6・29 | 大阪 | 第3回ワールド大リーグ戦優勝戦 | | |
| | | 力道山 | 2−1 | ミスターX |
| 6・30 | 豊橋 | 力道山 豊登 | 2−1 | J・ライト I・アーキンス |
| 7・1 | 平塚 | 力道山 | 2−1 | I・アーキンス |
| 7・2 | 取手 | 力道山 豊登 遠藤幸吉 | 2−0 | ミスターX J・ライト I・アーキンス |
| 7・3 | 東京 | アジア・タッグ選手権 | | |
| | | 力道山 豊登 | 2−1 | J・ライト I・アーキンス |
| 7・5 | 前橋 | 力道山 豊登 遠藤幸吉 | 2−0 | ミスターX J・ライト K・クラウザー |
| 7・7 | 大宮 | 力道山 | 2−1 | J・ライト |
| 7・8 | 長岡 | 力道山 豊登 遠藤幸吉 | 2−0 | ミスターX J・ライト I・アーキンス |
| 7・9 | 青森 | ミスターX I・アーキンス | 2−0 | 力道山 吉村道明 |
| 7・10 | 花輪 | 力道山 豊登 吉村道明 | 2−1 | ミスターX J・ライト I・アーキンス |

| | | | | | |
|---|---|---|---|---|---|
| 7・12 | 函館 | 力道山・豊登・遠藤幸吉 | 2－0 | ミスターX・J・ライト・I・アーキンス | |
| 7・14 | 旭川 | 力道山・豊登 | 2－1 | J・ライト・I・アーキンス | |
| 7・16 | 帯広 | 力道山・豊登・吉村道明 | 2－0 | ミスターX・J・ライト・I・アーキンス | |
| 7・18 | 札幌 | ミスターX・I・アーキンス | 2－0 | 力道山・豊登 | |
| 7・19 | 札幌 | 力道山 | 2－0 | J・ライト | アジア選手権 |
| 7・21 | 東京 | 力道山 | 2－0 | ミスターX | インターナショナル選手権 |
| 7・22 | 富士吉田 | J・ライト・I・アーキンス | 2－0 | 力道山・豊登 | |
| 7・23 | 館山 | 力道山・豊登・吉村道明 | 2－0 | B・ミラー・J・ライト・I・アーキンス | |
| 7・24 | 佐原 | B・ミラー・J・ライト・I・アーキンス | 2－0 | 力道山・豊登・遠藤幸吉 | |
| 8・13 | 東京 | 力道山・豊登・吉村道明 | 2－0 | Z・キッド・D・マノキャン・A・ボグニ | |
| 8・18 | 東京 | 力道山・吉村道明 | 2－1 | Z・キッド・D・マノキャン | |

| | | | | |
|---|---|---|---|---|
| 8・25 | 東京 | Z・キッド・D・マノキャン | 2－0 | 力道山・吉村道明 |
| 9・1 | 東京 | 力道山・豊登 | 2－0 | Z・キッド・A・ボグニ |
| 9・8 | 東京 | 力道山・豊登・吉村道明 | 2－0 | Z・キッド・D・マノキャン・A・ボグニ |
| 9・29 | 東京 | D・マノキャン | 2－0 | 力道山 |
| 9・30 | 平塚 | 力道山・豊登 | 2－0 | Z・キッド・A・ボグニ |
| 10・1 | 八日市 | Z・キッド・A・ボグニ・T・東郷 | 2－0 | 力道山・豊登・遠藤幸吉 |
| 10・4 | 前橋 | 力道山・豊登 | 2－0 | Z・キッド・D・マノキャン |
| 10・5 | 豊橋 | 力道山・豊登・吉村道明 | 2－1 | Z・キッド・D・マノキャン・A・ボグニ |
| 10・6 | 大垣 | 力道山 | 0－0 | A・ボグニ |
| 10・7 | 尾鷲 | 力道山・豊登 | 2－0 | Z・キッド・D・マノキャン |
| 10・8 | 和歌山 | 力道山・豊登・遠藤幸吉 | 2－0 | Z・キッド・D・マノキャン・A・ボグニ |
| 10・11 | 岡山 | 力道山・豊登・吉村道明 | 2－1 | Z・キッド・D・マノキャン・A・ボグニ |

| | | | | |
|---|---|---|---|---|
| 10・12 | 高松 | 力道山・豊登・遠藤幸吉 | 2−0 | Z・キッド、D・マノキャン、A・ボグニン |
| 10・13 | 高知 | 力道山・豊登 | 2−0 | D・マノキャン、A・ボグニン |
| 10・15 | 松山 | 力道山・豊登・吉村道明 | 2−0 | Z・キッド、D・マノキャン、A・ボグニン |
| 10・17 | 下松 | 力道山・豊登・遠藤幸吉 | 2−0 | Z・キッド、D・マノキャン、A・ボグニン |
| 10・19 | 鹿児島 | 力道山・豊登・吉村道明 | 2−1 | Z・キッド、D・マノキャン、A・ボグニン |
| 10・21 | 宮崎 | 力道山・豊登・遠藤幸吉 | 2−1 | Z・キッド、D・マノキャン、A・ボグニン |
| 10・22 | 小倉 | 力道山・豊登・吉村道明 | 2−0 | Z・キッド、D・マノキャン、A・ボグニン |
| 10・23 | 宇部 | 力道山・豊登・遠藤幸吉 | 2−0 | Z・キッド、D・マノキャン、A・ボグニン |
| 10・25 | 博多 | 力道山・豊登・吉村道明 | 2−0 | Z・キッド、D・マノキャン、A・ボグニン |
| 10・26 | 熊本 | 力道山・豊登・遠藤幸吉 | 2−1 | Z・キッド、D・マノキャン、A・ボグニン |

| | | | | |
|---|---|---|---|---|
| 10・27 | 山口 | Z・キッド | 2−0 | 力道山 |
| 10・29 | 広島 | 力道山・豊登・吉村道明 | 2−1 | Z・キッド、D・マノキャン、A・ボグニン |
| 10・31 | 福山 | 力道山・豊登・遠藤幸吉 | 2−1 | Z・キッド、D・マノキャン、A・ボグニン |
| 11・1 | 堺 | 力道山・豊登・吉村道明 | 2−0 | Z・キッド、D・マノキャン、A・ボグニン |
| 11・2 | 奈良 | 力道山・豊登・遠藤幸吉 | 2−1 | Z・キッド、D・マノキャン、A・ボグニン |
| 11・3 | 大津 | 力道山・豊登・吉村道明 | 2−0 | Z・キッド、D・マノキャン、A・ボグニン |
| 11・4 | 姫路 | 力道山・豊登・遠藤幸吉 | 2−0 | Z・キッド、D・マノキャン、A・ボグニン |
| 11・5 | 神戸 | Z・キッド、D・マノキャン、A・ボグニン | 2−0 | 力道山・豊登・吉村道明 |
| 11・6 | 大阪 | 力道山・豊登 | 2−1 | D・マノキャン、A・ボグニン |
| 11・7 | 大阪 | インターナショナル選手権 力道山 | 2−0 | Z・キッド |
| 11・9 | 名古屋 | アジア・タッグ選手権 | | |

| 試合日 | 試合地 | 戦績 | | |
|---|---|---|---|---|
| | | 力道山・豊登 | 2—0 | Z・キッド、D・マノキャン |
| 11・10 | 高岡 | 力道山・遠藤幸吉・吉村道明 | 2—1 | Z・キッド、D・マノキャン、A・ボグニ |
| 11・11 | 新潟 | 力道山・遠藤幸吉・吉村道明 | 2—1 | Z・キッド、D・マノキャン、A・ボグニ |
| 11・12 | 佐渡 | 力道山・遠藤幸吉・吉村道明 | 2—0 | Z・キッド、D・マノキャン、A・ボグニ |
| 11・13 | 糸魚川 | 力道山・遠藤幸吉・吉村道明 | 2—0 | Z・キッド、D・マノキャン、A・ボグニ |
| 11・17 | 東京 | 力道山 | 2—0 | A・ボグニ |
| 12・1 | 東京 | 力道山・豊登 | 2—1 | R・エチソン、L・ハミルトン |
| 12・8 | 東京 | 力道山・吉村道明 | 1—0 | R・エチソン、L・ハミルトン |
| 12・14 | 東京 | 力道山・豊登 | 2—0 | R・ワルドー、L・ハミルトン |
| 12・15 | 東京 | 力道山・豊登・遠藤幸吉 | 2—0 | R・ワルドー、R・エチソン、L・ハミルトン |
| 12・17 | 枚方 | R・ワルドー、L・レンジ、R・エチソン | 2—0 | 力道山・豊登・吉村道明（大木金太郎と交代） |
| 12・22 | 東京 | R・エチソン | 2—0 | 力道山 |
| 12・29 | 東京 | 力道山 | 2—0 | R・ワルドー |

## 【昭和37年（1962）】

| 試合日 | 試合地 | 戦績 | | |
|---|---|---|---|---|
| 1・5 | 東京 | R・ワルドー、L・レンジ、L・ハミルトン | 1—0 | 力道山・豊登・吉村道明 |
| 1・12 | 木更津 | 力道山・吉村道明 | 2—0 | R・エチソン、L・ハミルトン |
| 1・16 | 岐阜 | 力道山 | 2—0 | L・ハミルトン |
| 1・18 | 大阪 | 力道山・豊登 | 2—1 | R・ワルドー、L・レンジ |
| 1・19 | 大阪 | アジア選手権<br>力道山 | 2—1 | R・エチソン |
| 1・20 | 東京 | R・ワルドー、R・エチソン、L・ハミルトン | 1—0 | 力道山・豊登・遠藤幸吉 |
| 1・21 | 東京 | アジア・タッグ選手権<br>R・エチソン、L・ハミルトン | 2—0 | 力道山・豊登 |
| 1・26 | 東京 | L・ハミルトン | 2—0 | 力道山 |
| 1・27 | 名古屋 | 力道山・豊登・遠藤幸吉 | 1—1 | R・ワルドー、R・エチソン、L・ハミルトン |

| | | | | |
|---|---|---|---|---|
| 1・28 | 京都 | 力道山・豊登・吉村道明 | 2—0 | R・エチソン・L・ハミルトン・L・レンジ |
| 2・2 | 東京 | アジア・タッグ選手権 力道山・豊登 | 2—1 | R・エチソン・L・ハミルトン |
| 2・3 | 東京 | アジア・タッグ選手権 R・ワルドー・L・レンジ | 2—1 | 力道山・豊登 |
| 2・10 | 水戸 | 力道山・豊登 | 2—0 | R・エチソン・L・ハミルトン |
| 2・13 | 千葉 | 力道山・豊登・遠藤幸吉 | 2—0 | R・ワルドー・L・レンジ・L・ハミルトン |
| 2・15 | 東京 | アジア・タッグ選手権 力道山・豊登 | 2—0 | R・ワルドー・L・レンジ |
| 2・16 | 東京 | R・ワルドー・M・アトミック | 1—0 | 力道山・吉村道明 |
| 4・15 | 足利 | 力道山・豊登・遠藤幸吉 | 1—0 | R・ワルドー・M・シャープ・M・アトミック |
| 4・20 | 東京 | 力道山 | 0—0（エキシビション） | D・ハットン |
| 4・21 | 東京 | M・シャープ・K・オースチン | 2—0 | 力道山・吉村道明 |

| | | | | |
|---|---|---|---|---|
| 4・22 | 東京 | 力道山・豊登・G・東郷 | 2—1 | D・ハットン・M・アトミック・D・ホフマン |
| 4・23 | 東京 | WWA世界選手権 力道山 | 2—1 | F・ブラッシー |
| 4・24 | 名古屋 | 力道山・豊登 | 2—0 | M・アトミック・L・ヘニング |
| 4・25 | 名古屋 | 力道山・豊登・G・東郷 | 2—1 | F・ブラッシー・M・シャープ・K・オースチン |
| 4・26 | 田辺 | 力道山・G・東郷・吉村道明 | 2—0 | D・ハットン・L・ヘニング・A・スコーラン |
| 4・27 | 神戸 | L・テーズ・F・ブラッシー・M・シャープ | 2—0 | 力道山・豊登・G・東郷 |
| 4・28 | 岡山 | 力道山・豊登 | 2—0 | K・オースチン・L・ヘニング |
| 4・29 | 広島 | 力道山・G・東郷・吉村道明 | 2—0 | M・シャープ・L・ヘニング・D・ホフマン |
| 4・30 | 福岡 | 力道山・豊登・遠藤幸吉 | 2—1 | L・テーズ・K・オースチン・L・ヘニング |
| 5・1 | 小郡 | M・シャープ・M・アトミック・D・ホフマン | 2—1 | 力道山・豊登・吉村道明 |

| | | | | |
|---|---|---|---|---|
| 5・2 | 長崎 | 力道山・豊登・遠藤幸吉 | 2-0 | F・ブラッシー・K・オースチン・D・ホフマン |
| 5・3 | 鹿児島 | 力道山・G東郷・吉村道明 | 2-1 | M・シャープ・K・オースチン・L・ヘニング |
| 5・5 | 熊本 | 力道山・豊登・G東郷 | 2-1 | F・ブラッシー・K・オースチン・D・ホフマン |
| 5・6 | 小倉 | 力道山・G東郷 | 1-0 | M・シャープ・K・オースチン |
| 5・7 | 都城 | 力道山・G東郷・吉村道明 | 2-0 | M・アトミック・D・ホフマン・A・スコーラン |
| 5・8 | 宮崎 | 力道山・G東郷・遠藤幸吉 | 2-0 | F・ブラッシー・M・アトミック・L・ヘニング |
| 5・10 | 大阪 | 力道山・豊登・G東郷 | 2-0 | L・テーズ・K・オースチン・L・ヘニング |
| 5・11 | 大阪 | 力道山 | 2-1 | D・ハットン |
| 5・13 | 和歌山 | 力道山・G東郷・遠藤幸吉 | 2-0 | D・ハットン・K・オースチン・D・ホフマン |
| 5・14 | 新宮 | 力道山・G東郷・吉村道明 | 2-1 | M・シャープ・L・ヘニング・D・ホフマン |

| | | | | |
|---|---|---|---|---|
| 5・15 | 京都 | 力道山・豊登・G東郷 | 2-0 | F・ブラッシー・L・ヘニング・D・ホフマン |
| 5・16 | 岐阜 | 力道山・豊登・G東郷 | 2-0 | M・シャープ・K・オースチン・L・ヘニング |
| 5・17 | 奈良 | 力道山・G東郷・吉村道明 | 2-0 | F・ブラッシー・M・シャープ・D・ホフマン |
| 5・18 | 福井 | 力道山・豊登・G東郷 | 2-1 | M・シャープ・K・オースチン・L・ヘニング |
| 5・19 | 富山 | L・テーズ・K・オースチン・L・ヘニング | 2-0 | 力道山・豊登・遠藤幸吉 |
| 5・21 | 茂原 | 力道山・豊登・G東郷 | 2-0 | F・ブラッシー・M・シャープ・K・オースチン |
| 5・22 | 宇都宮 | L・テーズ・K・オースチン・D・ホフマン | 2-1 | 力道山・G東郷・吉村道明 |
| 5・23 | 横浜 | 力道山・豊登・吉村道明 | 2-0 | F・ブラッシー・M・シャープ・K・オースチン |
| 5・25 | 東京 | 第4回ワールド大リーグ戦優勝戦 力道山 | 2-1 | L・テーズ |
| 5・27 | 前橋 | 力道山・G東郷 | 2-0 | M・シャープ・K・オースチン |

| | | | | | |
|---|---|---|---|---|---|
| 5・29 | 船橋 | | 力道山 豊登 G東郷 | 2—1 | M・シャープ K・オースチン D・ホフマン |
| 5・31 | 水戸 | | 力道山 豊登 | 2—0 | M・シャープ D・ホフマン |
| 6・1 | 東京 | | M・シャープ D・ホフマン | 2—0 | 力道山 吉村道明 |
| 6・2 | 昭島 | | 力道山 豊登 吉村道明 | 2—0 | M・シャープ K・オースチン D・ホフマン |
| 6・3 | 野田 | | 力道山 豊登 G東郷 | 2—0 | M・シャープ K・オースチン D・ホフマン |
| 6・4 | 大阪 | アジア・タッグ選手権 | M・シャープ K・オースチン | 2—1 | 力道山 豊登 |
| 6・5 | 名古屋 | | 力道山 G東郷 遠藤幸吉 | 2—0 | M・シャープ K・オースチン D・ホフマン |
| 6・6 | 豊橋 | | 力道山 G東郷 吉村道明 | 2—1 | M・シャープ K・オースチン D・ホフマン |
| 6・7 | 尼崎 | | 力道山 G東郷 | 2—0 | K・オースチン D・ホフマン |
| 6・8 | 枚方 | | 力道山 G東郷 | 2—1 | M・シャープ K・オースチン |
| 6・10 | 堺 | | 力道山 豊登 G東郷 | 2—1 | M・シャープ K・オースチン D・ホフマン |
| 6・11 | 徳島 | | 力道山 豊登 吉村道明 | 2—0 | M・シャープ K・オースチン D・ホフマン |
| 6・12 | 高知 | | 力道山 豊登 G東郷 | 2—1 | M・シャープ K・オースチン D・ホフマン |
| 6・14 | 松山 | | 力道山 G東郷 吉村道明 | 2—1 | M・シャープ K・オースチン D・ホフマン |
| 6・15 | 高松 | | 力道山 豊登 G東郷 | 2—1 | M・シャープ K・オースチン R・ワルドー |
| 6・16 | 福山 | | 力道山 G東郷 吉村道明 | 2—1 | M・シャープ K・オースチン D・ホフマン |
| 6・17 | 広島 | | M・シャープ K・オースチン R・ワルドー | 2—1 | 力道山 G東郷 遠藤幸吉 |
| 6・18 | 広島 | アジア・タッグ選手権 | 力道山 豊登 | 2—1 | M・シャープ K・オースチン |
| 6・19 | 下松 | | 力道山 豊登 吉村道明 | 2—0 | M・シャープ K・オースチン D・ホフマン |

| | | | | |
|---|---|---|---|---|
| 6・20 | 宇部 | 力道山・豊登・吉村道明 | 2－0 | M・シャープ、K・オースチン、R・ワルドー |
| 6・22 | 八幡 | 力道山 | 2－0 | K・オースチン |
| 6・24 | 福岡 | 力道山・豊登・吉村道明 | 2－1 | M・シャープ、K・オースチン、R・ワルドー |
| 6・27 | 出雲 | 力道山・豊登・吉村道明 | 2－0 | M・シャープ、K・オースチン、D・ホフマン |
| 6・28 | 米子 | 力道山・豊登・M鈴木 | 2－1 | M・シャープ、K・オースチン、D・ホフマン |
| 6・30 | 鳥取 | 力道山・豊登・吉村道明 | 2－0 | K・オースチン、R・ワルドー、D・ホフマン |
| 7・1 | 豊中 | アジア・タッグ選手権 | | |
| | | 力道山・豊登 | 2－0 | M・シャープ、K・オースチン |
| 8・17 | 東京 | 力道山・豊登・吉村道明 | 1－1 | S・マーフィー、G・マコニー、R・ワルドー |
| 8・24 | 東京 | 力道山・遠藤幸吉 | 1－1 | S・マーフィー、G・マコニー |
| 8・31 | 東京 | S・マーフィー、G・マコニー | 2－0 | 力道山・豊登 |
| 9・7 | 東京 | 力道山 | 2－0 | G・マコニー |
| 9・14 | 東京 | アジア・タッグ選手権 | | |
| | | 力道山・豊登 | 0－0 | S・マーフィー、G・マコニー |
| 9・19 | 大阪 | S・マーフィー、M・ショーラック、A・マハリック | 2－1 | 力道山・豊登・吉村道明 |
| 9・20 | 大阪 | 力道山・豊登・遠藤幸吉 | 2－0 | S・マーフィー、G・マコニー、M・ショーラック |
| 9・21 | 大津 | 力道山・豊登・M鈴木 | 2－1 | S・マーフィー、M・ショーラック、A・マハリック |
| 9・22 | 高岡 | 力道山・豊登・吉村道明 | 2－0 | S・マーフィー、G・マコニー、M・ショーラック |
| 9・24 | 七尾 | 力道山・豊登・M鈴木 | 1－1 | S・マーフィー、M・ショーラック、A・マハリック |
| 9・25 | 秋田 | 力道山・豊登・吉村道明 | 2－1 | S・マーフィー、G・マコニー、A・マハリック |
| 9・26 | 大曲 | 力道山・豊登・M鈴木 | 2－1 | M・ショーラック、A・マハリック、G・マコニー |
| 9・27 | 青森 | 力道山・豊登・吉村道明 | 2－1 | S・マーフィー、M・ショーラック、A・マハリック |

| | | | | |
|---|---|---|---|---|
| 9・28 | 八戸 | 力道山・豊登・遠藤幸吉 | 2－1 | S・マーフィー・G・マコニー・M・ショーラック |
| 9・29 | 十和田 | 力道山・豊登・M・鈴木 | 2－0 | S・マーフィー・M・ショーラック・A・マハリック |
| 9・30 | 函館 | 力道山・吉村道明・遠藤幸吉 | 2－1 | S・マーフィー・G・マコニー・A・マハリック |
| 10・2 | 旭川 | G・マコニー・M・ショーラック・A・マハリック | 2－0 | 力道山・吉村道明・M・鈴木 |
| 10・3 | 北見 | 力道山・遠藤幸吉・M・鈴木 | 2－0 | S・マーフィー・M・ショーラック・A・マハリック |
| 10・4 | 札幌 | G・マコニー・M・ショーラック・A・マハリック | 2－0 | 力道山・吉村道明・遠藤幸吉 |
| 10・5 | 札幌 | アジア・タッグ選手権<br>力道山・吉村道明 | 2－0 | S・マーフィー・G・マコニー |
| 10・7 | 土浦 | S・マーフィー・M・ショーラック・A・マハリック | 2－1 | 力道山・吉村道明・M・鈴木 |
| 10・8 | 横浜 | 力道山・吉村道明・遠藤幸吉 | 2－0 | G・マコニー・M・ショーラック・A・マハリック |

| | | | | |
|---|---|---|---|---|
| 10・9 | 東京 | 力道山・吉村道明 | 2－1 | M・ショーラック・A・マハリック |
| 10・11 | 一宮 | S・マーフィー・C・B・ハート・A・マハリック | 2－0 | 力道山・吉村道明・M・鈴木 |
| 10・12 | 尼崎 | 力道山・吉村道明・M・鈴木 | 2－1 | S・マーフィー・C・B・ハート・A・マハリック |
| 10・13 | 橋本 | 力道山・吉村道明・遠藤幸吉 | 2－0 | G・マコニー・M・ショーラック・C・B・ハート |
| 10・15 | 富田林 | 力道山・吉村道明・遠藤幸吉 | 2－0 | S・マーフィー・C・B・ハート・A・マハリック |
| 10・16 | 橿原 | S・マーフィー・M・ショーラック・C・B・ハート | 2－0 | 力道山・遠藤幸吉・M・鈴木 |
| 10・17 | 姫路 | 力道山・吉村道明・M・鈴木 | 2－1 | S・マーフィー・M・ショーラック・C・B・ハート |
| 10・18 | 益田 | 力道山・吉村道明・遠藤幸吉 | 2－0 | G・マコニー・C・B・ハート・A・マハリック |
| 10・20 | 熊本 | M・ショーラック・C・B・ハート・A・マハリック | 2－1 | 力道山・吉村道明・M・鈴木 |
| 10・21 | 鹿児島 | 力道山・遠藤幸吉 | 2－0 | S・マーフィー・A・マハリック |

| | | |
|---|---|---|
| 10・22 | 種子島 | 力道山 吉村道明 遠藤幸吉 2—0 S・マーフィー G・マコニー A・マハリック |
| 10・24 | 延岡 | 力道山 遠藤幸吉 M鈴木 2—1 S・マーフィー C・B・ハート A・マハリック |
| 10・26 | 長崎 | 力道山 2—0 S・マーフィー |
| 10・27 | 若松 | 力道山 遠藤幸吉 M鈴木 2—1 S・マーフィー M・ショーラック A・マハリック |
| 10・28 | 田川 | 力道山 遠藤幸吉 2—0 S・マーフィー A・マハリック |
| 10・29 | 福山 | S・マーフィー G・マコニー M・ショーラック 2—1 力道山 遠藤幸吉 M鈴木 |
| 10・30 | 岡山 | 力道山 豊登 2—0 S・マーフィー G・マコニー |
| 10・31 | 京都 | 力道山 豊登 遠藤幸吉 2—1 G・マコニー M・ショーラック A・マハリック |
| 11・1 | 岐阜 | 力道山 豊登 M鈴木 2—0 S・マーフィー G・マコニー A・マハリック |
| 11・2 | 東京 | 力道山 2—0 M・ショーラック |
| 11・3 | 那覇 | 力道山 遠藤幸吉 2—1 G・マコニー A・マハリック |
| 11・4 | 那覇 | 力道山 豊登 M鈴木 2—0 S・マーフィー G・マコニー M・ショーラック |
| 11・5 | 那覇 | アジア・タッグ選手権 力道山 豊登 2—0 C・B・ハート A・マハリック |
| 11・7 | 名護 | 力道山 豊登 遠藤幸吉 2—0 G・マコニー C・B・ハート A・マハリック |
| 11・8 | 那覇 | 力道山 豊登 吉村道明 2—0 G・マコニー C・B・ハート A・マハリック |
| 11・9 | 那覇 | インターナショナル選手権 力道山 2—0 M・ショーラック |
| 11・16 | 東京 | 力道山 豊登 2—0 C・B・ハート A・マハリック |
| 11・23 | 東京 | J・オルテガ A・マハリック 1—0 力道山 吉村道明 |
| 11・30 | 東京 | 力道山 2—0 A・マハリック |
| 12・7 | 東京 | J・オルテガ A・マハリック 1—0 力道山 豊登 |

## 【昭和38年（1963）】

| 試合日 | 試合地 | 戦績 |
|---|---|---|
| 1・11 | 東京 | 力道山 2—0 B・ヘッシー |

|  |  | |  | |
|---|---|---|---|---|
| 1・18 | 東京 | 力道山、吉村道明 | 2−0 | J・オルテガ、B・ヘッシー |
| 1・19 | 平塚 | J・オルテガ、T・マリノ | 2−1 | 力道山、遠藤幸吉 |
| 1・20 | 水戸 | J・オルテガ、T・マリノ | 2−1 | 力道山、大木金太郎 |
| 1・22 | 千葉 | 力道山、吉村道明 | 2−1 | J・オルテガ、T・マリノ |
| 1・23 | 越谷 | 力道山、吉村道明、遠藤幸吉 | 1−1 | J・オルテガ、T・マリノ、M・ブルート |
| 1・24 | 東京 | 力道山、遠藤幸吉 | 2−1 | J・オルテガ、T・マリノ |
| 1・25 | 豊橋 | 力道山、吉村道明、遠藤幸吉 | 2−0 | J・オルテガ、T・マリノ、エクスキュースナー |
| 1・26 | 岐阜 | 力道山、吉村道明 | 2−0 | J・オルテガ、T・マリノ |
| 1・27 | 一宮 | J・オルテガ、T・マリノ、M・ブルート | 2−1 | 力道山、M鈴木、大木金太郎 |
| 1・28 | 名古屋 | 力道山、吉村道明 | 2−1 | J・オルテガ、T・マリノ |
| 1・29 | 大阪 | アジア・タッグ選手権 力道山、吉村道明 | 2−1 | J・オルテガ、T・マリノ |

|  |  | |  | |
|---|---|---|---|---|
| 1・31 | 尼崎 | 力道山、吉村道明、遠藤幸吉 | 2−1 | J・オルテガ、T・マリノ、M・ブルート |
| 2・1 | 東京 | 力道山 | 2−0 | M・ブルート |
| 2・2 | 久里浜 | 力道山、吉村道明 | 2−0 | J・オルテガ、T・マリノ |
| 2・8 | 東京 | 力道山、吉村道明、M鈴木 | 1−1 | J・オルテガ、T・マリノ、M・ブルート |
| 2・9 | 東京 | インターナショナル選手権 力道山 | 2−1 | J・オルテガ |
| 2・15 | 東京 | 力道山、吉村道明、M鈴木 | 2−0 | T・マリノ、M・ブルート、エクスキュースナー |
| 3・1 | 東京 | 力道山 | 2−1 | T・マリノ |
| 3・2 | 東京 | 力道山、吉村道明、遠藤幸吉 | 2−1 | J・オルテガ、T・マリノ、M・ブルート |
| 3・23 | 東京 | 力道山、G馬場、G東郷 | 1−1 | P・オコーナー、B・エリス、キラーX |
| 3・24 | 東京 | 力道山 | 1−1 | H・カルホーン |
| 3・26 | 豊橋 | 力道山、吉村道明、G東郷 | 2−1 | K・コワルスキー、B・エリス、キラーX |
| 3・27 | 名古屋 | 力道山、豊登、G馬場 | 1−1 | K・コワルスキー、G・マレラ、キラーX |

| | | | | |
|---|---|---|---|---|
| 3・28 | 名古屋 | 力道山、G馬場 | 2—1 | K・コワルスキー、P・オコーナー |
| 3・29 | 大津 | P・オコーナー、G・マレラ、キラーX | 2—1 | 力道山、豊登、G東郷 |
| 3・30 | 神戸 | 力道山、豊登、吉村道明 | 2—1 | K・コワルスキー、B・エリス、キラーX |
| 3・31 | 徳島 | 力道山、豊登 | 2—1 | G・マレラ、キラーX |
| 4・2 | 高知 | 力道山、G馬場、吉村道明 | 2—1 | P・オコーナー、B・エリス、キラーX |
| 4・3 | 松山 | 力道山、豊登、G馬場 | 1—1 | K・コワルスキー、F・アトキンス、G・マレラ |
| 4・4 | 高松 | 力道山、吉村道明、遠藤幸吉 | 2—1 | P・オコーナー、B・エリス、S・ザボー |
| 4・5 | 岡山 | 力道山、G馬場 | 2—0 | K・コワルスキー、キラーX |
| 4・6 | 防府 | 力道山、豊登、遠藤幸吉 | 2—1 | P・オコーナー、F・アトキンス、G・マレラ |
| 4・7 | 北九州 | 力道山、G東郷 | 2—1 | K・コワルスキー、キラーX |
| 4・8 | 久留米 | 力道山、G東郷、吉村道明 | 2—0 | P・オコーナー、F・アトキンス、G・マレラ |
| 4・9 | 唐津 | 力道山、G馬場、G東郷 | 2—1 | K・コワルスキー、F・アトキンス、キラーX |
| 4・10 | 佐世保 | 力道山、G東郷、遠藤幸吉 | 2—1 | P・オコーナー、G・マレラ、キラーX |
| 4・11 | 長崎 | 力道山、G東郷、吉村道明 | 2—0 | P・オコーナー、B・エリス、F・アトキンス |
| 4・12 | 熊本 | K・コワルスキー、G・マレラ、キラーX | 2—0 | 力道山、G東郷、吉村道明 |
| 4・13 | 鹿児島 | 力道山、G馬場、G東郷 | 2—1 | K・コワルスキー、F・アトキンス、キラーX |
| 4・14 | 宮古島 | 力道山、G東郷、吉村道明 | 2—0 | K・コワルスキー、F・アトキンス、キラーX |
| 4・15 | 那覇 | 力道山、G馬場、G東郷 | 2—1 | P・オコーナー、G・マレラ、キラーX |
| 4・16 | 那覇 | 力道山、G東郷、吉村道明 | 1—1 | K・コワルスキー、P・オコーナー、キラーX |
| 4・17 | 那覇 | インターナショナル選手権　力道山 | 2—1 | H・カルホーン |
| 4・20 | 北九州 | 力道山、G馬場、G東郷 | 2—0 | P・オコーナー、F・アトキンス、キラーX |

| | | | | |
|---|---|---|---|---|
| 4・21 | 広島 | 力道山 G東郷 吉村道明 | 2－1 | K・コワルスキー G・マレラ キラーX |
| 4・22 | 姫路 | 力道山 豊登 G東郷 | 2－1 | K・コワルスキー F・アトキンス G・マレラ |
| 4・23 | 大阪 | 力道山 G東郷 吉村道明 | 2－1 | K・コワルスキー H・カルホーン キラーX |
| 4・24 | 大阪 | インターナショナル選手権 力道山 | 2－1 | P・オコーナー |
| 4・25 | 豊岡 | 力道山 豊登 G東郷 | 2－1 | K・コワルスキー F・アトキンス キラーX |
| 4・26 | 岐阜 | H・カルホーン F・アトキンス | 2－1 | 力道山 G東郷 |
| 4・27 | 京都 | 力道山 G東郷 | 2－1 | K・コワルスキー キラーX |
| 4・28 | 福井 | 力道山 G東郷 | 2－0 | F・アトキンス キラーX |
| 4・29 | 富山 | 力道山 G東郷 | 2－1 | K・コワルスキー F・アトキンス |
| 4・30 | 新潟 | K・コワルスキー F・アトキンス | 2－1 | 力道山 G馬場 |
| 5・1 | 本庄 | 力道山 豊登 G東郷 | 2－0 | K・コワルスキー F・アトキンス G・マレラ |
| 5・2 | 秋田 | F・アトキンス G・マレラ | 2－1 | 力道山 吉村道明 |
| 5・3 | 青森 | 力道山 | 2－1 | キラーX |
| 5・4 | 函館 | 力道山 豊登 G東郷 | 2－0 | K・コワルスキー H・カルホーン G・マレラ |
| 5・5 | 札幌 | 力道山 | 2－0 | H・カルホーン |
| 5・6 | 札幌 | アジア・タッグ選手権 力道山 豊登 | 2－1 | K・コワルスキー F・アトキンス |
| 5・7 | 旭川 | F・アトキンス G・マレラ | 2－0 | 力道山 G東郷 |
| 5・10 | 盛岡 | 力道山 | 2－0 | F・アトキンス |
| 5・11 | 仙台 | 力道山 G東郷 吉村道明 | 2－1 | H・カルホーン F・アトキンス F・タウンゼント |
| 5・12 | 宇都宮 | 力道山 G東郷 | 2－0 | H・カルホーン F・タウンゼント |
| 5・13 | 浦和 | 力道山 豊登 G東郷 | 2－0 | H・カルホーン F・アトキンス G・マレラ |
| 5・14 | 前橋 | 力道山 G東郷 | 2－0 | F・アトキンス F・タウンゼント |
| 5・15 | 立川 | K・コワルスキー H・カルホーン G・マレラ | 2－0 | 力道山 豊登 G東郷 |
| 5・16 | 横浜 | 力道山 | 2－1 | H・カルホーン |

| | | | | | |
|---|---|---|---|---|---|
| 5・17 | 東京 | 第5回ワールド大リーグ戦優勝戦 | 力道山 | 2—1 | K・コワルスキー |
| 5・19 | 大阪 | | ザ・デストロイヤー | 2—1 | 力道山 |
| 5・21 | 名古屋 | アジア・タッグ選手権 | 力道山 豊登 | 2—0 | K・コワルスキー F・アトキンス |
| 5・22 | 静岡 | | 力道山 豊登 吉村道明 | 2—1 | K・コワルスキー G・マレラ F・タウンゼント |
| 5・24 | 東京 | WWA世界選手権 | ザ・デストロイヤー | 0—0 | 力道山 |
| 7・19 | 東京 | | 力道山 吉村道明 | 2—0 | D・ジャーデン ミスターO |
| 7・26 | 東京 | | 力道山 豊登 G馬場 | 2—1 | H・ハガティ D・ジャーデン ミスターO |
| 7・28 | 三島 | | H・ハガティ D・ジャーデン ミスターO | 2—1 | 力道山 豊登 吉村道明 |
| 7・29 | 川崎 | | 力道山 豊登 | 2—0 | D・ジャーデン ミスターO |
| 7・31 | 藤沢 | | 力道山 豊登 吉村道明 | 2—0 | H・ハガティ D・ジャーデン ミスターO |
| 8・2 | 東京 | | 力道山 豊登 | 2—1 | S・マイヤース H・ハガティ |
| 8・3 | 岸和田 | | 力道山 豊登 吉村道明 | 2—0 | S・マイヤース D・ジャーデン ミスターO |
| 8・5 | 豊中 | | S・マイヤース D・ジャーデン | 2—1 | 力道山 豊登 |
| 8・6 | 半田 | | 力道山 豊登 吉村道明 | 2—1 | S・マイヤース D・ジャーデン ミスターO |
| 8・7 | 飯田 | | 力道山 豊登 遠藤幸吉 | 2—1 | S・マイヤース D・ジャーデン ミスターO |
| 8・8 | 浜松 | | 力道山 豊登 吉村道明 | 2—1 | S・マイヤース D・ジャーデン ミスターO |
| 8・9 | 東京 | | 力道山 | 2—1 | ミスターO |
| 8・10 | 東京 | アジア・タッグ選手権 | S・マイヤース D・ジャーデン | 2—1 | 力道山 豊登 |
| 8・11 | 川越 | | 力道山 豊登 吉村道明 | 2—0 | S・マイヤース D・ジャーデン ミスターO |
| 8・13 | 小田原 | | 力道山 豊登 吉村道明 | 2—1 | S・マイヤース D・ジャーデン ミスターO |
| 8・14 | 大網 | | 力道山 豊登 吉村道明 | 2—1 | S・マイヤース D・ジャーデン ミスターO |

| | | | | |
|---|---|---|---|---|
| 8・15 | 甲府 | S・マイヤース D・ジャーデン ミスターO | 2—0 | 力道山 豊登 遠藤幸吉 |
| 8・16 | 東京 | 力道山 豊登 吉村道明 | 2—1 | S・マイヤース D・ジャーデン ミスターO |
| 8・30 | 東京 | 力道山 | 2—0 | D・ジャーデン |
| 9・1 | 津島 | 力道山 豊登 吉村道明 | 2—0 | S・マイヤース D・ジャーデン ミスターO |
| 9・3 | 名古屋 | アジア・タッグ選手権 | | |
| | | 力道山 豊登 | 2—0 | S・マイヤース D・ジャーデン |
| 9・4 | 刈谷 | 力道山 豊登 吉村道明 | 2—0 | S・マイヤース D・ジャーデン ミスターO |
| 9・6 | 中津川 | 力道山 豊登 吉村道明 | 2—1 | S・マイヤース D・ジャーデン ミスターO |
| 9・13 | 東京 | 力道山 豊登 G馬場 | 2—0 | S・マイヤース D・ジャーデン ミスターO |
| 9・20 | 水戸 | H・ハガティ L・ヘニング | 2—0 | 力道山 豊登 |
| 9・21 | 十和田 | 力道山 豊登 芳の里 | 2—1 | S・マイヤース I・デ・パオロ L・ヘニング |

| | | | | |
|---|---|---|---|---|
| 9・22 | 能代 | 力道山 吉村道明 | 2—1 | S・マイヤース I・デ・パオロ |
| 9・23 | 大曲 | 力道山 豊登 芳の里 | 2—0 | H・ハガティ I・デ・パオロ L・ヘニング |
| 9・24 | 湯沢 | 力道山 豊登 G馬場 | 2—1 | S・マイヤース H・ハガティ L・ヘニング |
| 9・26 | 鶴岡 | 力道山 豊登 | 2—0 | H・ハガティ L・ヘニング |
| 9・27 | 山形 | 力道山 豊登 遠藤幸吉 | 2—0 | S・マイヤース I・デ・パオロ L・ヘニング |
| 9・28 | 福島 | H・ハガティ I・デ・パオロ L・ヘニング | 2—0 | 力道山 豊登 芳の里 |
| 9・29 | 宇都宮 | 力道山 吉村道明 芳の里 | 2—1 | S・マイヤース H・ハガティ I・デ・パオロ |
| 9・30 | 横浜 | アジア・タッグ選手権 | | |
| | | 力道山 豊登 | 2—1 | S・マイヤース L・ヘニング |
| 10・1 | 東京 | 力道山 | 2—0 | H・ハガティ |
| 10・2 | 足利 | 力道山 豊登 芳の里 | 2—0 | S・マイヤース K・オースチン L・ヘニング |

| | | | | |
|---|---|---|---|---|
| 10・3 | 松本 | 芳の里・豊登・力道山 | 2－1 | L・ヘニング・I・デ・パオロ・H・ハガティ |
| 10・4 | 長野 | I・デ・パオロ・K・オースチン | 2－1 | 芳の里・力道山 |
| 10・5 | 飯山 | 吉村道明・豊登・力道山 | 2－0 | L・ヘニング・K・オースチン・S・マイヤース |
| 10・7 | 高岡 | I・デ・パオロ・K・オースチン | 2－0 | 吉村道明・力道山 |
| 10・8 | 小松 | 芳の里・豊登・力道山 | 2－0 | L・ヘニング・H・ハガティ・S・マイヤース |
| 10・9 | 富山 | 吉村道明・豊登・力道山 | 2－1 | I・デ・パオロ・K・オースチン・S・マイヤース |
| 10・10 | 岐阜 | 芳の里・豊登・力道山 | 2－0 | L・ヘニング・K・オースチン・S・マイヤース |
| 10・11 | 大津 | L・ヘニング・I・デ・パオロ・K・オースチン | 2－0 | 吉村道明・豊登・力道山 |
| 10・12 | 和歌山 | 芳の里・豊登・力道山 | 2－0 | K・オースチン・H・ハガティ・S・マイヤース |
| 10・13 | 奈良 | G東郷・豊登・力道山 | 2－1 | L・ヘニング・K・オースチン・S・マイヤース |
| 10・15 | 尼崎 | G東郷・力道山 | 2－1 | L・ヘニング・K・オースチン |
| 10・16 | 姫路 | 吉村道明・G東郷・力道山 | 2－1 | I・デ・パオロ・H・ハガティ・S・マイヤース |
| 10・17 | 福山 | G東郷・豊登・力道山 | 2－0 | L・ヘニング・I・デ・パオロ・K・オースチン |
| 10・20 | 佐賀 | 芳の里・G東郷・力道山 | 2－0 | L・ヘニング・H・ハガティ・S・マイヤース |
| 10・22 | 熊本 | G東郷・豊登・力道山 | 2－1 | I・デ・パオロ・K・オースチン・H・ハガティ |
| 10・23 | 八代 | 吉村道明・G東郷・力道山 | 2－1 | L・ヘニング・K・オースチン・S・マイヤース |
| 10・25 | 種子島 | 芳の里・G東郷・力道山 | 2－1 | L・ヘニング・I・デ・パオロ・S・マイヤース |
| 10・26 | 鹿児島 | G東郷・力道山 | 2－1 | K・オースチン・S・マイヤース |
| 10・27 | 宮崎 | G東郷・豊登・力道山 | 2－0 | L・ヘニング・I・デ・パオロ・K・オースチン |
| 10・29 | 北九州 | L・ヘニング・K・オースチン | 2－0 | G東郷・力道山 |
| 10・31 | 福岡 | アジア・タッグ選手権 | | |

| | | | | |
|---|---|---|---|---|
| 11・2 | 岩国 | 力道山・豊登 | 1—1 | K・オースチン・I・デ・パオロ |
| | | 力道山・東郷・吉村道明 | 2—0 | S・マイヤース・K・オースチン・L・ヘニング |
| 11・3 | 徳山 | 力道山・東郷 | 2—1 | S・マイヤース・L・ヘニング |
| 11・4 | 広島 | アジア・タッグ選手権 | | |
| | | 力道山・豊登 | 2—0 | K・オースチン・I・デ・パオロ |
| 11・5 | 大阪 | インターナショナル選手権 | | |
| | | 力道山 | 1—0 | K・オースチン |
| 11・6 | 大阪 | S・マイヤース・K・オースチン・I・デ・パオロ | 2—1 | 力道山・東郷・吉村道明 |
| 11・7 | 京都 | 力道山・豊登・東郷 | 2—1 | S・マイヤース・K・オースチン・L・ヘニング |
| 11・8 | 東京 | 力道山 | 2—0 | L・ヘニング |
| 11・22 | 東京 | K・オースチン・I・デ・パオロ | 2—0 | 力道山・吉村道明 |
| 11・26 | 前橋 | ザ・デストロイヤー・K・オースチン | 2—1 | 力道山・豊登 |
| 11・27 | 足利 | 力道山・東郷 | 2—1 | ザ・デストロイヤー・I・デ・パオロ |
| 11・28 | 水戸 | ザ・デストロイヤー・K・オースチン・I・デ・パオロ | 2—0 | 力道山・東郷・芳の里 |
| 11・29 | 東京 | 力道山・東郷 | 2—1 | ザ・デストロイヤー・K・オースチン |
| 11・30 | 福島 | 力道山・豊登 | 2—0 | ザ・デストロイヤー・I・デ・パオロ |
| 12・1 | 宇都宮 | ザ・デストロイヤー・K・オースチン・I・デ・パオロ | 2—1 | 力道山・東郷・吉村道明 |
| 12・2 | 東京 | インターナショナル選手権 | | |
| | | 力道山 | 2—1 | ザ・デストロイヤー |
| 12・3 | 大阪 | ザ・デストロイヤー・K・オースチン・I・デ・パオロ | 2—0 | 力道山・豊登・東郷 |
| 12・4 | 大阪 | インターナショナル選手権 | | |
| | | 力道山 | 0—0 | ザ・デストロイヤー |
| 12・5 | 名古屋 | 力道山 | 2—1 | I・デ・パオロ |
| 12・6 | 名古屋 | アジア・タッグ選手権 | | |
| | | 力道山・豊登 | 1—0 | ザ・デストロイヤー・K・オースチン |
| 12・7 | 浜松 | 力道山・東郷・吉村道明 | 1—1 | ザ・デストロイヤー・K・オースチン・I・デ・パオロ |

# あとがき

一昨年の12月、50回忌を迎えた力道山を追悼する企画で、石川県のFMラジオ局「ラジオかなざわ」で毎週金曜夜8時から放送されている「プロレス発 加賀・能登・越中行きエキスプレス」の番組に出演して、力道山特集を全10回にわたってしゃべったところ、リスナーからこれらを一冊の本にしてほしいといった声が寄せられました。

そこで、これまでに週刊プロレスなどで力道山について書いた何本かあった原稿を加筆補正し、新たに書き下ろしも加えて、私の力道山研究の集大成とすることにしました。

力道山の国内試合記録に関しては、本書の中でも書いたように昭和29年から30年代前半の地方試合の記録で、遺憾ながら不明な個所がかなりあるのです。

以前に、地元石川県のプロレスの歴史を記した拙書『プロレス発「加賀☆能登」行きエキスプレス』を出版した趣旨の中には、この本が全国各地のプロレスの歴史調査に波及して、力道山時代からの地方ならではの知られざる歴史の調査・発掘に結びつき、それらをまとめあげて力道山の全試合記録の収集に繋がれば…、という秘かな目論見があったのですが、そうはうまく事は運びませんでした。

しかし、力道山の試合記録保存の重要性を力説したのは、今は亡きゴング誌の竹内宏介氏でした。

竹内さんは『プロレス発「加賀☆能登」行きエキスプレス』の書評の中で、このことを強く訴え、調査は時が経つにつれてますます困難になり、我々の時代で完全な形で残しておかなければならない。これは我々に課せられた使命でもあると説いていました。

神奈川県在住のプロレス史家徳永哲朗氏の協力を得た調査では、国内戦全試合のうちのおよそ90%は明らかにできたのですが、残りの10%については本書編集に際して、北國新聞社と全国地方紙各社および毎日新聞西部本社の調査により、新たに十数件の試合記録を確認することができました。ご協力いただいた各社の関係者に深く感謝申し上げます。

最後になりましたが、作家の村松友視先生には、プロレスに関するご著作を通し、またお目にかかった折に激励をいただいたうえ、この本には身に余る推薦の言葉を頂戴しました。心から御礼申し上げます。

平成27年11月

著　者

# 主な参考文献


■新聞（参照記事掲載当時の紙名、順不同）
毎日新聞　朝日新聞　読売新聞　産業経済新聞　日本経済新聞
中部日本新聞　中国新聞　岐阜タイムス　沖縄タイムス　内外タイムス
スポーツニッポン　日刊スポーツ　報知新聞　サンケイスポーツ
デイリースポーツ　中日スポーツ　東京中日新聞　西日本スポーツ
東京スポーツ　スポーツ毎夕　スポーツタイムス　羅府新報　加州毎日新聞
THE HAWAII HOCHI

■週刊誌・月刊誌など（順不同）
プロレス　プロレス&ボクシング　週刊プロレス　ゴング　別冊ゴング
Gスピリッツ　月刊ファイト　リングサイド　RIKI

■単行本（順不同）
力道山自伝 空手チョップ世界を行く（力道山光浩、ベースボール・マガジン社）
プロ・レスラー 力道山物語（三橋一夫、室町書房）
力道山・遠藤幸吉（郡司信夫、鶴書房）
力道山アルバム（久保書店）
父・力道山（百田義浩・光雄、勁文社）

君は力道山を見たか（吉村義雄、飛鳥新社）
力道山のロールスロイス くるま職人 想いでの記（中沖満、グランプリ出版）
力道山がいた（村松友視、朝日新聞社）
日本プロレス全史（1995年刊、ベースボール・マガジン社）
鉄人ルー・テーズ自伝（ルー・テーズ　流智美訳、ベースボール・マガジン社）
スポーツ記者が泣いた日 スポニチ三国志（深見喜久男、毎日新聞社）
私の財界交友録（今里廣記、サンケイ出版）
麻酔と蘇生（土肥修司、中公新書）
靖国（坪内祐三、新潮社）
木村政彦はなぜ力道山を殺さなかったのか（増田俊也、新潮社）

■「力道山国内試合記録」で調査協力をいただいた各社（順不同）

北海道新聞社　秋田魁新報社　山形新聞社　福島民報社　茨城新聞社
千葉日報社　埼玉新聞社　神奈川新聞社　山梨日日新聞社　信濃毎日新聞社
新潟日報事業社　岐阜新聞情報センター　神戸新聞総合出版センター
中国新聞企画サービス　山陰中央新報社　四国新聞社
愛媛新聞サービスセンター　徳島新聞社　高知新聞総合印刷
西日本新聞社　佐賀新聞社　長崎新聞社　おおいたインフォメーションハウス
熊日サービス開発　宮崎日日新聞社　南日本新聞開発センター
毎日新聞社西部本社

著者　石田順一（いしだ じゅんいち）
力道山史研究家。1952（昭和27）年、石川県金沢市生まれ。子どもの頃にテレビで観たプロレスの力道山体験から、伝説と謎に包まれた力道山に惹かれ、力道山の研究に取り組む。著書に『プロレス発「加賀☆能登」行きエキスプレス―36年間の軌跡』（1991年)、『私だけの「力道山伝説」』（1995年）などがある。

# 力道山対木村政彦戦は
# なぜ喧嘩試合になったのか

発行日　2015年11月11日　第1版第1刷
2015年12月10日　第1版第2刷
著　者　石田順一
発　行　北國新聞社出版局
〒920-8588　石川県金沢市南町2番1号
TEL 076-260-3587（出版局）
電子メール syuppan@hokkoku.co.jp
ISBN978-4-8330-2045-9